다시
일어나 걷게 하소서

꼬부라져 죽어가던 몸을 살리고 다시 일어나 걷는 생생한 기록들

다시 일어나 걷게 하소서

정인숙 지음

· 글을 시작하면서 ·

 나는 관절마다 오그라지고 꼬부라져서, 10년 가까이 옴짝달싹 못 하고 누워서 살았다. 인생의 황금기인 20대 후반부터, 관절들이 망가지고 꼬부라지고 굳어 버리는 바람에, 바깥출입은 물론 수년 동안 아랫목에서 윗목에도 가 보지 못한 채, 나무처럼 이부자리에서 먹고 싸면서 살았다.
 그런 지경에도 치료의 열망이 치솟던 초기에는 불치병이라는 병원 진단을 순순하게 받아들일 의향이 조금도 없었다. 게다가 일평생 병원의 단골 환자로 살아갈 의사도 전혀 없었다. 더군다나 불치병을 내 상전으로 모시고 떠받들어 가면서 살아갈 뜻조차 눈곱만큼도 없었다.
 아무튼 의술이 '못 고치는 불치병'이라고 선고했으니, 나라도 병을 고쳐야 한다는 오기가 뜨겁게 발동했다. 이런 터무니없는 오기가 어디서 솟구쳤는지는 알기 어렵다. 다만 지금까지 살면서 경험하는 자신감의 태반이, 논리가 매우 부실한 무모성이 발원지가 아닐까 의심할 뿐이다. 그동안 내가 맹종했던 최첨단의 과학과 의학으로부터 기만을 당했다고 느꼈을 때 나타나는 불합리하고 비현실적인 증상 같은 거 말이다. 어쩌면 자존감의 저변에서 불끈불끈 치솟는 혼란스러운 감정의 격동이 불러온 오만감일 수도 있다.
 그럼에도 불구하고 무모한 자신감에 의존하지 않을 수 없는 건 곧 죽어도 '못 고치는 병'에는 굴복할 수 없었기 때문이다. 어떻게 앞날이 창창한

20대 후반에, 맥없이 불치병에게 무릎을 꿇을 수 있겠는가! 그건 죽으면 죽었지 할 수 없는 일이었다.

그때까지 살면서 몸살감기조차도 심하게 앓아 본 경험이 없었는데, 의술이 아니라 최첨단을 걷는 과학이래도, 감히 나한테 '불치병' 어쩌고저쩌고 선고하는 걸 곧이곧대로 받아들이는 20대의 청춘이 누가 있겠는가? 용기로 말하면 가장 팔팔한 나이에, 그것도 관절이 조금 불편한 것을 보고 못 고치는 병이라고 진단했다면, 그까짓 것 나라도 고쳐야 한다고 말하는 건 용기보다 훨씬 더 중요한 자존감의 문제일 것이다. 세상에서 일어나는 황당한 일 중에서 예상을 장담했던 대로 결과가 나타난 것이 얼마나 되는가 말이다.

그래서 불치병을 장담하는 이유나 논리가 나한테는 그렇게 중요한 게 아니라는 말이다. 세상에는 예상외의 방법으로 불치병을 치료한 사례들이 얼마든지 있기 때문이다. 그래서 의술이 내 병을 고칠 수 없다고 장담했더라도, 나는 치료를 포기할 수 없었다.

이렇게 병을 고치려는 열망이 심장으로부터 치솟았지만, 맹물조차도 치료제라고 이름을 붙이면, 치료의 열망을 비웃기라도 하듯이, 통증은 관절마다 이리저리 유람하면서 홍겹게 뛰놀았으니, 무슨 재간으로 그놈하고 맞붙어 쌈박질을 벌일 수 있었겠는가! 내가 가진 공격무기라고는 고작 나무뿌리나 이파리 같은 민간요법밖에 없었으니 말이다, 불치병의 거센 공격은 점점 더 심해졌다. 의술이 충천하는 이 시대에, 그동안 무시하고 깔보면서 쳐다본 적도 없는 민간요법을, 무섭게 공격하는 통증에 들이대도 그놈들의 행패는 점점 더 심해지기만 했으니, 하늘을 찌르던 무모한 용기도 허방을 짚은 자신감도, 슬며시 꼬리를 내리지 않을 수 없게 되었다!

이 세상 어디에도 관절마다 휘젓고 다니면서 활보하는 통증과 맞대결하여 이기고 승리할 기적적인 공격무기는 나타나지 않았다. 하지만 아무리 죽어 나자빠져도 불치병에는 굴복할 수 없었다!

이렇게 막막한 쌈박질에 시달리면서도, 처절한 삶이나마 지탱해 보려고 안간힘을 쓴 게 고작 과대 포장하여 쉬지 않고 떠들 거리는 텔레비전과 라디오와 그런 세상을 전해 주는 모든 것들을 방에서 몽땅 추방해 버렸다. 그것들로부터 나를 처절하게 고립시켰다. 세상에서 아무것도 기대할 수 없는 불치병 환자가 버텨 내기 위한 마지막 발버둥이기도 했다. 오히려 가물가물 꺼지려는 치료의 열망조차 톡 꺼뜨려 버릴 위험성이 훨씬 더 높았기 때문이다. 세상살이의 굴레에서 처참하게 추락한 내가 꼭꼭 숨어서 지낼 수 있는 유일한 은신처가 고립(孤立) 말고 또 무엇이 있었으랴!

작은 방에 갇혀 버린 나는 꺼져 가는 치료의 열망을 놓치지 않으려고 안간힘을 쓰지만, 빛바랜 꽃무늬 벽지 말고는 아무것도 볼 수 없었기에, 눈을 감기만 하면 활보하며 돌아다니던 문밖 세상이, 종횡무진으로 활동하며 펼쳐지는 바람에 애간장을 녹였다. 바깥세상을 갈망하는 마음은 하루에도 수천 번씩 추억의 장소를 활보했다.

그럴 때마다 관절을 움켜쥐고 휘둘러 대는 통증의 무자비한 원한(怨恨)을 글로라도 분풀이하려고 몸부림쳤지만, 그놈은 단 한 줄의 글쓰기조차 허용하지 않았다. 두 발이 차꼬가 채여서 옴짝달싹 못 하는 처절한 현실이 가슴에 사무쳐서 켜켜이 응어리져 있어도, 손가락 마디 하나 꼼지락꼼지락 움직여서 웅얼웅얼 끄적거리는 것조차 허용하지 않았다.

그렇게 살벌하고 잔인한 기운이 넘실거리는 좁은 방이었지만, 살아서 활동하는 은밀한 소리가 내 귀를 붙잡았다. 뒤란에서 밀고 들어오는 친밀한 녀석들이 담장을 넘어 들락거리는 저 소리는, 나를 뒤덮은 살벌한 기운조차 밀쳐내고, 이부자리의 무게보다 더 컴컴한 아픔의 무게조차 밀쳐냈다. 아직도 내가 살아 있음을 확인시켜 주는 작은 녀석들! 생사의 경계를 오락가락하며 넘나드는 처절한 내게도 작은 기운을 부추기고 끌어당겨서 에너지를 보태 주는 작은 생명들이었다!

뒤곁 담을 넘어와서 앵두나무에 앉아서 촐랑거리는 촉새 소리가 들린다. 몸짓이 얄미운 굴뚝새 소리도 들린다. 땅거미 내릴 즈음이면 뒷산 상수리나무 숲에서 구성지게 우는 두견이 소리가 심금을 울린다. 방문을 스치며 지나는 바람 소리, 가랑비 소리, 천둥이 치는 소리, 안마당에서 서걱서걱 나뒹구는 낙엽 소리에도 그저 보고 싶고 또 그립기만 하다.

작은 녀석들의 자유로운 활보가 심장이 터질 만큼 부러워진다. 녀석들의 은밀한 활동무대인 뒤란조차도 환장하게 보고 싶다. 문지방을 넘고 토방을 지나서 대문 밖으로 걸어 나가면 병풍처럼 펼쳐진 앞산이랑 뒷산이랑 파란 하늘이 미치게 보고 싶다. 방문 너머에 펼쳐진 바깥세상이 죽도록 보고 싶다, 너무너무 보고 싶다!

얼마나 걸어 보고 싶었는가! 활보하는 사람들이 얼마나 보고 싶었는가! 그런데도 내가 갈망해야 할 유일한 곳은, 치료를 기대하는 희망이 아니라 죽음뿐이라는 걸 너무나 잘 알고 있었다. 죽음이 내가 갈망해야 할 마지막 희망이었고, 내가 마지막 선택할 수 있는 유일무이한 길이라는 것도 너무나 잘 알았다. 나한테 세상에서 죽음 말고도 선택할 수 있는 다른 길은 어디에도 없었다. 앞길이 창창한 나이에, 새우처럼 꼬부리고 누워서 먹고 싼다는 건 불가능한 일이기 때문이다!

그렇게 생사의 갈등 속에서, 나를 사지로 떠다밀려고 결심했을 즈음에,

예상하지 못한 놀라운 길이 나타났다. 죽음을 선택하기까지 단 한 번도 생각해 보지 못한 길이었다. 바깥세상의 그리움을 완전히 끊고, 어둠의 저 아래 밑바닥 세상으로 떠나려는 그때 나타난 길이었다. 세상에 대한 희망을 완전히 놓아버리자 비로소 보이는 희한한 길이었다.

이 길은 누구나 다 아는 길이었다. 내 가까이에 항상 있었던 길이었다. 그런데도 지금까지 한 번도 보지 못했던 길이었다. 목숨이 붙어 있는 동안에는 항상 내 곁에서 내가 이 길을 선택하길 기다리던 길이었다. 목숨이 붙어 있는 이 세상에서 죽음 말고도 내가 선택할 수 있는 또 다른 길이었다. 이 길이 생명의 길이라는 걸 그때 처음 알았다.

이것이 내가 다시 글을 쓰는 이유이고 목적이다. 나는 세상살이를 얘기하고 싶어서 글쟁이가 되려고 했다. 그런데 하늘나라를 얘기하는 글쟁이가 되었다. 이 길이 영원한 길이고, 이 땅에서 겪는 모든 고통과 절망을 고치고 치료하는 '생명의 길'이기 때문이다. 그렇지 않았다면 지금이라도 당장 글쓰기를 중단할 것이다. 삶의 환경이 어떠하든지, 막다른 골목까지 내몰리다가 죽음과 맞닥뜨려 보면 우리가 믿고 기대어 살아가던 이 세상이, 얼마나 미덥지 못하고 위험하고 허망한 장소인지를 절감할 것이다.

더군다나 나처럼 운명의 족쇄에 묶여 절망과 고통과 두려움과 처절한 고독 속에서 떨고 있는 사람이라면 더더욱 그럴 것이다! 지금도 나처럼 하나뿐인 목숨을 붙들고 불길한 실랑이를 벌이는 사람이라면 더더욱 그럴 것이다.

삶과 죽음을 가르는 지점이 육신이라는 걸 깨닫기까지는 나도 많은 시간이 필요했다. 그걸 가르쳐 주신 분이 예수 그리스도이시다. 내 운명의 몫이 하도 혹독해서 지금도 여전히 꿈꾸는 것 같지만, 이것이 육신으로 살아가는 이 세상에서 벌어지는 현실이고, 인생들이 꿈꾸는 대로 채울 수 없는 사망의 장소라는 걸 알게 하셨다.

그래서 생명의 길이 있다는 걸 말하지 않을 수 없었다! 이것이 질병을 이기는 길이고 절망을 이기는 길이고 고통을 이기는 길이라는 걸 알았기 때문이다. 이 생명의 길에서 꼬부라진 몸을 일으키고 다시 걷기를 시작했다. 나는 세상에서 처절하게 실패한 사람이다. 죽음으로 내몰리기까지 내쳐짐 당한 사람이었다. 예수께서 손을 내밀어 나를 붙잡지 않았더라면, 사망의 낭떠러지에서 그대로 추락하여 깊디깊은 어둠의 구덩이로 빠졌을 것이다. 예수 때문에 질병을 이기고 통증을 이기고 절망을 이기고 죽음을 이기고 승리하여 이 자리에 있다.

그래서 당당히 말할 수 있게 되었다. 나는 실패한 사람이 아니라고! 이제는 내 삶을 내가 지배하고 주장하는 능력 있는 사람이라고! 10년 가까이 단 한 줄의 글도 써 보지 못했지만, 이제는 글로 써서 마음껏 주님의 사랑과 은혜를 세상에 전달할 것이다. 나처럼 병들고, 고통당하고, 버림받고, 소외되고, 절망하고, 두려움에 떠는 이들에게 당당하게 말할 것이다. 죽음과 맞닥뜨린 이들에게는 생명으로 전달될 것이며, 깨지고, 아프고, 상처로 절망하는 이들에겐 평안으로 전달될 것이다. 병든 이들에겐 치료의 메시지로 전달될 것이다.

이런 엄청난 소식을 세상에 알리지 않고, 입을 꾹 닫은 채로 잠잠히 있을 수 있겠는가! 주님의 크신 사랑과 능력으로 꼬부라진 몸을 다시 일으켜서 걷게 되었는데, 어찌 하나님의 사랑과 은혜를 널리 전파하지 않을 수 있겠는가! 이 글을 통하여 영광을 받으실 분은 오직 하나님이시다!

끝으로 이 땅에서 나로 인하여 가장 많은 고통을 당하시고 아파하셨던 사랑하는 부모님께 눈물로 감사한다. 그리고 길고 지루한 투병 중에 나의 울타리가 되었던 동기들에게도 감사한다. 나를 신앙으로 인도하신 고모 님들과 김기찬 목사님과 의술로 도움을 주셨던 배대경 교수님께도 마음 깊이 감사드린다. 그동안 물심양면으로 지원을 아끼지 않았던 믿음 안에서 기꺼이 섬겨 주던 분들에게도 머리 숙여 깊이 감사드린다.

저자 **정인숙**

목차

글을 시작하면서 ··· 5

1부 **사망의 영**

불치병으로 공격 ··· 16
양약의 두 얼굴 ··· 20
악마의 지팡이 ··· 25
누구에게 분노하나 ··· 36
흔들리는 가정 ··· 49
패잔병의 쉼터 ··· 58

2부 **죽음의 올가미**

또다시 걸려든 올가미 ··· 70
죽음의 축제 ··· 78
죽음의 문턱을 붙잡고 ··· 86
보고 싶은 가족 ··· 93
어찌할꼬, 꼬부라지는 내 다리 ··· 109
내가 누구인가? ··· 119

3부 **살리는 영**

생명의 부르심 ··· 126

내가 그이니라	··· 139
하나님의 사랑	··· 155
말씀으로 이끄시는 성령	··· 163
내 영혼을 불러 주소서	··· 175
원수들이 줄행랑을 쳐 버렸다	··· 182

4부 성령을 따라서

무엇이든지 구하라	··· 188
어찌 찬양하지 않으랴	··· 209
날마다 예배하며	··· 218
믿은 대로 행동하라	··· 236

5부 탈출, 드디어 탈출

준비하시는 하나님	··· 262
드디어 좁은 방에서 탈출	··· 289
글을 마치면서	··· 315

1부

사망의 영

불치병으로 공격

초겨울로 막 접어드는 11월 초순에 첫아이를 출산했다. 한복을 곱게 차려입고 택시를 탔는데, 작은 백사(白蛇) 두 마리가 뒷좌석에 앉아 있는 내 한복 치마 위로 올라오더니 아랫배 쪽의 치마에 똬리를 틀었다. 아이의 태몽이었다.

극심한 산통 때문에 자연 출산이 어렵다고 판단한 의사가 개복수술을 준비하는 과정에서 자연 출산한 아이였다. 간호사가 오전 8시 38분을 가리키는 시계를 보여 주면서 아이가 태어난 시간이라고 말했다. 복중에 있던 아이를 처음으로 만나는 순간은, 죽을 만큼 고통스럽던 산고를 잊을 정도로 벅찬 감동이 가슴으로부터 올라왔다. 내 꿈을 모두 접더라도, 이 아이를 위해서 일평생 희생하고 싶은 모성애가 생겼다. 모성애는 해산의 고통 속에서 형성되었을 것이다. 우리 부부에게 자식은 또 다른 희망으로 찾아왔다. 아주 작은 사람의 생명체가 꼬무락꼬무락 성장하는 과정에서, 작은 몸짓 하나하나가 우리 부부에게 감동을 불러일으켰다. 하늘이 보낸 가장 소중한 선물이 자식이라는 걸 알았다. 우리 아이를 위해서 반드시 행복하고 건강한 가정을 만들기로 약속한 우리 부부는 아이가 자라면서 책임감이 점점 더 강해졌다.

아이가 출생하고 2개월로 접어들었을 무렵에, 뼈마디에서 차가운 냉기가 올라오는 듯한 달갑지 않은 징후가 느껴졌다. 겨울로 접어들면서 추운 날씨 탓이려니 생각하고 옷을 두껍게 입었어도 냉기는 여전했다. 아무래도 어른들의 말처럼 아이를 출산하면 뼈에서 바람이 나온다는 해산 후유증이라고 짐작되었다. 그때까지 몸살감기 외에 이렇다 할 잔병치레도 없었던 터라, 건강에 대해선 특별하게 신경을 쓰면서 살지 않았다. 첫 아이를 출산한 이후에도 산후조리의 필요성을 크게 느끼지 못하면서, 며칠간의 휴식을 마치자마자 곧바로 가사에 복귀했다.

그해도 12월이 다 저물어 갈 무렵이었다. 아이를 재워 놓고 심심하던 차에 처녀들이 운영하던 양장점에 잠깐 들렀다가 손뜨개질하는 걸 보고 마음이 동하여 나도 예쁜 색실을 사다가 손뜨개질을 시작했다. 뜨개질하는 재미에 푹 빠져서 시도 때도 없이 틈만 생기면 뜨개질에 몰두했다.

하루는 뜨개질을 반복하던 오른쪽 손목이 심하게 아팠다. 아무래도 손목에 무리가 된 것 같았다. 동네약국에서 주는 대로 소염진통제를 먹었다. 통증이 말끔하게 사라졌다. 그러나 다음 날이 되면 다시 아팠다. 그리고 진통제를 복용하면 통증이 감쪽같이 사라졌다. 사흘 동안이나 그런 상태가 반복되는 걸 보고, 처음으로 시내에 있는 종합병원을 찾아갔다. 그리고 난생처음으로 '류머티스 관절염'이라는 병명을 듣게 되었다.

"큰일 났네요! 류머티스 관절염이네요!"

"류머티스 관절염은 못 고치는 병인가요?"

"왜 못 고쳐요!"

"고치면 되는 병인데, 왜 큰일 났다고 말씀하세요!"

발음조차도 생소한 '류머티스'니 뭐니 하면서 엄포를 놓는 의사를 매우 짜증스럽게 생각하면서, 병원에서 처방해 준 약을 먹기 시작했다. 그리고 대학병원에서 근무하는 친구한테 '류머티스 관절염'이 어떤 병인지 알아보았다.

"류머티스는 몸에 있는 독소들이 피를 타고 흘러 다닌다는 의미로 붙여진 병명이야! 독소가 혈관을 타고 다니면서 관절만 공격하는 이상한 질병이지! 관절에는 아무 문제가 없는데, 피를 타고 흘러 다니는 독소가 관절마다 공격하면서 문제를 일으키는 거야. 원인은 밝혀지지 않았지만, 우리 몸의 건강을 책임지는 자가 면역기능이 비정상적으로 돌변해서, 보호해야 할 자기 신체를 적으로 오인해서 관절마다 공격하는 거야! 자가 면역기능은 외부에서 들어오는 바이러스나 독소를 막아내는 방어기제인데, 그런 기능이 어떤 원인으로 자기의 건강한 관절들을 적(敵)으로 인식해서 공격하는 바람에 어마어마한 통증이 생기는 거야!"

류머티스 관절염은 관절의 활막(관절을 싸는 막)에 염증이 생겨서 연골이 파괴되고 관절들이 뒤틀리고 변형되면서 근육과 힘줄까지 오그라들고 굳어 가는 무서운 질병이었다. 이 병의 가장 큰 문제점은 신체활동이 어렵다는 점이었다.

병원 약을 먹다가 하루 만에 중단했다. 독한 약성이 젖을 먹는 아이에게로 고스란히 들어가기 때문이었다. 그때부터 아무 약도 먹지 않고 20여 일을 지냈다. 그리고 밤새 몸살감기 증세로 추위에 시달리다가 아침에 몸을 일으키려는데 관절마다 심한 통증이 발생했다. 처음에 통증이 시작되었던 손목만이 아니라 전신 관절마다 벌겋게 부어오르고 통증이 심한 바람에, 이부자리에서 일어나지 못하고 누워 버렸다. 의사의 진단을 받고 두 달 만의 일이었다.

처음에는 동네 어른들의 권면대로 한약으로 다스렸다. 한 달 동안 복용한 한약의 효과는 매우 좋았지만, 미진하게 남은 통증을 현대의학으로 말끔하게 해결할 요량으로, 당시에 최고의 의술로 인정받는 대학병원을 찾아갔다. 여기서부터 치료의 방향이 잘못 꼬이기 시작했다. 내 눈이 현대의학에만 꽂혀서 류머티스 관절염 치료제가 없다는 걸 전혀 알지 못했다. 치료제라고 주장하는 모든 종류의 소염진통제나 면역억제제가 류머티스 관절염 치료제가 아니라는 것도 몰랐다.

쫄딱 망쳐 버린 후에야, 해산 후에 발생한 한기나 삭신이 쑤시는 증상들은, 면역기능을 억제하는 소염진통제보다는 면역기능을 높여 주는 보양식이나 부작용이 적은 민간약을 의지하면서 끈기 있게, 그리고 서서히 회복시켜야 한다는 동네 어른들의 권면의 말의 의미를 깨닫게 되었다. 지혜로운 사람은 말만 들어도 안다지만, 미련한 나는 쫄딱 망가진 후에야 알게 되었다.

양약의 두 얼굴

　최고의 대학병원에서 처음으로 신설했다는 류머티스 내과를 찾아갈 때만 해도, 이 병을 몸살감기처럼 별스럽지 않은 급수의 질병으로 이해했다. 뜨개질하다가 손목이 조금 아프기로 무슨 대단한 병일까 싶어서, 마음도 가볍게 병원을 찾아갔다. 아픈 환자의 신분으로 대학병원을 찾아간 것은 그때가 처음이었다. 외래진료실에서 의사를 만났다.
　"이 병의 원인은 모릅니다. 류머티즘이 몸살감기 증세하고 비슷해서, 현재로선 아스피린으로 통증을 조절해 보는 게 부작용이 가장 적습니다. 내 치료에 적극적으로 협조하셔서 좋은 결과를 얻어 봅시다!"
　이렇게 말한 의사가 처방해 준 아스피린의 소염진통 효과는 한마디로 끝내줬다. 답답하게 나무뿌리나 이파리를 달여서 먹는 한약하고는 경쟁할 상대조차 되지 못했다. 단 한 번의 아스피린 복용으로 미진하게 남은 통증들이 말끔하게 사라졌다. 통증 때문에 무기력하던 관절마다 힘이 팔팔하게 살아났다. 평소에도 진통제를 먹어 본 일이 없는 나는 작은 알갱이 하나의 위력이 이 정도일 줄은 상상도 하지 못했다!
　즉시 아이를 돌보는 가사에 복귀했다. 아이를 번쩍 안아다가 목욕시키고, 예방 접종시키려고 아이를 업고 병원에도 달려가고, 내 손길이 필요했던 곳곳마다 자유자재로 활보하면서 다시 회복한 건강을 과시했다. 예전처럼 마음대로 시내버스를 타고 다녔고, 수많은 계단을 오르내리면서 자유롭게 전철을 타고 다녔다.

몸 상태가 이렇게 자유로운데도 어떤 영문인지, 병원에 약을 타러 갈 때마다 아스피린의 수량이 점점 더 늘어났다. 그때까지도 의사가 말하던 '부작용'에 대해선 전혀 관심 밖이었다. 그런데 통증을 벗어난 관절과 다르게 내부 장기마다 여기저기서 마땅치 않은 증상들이 나타났다. 명치에서 간헐적으로 통증이 훑고 지나갔다. 얼굴도 부석부석하게 부기가 나타났다. 그때마다 늘어나던 아스피린의 수량이 3개월째는 하루치 복용량이 열네 알이었다.

많은 수량의 아스피린을 복용하다 보니 입맛은 뚝 떨어졌고, 소변은 보고 또 보아도 덜 본 듯한 께름칙한 증세가 계속되었다. 무엇에 쫓기는 사람처럼 마음이 항상 불안하고 초조했다. 이제는 관절의 통증이 문제가 아니었다. 문제를 일으키는 장기가 더 큰 문제였다. 그런데도 의사는 문제를 일으키는 장기들에 대해선 일체 함구했다. 아무튼 아스피린만 한 보따리씩 처방했다.

하루는 예리한 칼이 훑고 지나는 것 같은 극심한 통증이 명치에서 발생했다. 두 손으로 가슴을 쥐어뜯으면서 방바닥을 헤매고 다녔다. 드디어 진통제의 달콤했던 효과 뒤에 숨어 있던 부작용의 정체가 모습을 드러낸 것이다. 아스피린으로 통증을 잡아 보려다가 멀쩡한 위장과 장기까지 잡고 말았다. 아스피린의 공격에 더 이상 버텨 내지 못한 위장이 비명을 질러 댔다. 동네약국에서 처방해 준 중화제로 겨우 진정시켰지만, 그동안 양약의 눈부신 진통제 효과에 취해서 오만방자하던 나는 두려움으로 떨기 시작했다. 세상에는 공짜가 없다는 말이 양약에도 고스란히 적용되었다. 하나를 가지려면 반드시 하나는 포기해야만 했다. 이것이 양약이 가진 두 얼굴이었다. 그동안 누렸던 진통 효과에 비교할 수조차 없는 통증이었다. 이렇게 모든 양약은 두 얼굴을 가지고 있다. 지킬 박사와 하이드 씨처럼 말이다.

멀쩡하던 장기들이 아스피린의 무차별적인 공격으로 박살이 났다. 아무리 지독한 양약을 퍼부어도 단기간 복용하는 것이라면, 건강한 장기들이 넉넉하게 방어해 주기 때문에 큰 부작용이 나타나지 않는다. 우리의 장기들도 그렇게 만만한 녀석들이 아니다. 그러나 불치병 환자들은 사정이 전혀 다르다. 단순한 대증요법으로 사용하는 양약을, 수년에서 일평생 복용하노라면 질병 자체보다 더 심각한 부작용에 시달리기 일쑤이다. 약이 질병을 죽이려는 독(毒)이라는 말은, 멀쩡한 장기들도 해를 입히는 독이라는 말이다. 아스피린은 치료제가 아니었다. 겉으로는 통증이 해결된 것처럼 보였지만, 실상은 류머티스 관절염이 더 악화하는 것은 물론 멀쩡한 장기들도 치명적인 해를 입게 되었다.

그 지경에 이를 때까지 모든 양약의 치료와 부작용의 효용을 살피는 것조차 몰랐다. 내 몸에 들어가는 양약(독)의 약효에 대해서 깊은 관심을 가지고 조심하지 않으면 돌이킬 수 없는 불행한 결과를 맞이할 수 있다. 약을 먹기 전으로 돌아가는 건 불가능하다. 나는 진통 효과 하나를 얻으려고 수많은 장기를 사지로 내몰았다. 그때 나는 양약에 대해서 너무나 무지했다.

날이 밝자마자 대학병원으로 달려갔다. 의사한테 가슴의 통증이 얼마나 심각했는지를 자세하게 설명했다. 묵묵히 앉아서 내 얘기를 듣기만 하던 의사가 입을 열었다.

"현대의학으론 아스피린만큼 부작용이 적은 약도 없습니다! 그런데 아주머니는 평생 병원과 인연을 끊어선 안 되겠네요!"

그러니까 부작용이 가장 적은 이 약으로 해결하지 못한 걸 보니, 평생 소염진통제의 손아귀에서 벗어날 수 없는 불치병이라는 말이었다. 철천지원수인 류머티스 관절염하고 아귀다툼하면서 평생 함께 살아야 한다는 말이었다. 이게 바로 최첨단의 의학 장비를 갖추었다고 자랑하는 대학병원에서 내 질병에 대해서 내린 처방이었다.

불치병! 이제 막 새로운 삶을 시작한 스물일곱의 젊디젊은 나이에 불치병을 선고받았다! 허물어져 내리는 마음 안에서 분노가 치밀고 올라왔다. 이따위 하찮은 질병조차도 해결하지 못하는 의학에 대한 배신감이었고 분노였다. 이렇게 허접스러운 의학을 우상처럼 떠받들면서 맹종했었다니! 허탈감이 온몸을 휩쓸고 지나갔다.

병을 치료하려다가 수많은 장기조차 망가졌는데도 오롯이 내가 떠안고 병원문을 나섰다. 혹을 떼러 왔다가 혹을 더 붙인 꼴인데도, 무엇 하나 대들면서 따져 보지도 못한 채로, 병원을 빠져나와서 전철역으로 걸어가는 발걸음이 자꾸만 후들거렸다. 사람들로 북적거리는 활기가 넘치는 거리의 풍경이 너무나 낯설게 다가왔다. 내가 불치병의 덫에 걸려들다니! 눈물이 하염없이 흘러내렸다.

집에 도착해 보니 어린아이가 쌕쌕 잠들어 있었다. 이 세상이 결코 안전하거나 편안한 장소가 아니라는 걸 모르는 아이의 얼굴은 너무나 해맑고 평화로워 보였다. 이렇게 안전하지 않은 세상에서 아이를 보호하고 지켜주어야 할 엄마인 내가 불치병에 걸려서 어린 자식으로부터 보호받고 싶은 심정이었으니!

"네가 이 엄마를 위로해 줘야지! 엄마한테 용기를 줘야지! 너를 지혜롭게 기르겠다고 약속한 이 엄마가 약속을 지킬 수 있도록 도와줘야지!"

고이 잠들어 있는 아이의 얼굴을 가만히 쳐다보고 있으려니 새로운 용기가 일어났다. 아이를 가슴에 꼭 품고 있으려니 치료에 다시 도전하려는 용기가 불끈불끈 솟았다.

"그렇지! 이대로 치료를 포기할 순 없지! 내 자식을 불행하게 만들 순 없지! 어떤 산고를 겪다가 출산한 내 자식인데, 이대로 여기서 치료를 포기할 순 없지! 아이를 위해서라도 반드시 병을 고쳐야지!"

이 세상은 결코 단순한 장소가 아니라는 것도 안다. 비과학적인 치료라고 생각하는 민간요법(民間療法)으로도 불치병을 화끈하게 치료한 사례들을 주변에서 얼마든지 만나는 곳이기 때문이다. 참으로 이 세상은, 과학이 설명할 수 없는 신비한 일들이 너무나 많이 벌어지는 장소이기 때문이다.

그때부터 관절염에 좋다는 약제라면 무조건 수집해다가 복용하기 시작했다. 예전의 건강을 되찾아 줄 약재를 구해서 복용할 때마다 새로운 치료의 열망으로 들떠 있었다. 관절염에 좋다는 약재는 한도 끝도 없었다. 이 땅에 있는 모든 식자재가 약재라는 걸 비로소 알게 되었다. 어쨌거나 현대의학이 아니라도 치료에 도전해 볼 만한 약재들은 주변에 널려 있었다.

민간 치료에 매달리던 수개월 동안에, 아스피린에 폭격당했던 장기들이 제정신을 차렸는지 서서히 회복하기 시작했다. 이제는 소염진통제 없이도 활동 범위를 하나씩 하나씩 늘려 가면서 아이를 돌보고 집안일을 할 수 있게 되었다.

악마의 지팡이

10월(1981년) 어느 일요일이었다. 성당에 다녀오던 동네 할머니가 나를 보더니 반가워하면서 손목부터 붙잡았다. 평소에도 내 건강에 깊은 관심을 보이던 분이라, 그날도 아픈 손목을 붙잡고 한참 동안 주물러 주었다.

"좋은 약이 있긴 있는데…."

내 손목을 주물러 주던 할머니는 스치듯이 지나가는 말처럼 심드렁하게 좋은 약이 있다면서 말꼬리를 흐렸다. 하지만 그 말에 내 귀가 번쩍 뜨이지 않을 수 없었다. 내가 어떤 약이냐고 묻자 양약이라고 대답했다. 나는 즉시 거부감을 드러냈다. 양약이라는 말만 들어도 고개를 옆으로 내저을 정도로 거부감이 심했던 터였다.

"양약은 소염진통제 말고는 류머티스 관절염 치료제는 없어요!"

"이 약은 먼 나라에서 오는 모양이더라고! 경기도 양평에 가면 양수리 시외버스터미널이 있어요! 터미널 근처에 양수리 약국이 있는데 거기서만 판매하는 약이래요!"

"다른 약국에선 팔지 않는데요?"

"그런가 봐! 지금은 며느리가 약사인데, 원래는 시아버지가 약사였대요. 그 시아버지가 이 약을 먹고 신경통을 깨끗이 고쳤다네! 저쪽 동네에 바깥출입을 전혀 못 하던 할머니가 있었는데, 이 약을 먹고 멀쩡하게 걸어 다녀! 젊은 사람한테는 어떤지 모르지만, 내가 다니는 성당에선 그 약이 좋다고 난리가 났다고! 내일 그 약국에 가는데 새댁도 사다 줘 볼까?"

할머니의 말은 한마디로 충격적이었다. 바깥출입을 못 하는 할머니를 멀쩡하게 걸어 다니게 만든 약이라는데, 어떻게 충격적이지 않을 수 있겠는가! 이렇게 효과가 극적인 약에 유혹되지 않을 불치병 환자는 없다! 세상에 이토록 신통방통한 약도 존재한다는 말인가! 양약엔 치료제가 없다는 말로 그냥 넘겨 버리기에는 약효가 너무나 충격적이었다. 불치병 환자들은 양약을 전문적으로 공부해서 약을 먹는 사람들이 아니다. 자기가 먹는 약이 어떤 작용과 부작용이 있는지 전혀 모르면서, 의사나 약사의 말만 믿고 약을 먹는다. 당시에는 환자가 먹는 약이 어떤 부작용이 나타나는지 자세한 설명을 해 주지 않았다. 지금은 처방해 준 약에 대한 정확한 정보를 환자에게 낱낱이 제공해 주고 있다.

하지만 그때는 약사도 동네 할머니가 전달해 주는 정보 수준을 넘어서는 부작용의 정확한 정보를 제공해 주지 않았다. 지금도 우리 주변에는 약을 맹종하는 사람들이 무궁무진하다. 자칫 질병으로 죽기보다는 약의 부작용으로 지지리 고생하다가 수명을 끝낼 수도 있다는 말이다. 질병을 죽이려고 만든 약은 매우 위험하다. 불치병 환자가 어떤 약을 먹고 극적으로 치료받았다는 말을 들으면 환자들 태반이 심하게 요동친다. 나도 동네 할머니 말에 마음이 요동치지 않을 수 없었다. 우선 약을 판매한다는 약국에 전화를 걸어서 확인해 보지 않을 수 없었다.

"저는 류머티스 관절염 환자인데요. 지금은 동네약국에서 판매하는 소염진통제 한 알만 복용해도 가사 활동 정도는 그럭저럭 할 수 있어요. 성당에 다니는 동네 할머니 말이 류머티스 관절염 치료제를 판매하는 약국이라는 말을 들었는데, 정말 관절염 치료제인가요?"

"네! 관절염 치료제 맞습니다!"

"양약에는 관절염 치료제가 없는 걸로 아는데요?"

"이 약은 관절염 치료제입니다!"

나는 약사한테 류머티스 관절염 치료제라는 확답을 세 번씩이나 들은 후에 할머니 편으로 그 약을 구매했다. 그 약의 진통제 효과는 아스피린보다 수천 배는 더 뛰어났다. 건강할 때보다도 몸의 활력이 더 뛰어났을 정도였다. 단 한 알을 복용했는데, 관절마다 아프고 욱신거리던 증상들이, 그야말로 말끔하게 사라졌다. 콩알 반만도 못한 크기의 한 알을 먹은 효과가 이 정도라면 평생 복용하라고 해도 먹을 것만 같았다. 바깥출입을 못 하는 할머니가 멀쩡하게 걸었다는 말이 결코 과장이 아니었다.

그런데 동네 사람들의 반응은 전혀 예상 밖이었다. 단번에 좋아지는 것이 아무래도 불안하다면서 당장 약을 끊으라고 말했다. 이럴 때 보통 사람이라면 동네 사람들의 말보다는 약사의 말을 더 신뢰하는 게 지극히 상식적이다. 나도 동네 사람들이 염려하는 말보다는 치료제가 맞는다는 약사의 말을 더 신뢰했다. 이런 내 믿음의 선택은 내 운명을 박살 내고 말았다. 운명은 타고난다고 생각했다. 그러나 모든 문제의 근원에는 알든 모르든 자기가 믿고 선택한 결과물이었다. 이것이 운명이었다.

동네 사람들은 진통제의 효능을 자랑하는 내 말을 들으면서 치료제라는 약사의 말을 대번에 의심했다. 그들이라면 이 약은 결단코 먹지 않았을 것이다. 그러나 나는 먹었다. 약사를 원망하고 무슨 변명을 늘어놓더라도, 이 약을 먹기로 선택한 건 나라는 점이다. 그래서 이 약을 판매한 약사의 잘못이 전혀 아니라는 말이 아니다. 다만 내가 약사의 말을 신뢰했다는 게 핑계가 되지 못한다는 말이다. 동네 사람들은 치료제라는 약사의 말을 대번에 의심할 줄 알았다. 그리고 나한테 그 약을 끊으라고 권면할 정도로 약사의 말이라도 오롯이 믿으면 안 된다는 걸 알았다. 이 약은 더디게나마 회복의 길로 방향을 틀던 내 건강을 완전히 박살을 내고 말았다.

 그 약을 먹으면서 활력을 되찾게 해 준 약국의 약사한테 고마운 마음을 전하려고 아이와 함께 양평으로 가는 시외버스를 탔다. 엄마와 함께 떠나는 여행이 마냥 즐겁기만 하던 아이의 얼굴에는 웃음이 떠나지 않았다. 그동안 아이에게 이런 소소한 행복조차 채워 주지 못했다. 내 등짝에 달라붙어서 업어 달라고 발을 동동 굴러도 내 등짝은 꿈쩍도 하지 않았다. 그런 엄마의 등에 업혀서 시외버스를 타고 장거리 여행을 떠나게 되었으니, 아이에겐 이보다 더 큰 기쁨이 없었다. 의자에 앉아 있는 아이의 엉덩이가 쉬지 않고 들썩거렸다.

 통증이 사라진 그때는 날마다 신바람이 나서 아스피린 부작용으로 겪었던 고통 따위는 까마득하게 잊어버렸다. 그것과 비교할 수 없이 좋은 약이 있는데, 아스피린의 고통을 기억할 필요가 없었다! 그저 현대의학이 신통방통할 뿐이었다. 몸은 건강할 때보다도 더 활력이 넘쳤다. 건강하다는 것만으로 이렇게 행복하다는 건 상상조차 해 본 적이 없었다. 행복감을 주체하지 못하는 날에는 이웃집 마당까지 쓸어 주면서 건강한 몸을 과시하기도 했다.

 이 약을 먹기 전까지는 아이를 자유롭게 돌보지 못했다. 아이가 업어 달라고 발버둥 치면서 울어도 업어 주지 못했다. 남편이 우는 아이를 달래려고 안고 일어나면 조그만 손가락은 나만 가리키면서 몸부림쳤다. 그런데 이 약은 아이에 대한 엄마의 서러웠던 자존감을 완전히 회복시켜 주었다.

일상생활의 자잘한 일들은 물론 자정이 넘은 시간에도 우는 아이를 가볍게 안아서 등에 업고 대문 밖으로 나갈 수 있게 되었다. 통행금지가 있던 시절의 행인들의 발길이 뚝 끊어진 골목길은 쓸쓸하고 적막했지만, 내 자식과 둘만의 소중한 추억을 만들기에는 더없이 좋았다. 나는 아이에게 별들의 이름을 가르쳤고, 거대한 우주의 신비와 별들이 오밀조밀 모여 있는 은하계를 설명했다. 내 손가락이 가리키는 하늘을 올려다보면서 아이는 귀를 쫑긋 세우고, 초롱초롱 눈망울을 굴리면서 엄마와 함께 상상의 나래를 펼쳤다. 그러다 보면 아이의 머리가 등판으로 수그러진다. 아이의 숨소리가 쌔근쌔근 들려온다. 우리 모녀는 어디에 있어도 행복하기만 했다.

그러니 이 약을 얼마나 고마워했을지 짐작할 것이다. 그리고 약사를 직접 만나서 고마운 마음을 전하려고 아이와 함께 양평을 찾아간 것도 이해했을 것이다. 약사는 은혜를 잊지 않겠다고 말하는 나한테 이렇게 말했다.

"이렇게 좋은 약이 세상에 있었나요?"

"이 약은 아무 곳에서나 팔지 않아요! 애기 엄마가 운이 좋은 거예요! 이 약이 전혀 듣지 않는 사람도 있는데, 애기 엄마는 운이 아주 좋군요!"

"그렇게 귀한 약이에요? 이 은혜는 평생 잊지 않을게요!"

내가 거듭거듭 고마운 마음을 전하자 약사는 환자가 치료되는 것보다 더 즐거운 게 없다고 말했다. 특히 나 같은 환자가 치료되는 걸 볼 때가 약사로서 가장 보람을 느낀다고 말했다. 물론 진실한 마음이라고 믿는다.

우리는 억지로 술을 권하는 세상에 살고 있지만, 또한 억지로 약을 권하는 세상에 살고 있다. 특별히 약을 먹지 않아도, 때가 되면 저절로 질병이 사라진다는 것도 알게 되었다.

이 약의 뛰어난 진통 효과에 따르는 진실성은 20여 일 만에 드러나고 말았다. 그곳에서 변비가 심한 나한테 피마자기름을 처방해 주었는데, 집에 도착하자마자 먹었다. 그러자 대번에 설사가 쏟아졌다. 그런데 문제가 터지고 말았다. 관절마다 벌떼처럼 통증이 일어났다. 손가락 하나도 제대로 움직일 수 없을 만큼 극심한 통증이 일어났다. 피마자기름이 먹은 약까지 몽땅 배설하는 바람에, 약효가 떨어진 관절마다 약의 공격에 옴짝달싹 못하던 통증이 거센 역공(逆攻)을 시작한 것이다. 얼마나 당혹했던지, 그제야 약봉지를 들고 시내에 있는 큰 약국으로 달려갔다. 내가 약봉지를 꺼내서 보여 주려는데 약사가 먼저 말했다.

"아주머니 얼굴만 봐도 지금 무슨 약을 먹는지 금방 압니다!"

"얼굴만 봐도 안다고요?"

"네! 아주머니가 먹는 약은 스테로이드(부신피질 호르몬제)입니다! 스테로이드보다 더 강력한 소염진통제는 없습니다. 하지만 굉장히 위험한 약입니다. 그만큼 부작용이 치명적이라는 말입니다. 소염진통 효과가 워낙 탁월하다 보니까 극심한 통증에 시달리는 류머티스 관절염 환자들이 먹지 않을 수 없는 약이기도 합니다. 이 약은 뼈를 구성하는 칼슘을 분해해서 몸 밖으로 배출하기 때문에, 관절들이 더 망가지는 건 물론이지만, 멀쩡한 장기들조차 치명적인 손상을 입혀요! 그래서 이 병 때문에는 죽지 않아도, 이 약의 부작용으로 사망할 수 있어요! 너무나 위험한 약이니 당장 끊으세요!"

약사의 말은 너무나 충격적이었다. 치료제라고 판매한 약이 치명적으로 위험한 약이라고 말했다! 약사는 너무나 안타까워하면서 하루라도 빨리 약을 끊으라고 재촉했다. 내가 먹은 이 약은 진통제의 최강자였다. 지금도 주변에서 심심찮게 들려오는, 뼈 주사를 맞고 아픈 다리가 거뜬해졌다는 마술지팡이 같은 바로 그 약이다. 이처럼 부작용이 치명적이기로 악명이 높은 스테로이드를 3개월 동안 복용했다. 그동안 민간 치료에 의존하면서 애썼던 노력이 하루아침에 물거품이 되고 말았다. 이 약을 먹기 이전으로 되돌아가기는 불가능했다. 약국에서 돌아오자마자 약을 중단했다. 금단현상이 즉시 나타났다. 죽는 것만도 못한 고열과 통증이 온몸을 휩쓸었다. 이것을 의학용어로는 리바운드(반동)현상이라고 했다.

염증과 통증이 미쳐서 날뛰었다. 한마디로 관절마다 아수라장이었다. 아스피린의 금단현상보다 수천 배, 아니 수만 배 더 심한 고열이 발생하고 통증이 전신 관절을 휩쓸었다. 약을 중단하고 불과 몇 시간도 지나지 않아서 발생한 고열과 통증이었다. 스테로이드가 20여 일 만에 건강을 완전히 작살냈다. 정말 미치고 환장할 지경이었다. 병을 치료하려고 먹는 약마다 건강을 점점 더 망가뜨리는 것이니, 아무래도 악마의 덫에 걸려든 것이 분명했다.

관절마다 통증이 장작불처럼 활활 타올랐다. 나는 의식이 흐릿해질 정도로 고열과 통증에 시달리다가 어쩔 수 없이 스테로이드에 다시 굴복했다. 작은 알약 하나를 입에 넣었다. 몇십 분도 지나지 않아서 열이 떨어지고 통증의 기세가 확 꺾어졌다. 손가락 한 마디도 움직일 수 없었던 몸이 거짓말처럼 다시 살아났다. 광란의 도가니로 만든 약은 한순간에 염증과 통증들을 제압했다. 극한의 통증에 시달리는 류머티스 환자들이 이 약에 접촉되면, 정말이지 이 약을 벗어난다는 건 불가능한 일이다. 정말 무섭고 두려운 약이었다. 이 약은 내가 가진 모든 것을 빼앗아 버렸다.

이제는 불치병이 문제가 아니었다. 이 약을 끊어야 하는 일이 더 큰 문제였다. 양약을 두려워할 수밖에 없었던 나는 한방병원으로 눈을 돌리지 않을 수 없었다. 이 약을 끊지 못하면 질병 치료는 포기해야 하기 때문이다. 나는 아직도 새파랗게 젊은 20대였다. 그래서 눈을 돌린 게 최고의 한방대학병원이었다.

그래서 의료보험이 적용되지 않는 시절에 고가의 병원비에도 불구하고 한방병원에 입원했다. 거기서 피의 독소를 제거하려는 자연 치료요법으로 9일간의 단식과 한약과 물리치료를 시작했다. 그러나 한 달 반 동안 입원 치료한 결과는 참혹했다. 40도에 가까운 고열로부터는 벗어나고 극심한 통증으로부터 겨우 벗어난 정도였다. 내가 활동할 수 있는 몸 상태는 겨우 화장실 출입하는 게 전부였다.

그런데도 미치도록 생각나는 게 스테로이드였다. 그거 한 알만 복용하면 지금이라도 멀쩡한 사람처럼 활동할 수 있다는 걸 너무 잘 알기 때문이다. 그래서 이 약을 악마의 지팡이라고 부르지 않을 수 없는 것이다. 수많은 류머티스 관절염 환자들이 이 약에 한 번만 접촉되면 도저히 벗어날 수 없다. 이것이 더 미치고 환장하게 만드는 것이다. 이것은 강렬한 유혹의 문제가 아니라, 활동을 포기해야 하는 문제이기 때문이다. 자유롭게 활동할 수 있다면 이보다 더 심각한 부작용이 발생하는 약이라도 먹지 않을 수 없는 형편이었다. 이것이 영영 치료의 길을 벗어나서 전신을 망가뜨리는 시발점이다. 3개월 동안 복용한 스테로이드는 나를 완전하게 폐인으로 만들었다. 어떻게 해야 하나! 치료를 포기해 버리고 이 약을 먹을 수 있을 때까지 먹어 보다가 그대로 죽어야 하나? 그러기에는 내가 너무나 젊다.

이렇게 입원과 통원 치료를 포함하여 3개월 동안 집을 떠나있었다. 한방병원에 입원하기 전, 병원을 신뢰하고 치료를 확신하면서 시어머니한테 다짐했던 말이 기억나지 않을 수 없었다.

"독약처럼 위험한 약을 먹으면서 지내면, 당장에는 가정생활에 불편이 없지만, 결국은 몸이 망가져서 쓰러질 수밖에 없어요. 제가 병원에 입원하면 당장 어머니가 고생이지만, 제가 병을 치료해야 어머니를 돕는 길이라고 생각했어요! 그러니까 한방병원에 입원하도록 도와주세요!"

"낫는 곳만 있다면 당연히 그래야지!"

결국 어디로 간들 이 병을 고칠 수 있겠느냐는 말이지만, 그렇다고 치료의 가능성이 있다고 믿는 기회조차 포기할 수는 없었다. 그런 시부모를 생각하면 치료받지 못한 절망감 따위는 사치한 감정에 불과했다. 이미 불치병이라는 것을 알고 있는 시부모에게 치료를 장담했던 책임은, 병원이 아니라 내게 있었기 때문이다. 병원을 신뢰했던 나는 약속을 지키지 못하게 되었다. 나는 가족들에게 3개월이라는 혹독한 시간뿐만 아니라, 경제적인 많은 짐을 지게 했다. 그렇다면 내가 시부모를 속인 것일까? 아니면 병원에서 나를 속인 것일까? 우리는 각자 자기가 만난 고통을 해결하려고, 우리가 할 수 있는 최고의 선택과 최선의 노력을 했을 뿐이다. 결과가 너무나 부정적일지라도 말이다! 그럼에도 불구하고 병원에서 치료받지 못한 책임은 오롯이 내가 떠맡게 되었다. 결과가 너무나 참혹했기 때문이다.

오늘이 병원 치료를 끝내는 마지막 날이다. 이제 얼마나 많은 치료의 방랑을 거듭해야 할지 모른다. 어쩌면 내가 소유한 모든 걸 송두리째 빼앗길지도 모른다. 정체불명의 알 수 없는 힘이 내 운명을 틀어쥐고 나락으로 떠다미는 기분이었다. 누구나 벼랑 끝에 몰리면 심리적 상상력이 더 큰 힘을 발휘하는 법이다. 여전히 중환자라는 내 신분에 적응하지 못하고 있다.

아침 일찍 눈을 떴다. 밤새 뻣뻣해진 관절들을 천천히 움직거렸다. 물 먹은 솜처럼 천근만근이다. 이대로 누워서 죽어 버리고 싶다. 그러나 아직은 그럴 수 없었다. 남편과 아이가 나를 기다리고 있다. 우리 부부는 서툴게나마 한 공간에 살면서 마음과 생각을 공유하는 법을 겨우 터득하기 시작한 신혼부부이다. 더구나 나는 아이의 엄마이다. 이대로 건강을 포기할 수 없는 결정적인 이유이다. 어찌하든지 건강을 되찾아야 한다. 다시 스테로이드에 굴복할 수 없는 이유이기도 하다. 양방과 한방병원에서 내 병을 못 고친다면 나라도 고쳐야 한다. 어디엔가 분명히 내 병을 고치는 약이 있을 것이다.

누웠던 몸을 일으키려고 사지를 바동거렸다. 베개를 발로 밀어서 벽 쪽에 바짝 붙였다. 그리고 등짝을 벽에 밀착시키고 앉아서 엉덩이 밑으로 베개를 밀어 넣었다. 그리고 무릎을 세우고 다리와 등짝에 힘을 주면서 벽을 타고 등짝을 위로 밀면서 천천히 몸을 일으켰다.

그리고 살얼음판을 걷듯이 조심조심 세면장으로 향했다. 통증이 심한 발목과 발가락 때문에 거실보다 낮은 세면장의 문턱을 넘지 못하고 주춤거렸다. 이리저리 발목의 통증을 조준해 보면서 간신히 세면장으로 들어가도 제대로 할 수 있는 건 아무것도 없다. 손가락으로 물을 찍어다가 얼굴에 바른다. 두 손으로 물을 퍼서 세수하는 건 어림없는 일이 되었다. 팔뚝을 타고 흘러내린 물이 앞자락을 흥건히 적신다.

화가 치미는 속이 부글부글 끓는다. 미치고 펄쩍 뛰다가 죽어도 시원하지 않을 판국이다. 이때도 스테로이드 한 알을 복용하고 싶은 유혹이 복장을 터지게 했다. 당장은 그놈만 입에 털어 넣으면 자유로운 활동이 가능하다는 게 더 미치고 환장할 노릇이었다. 우선 자유롭게 활동하고 싶은 유혹이 죽을 만큼 강렬했다. 스테로이드의 강력한 진통제 효과를 경험한 류머티스 관절염 환자들이 이 약을 벗어날 수 없는 이유이기도 하지만, 이처럼 혹독한 결과를 너무나 잘 알기 때문에, 수없이 먹었다 끊었다, 또 먹기를 반복하는 약이기도 하다. 그러나 통증과 맞붙어 싸우다가 그대로 죽으면 죽으리라는 각오가 없이는, 사실상 이 약을 끊는다는 건 불가능하다.

그러나 나는 치료를 포기할 수 없다. 그래서 이대로 죽더라도 다시 복용할 수 없다. 나는 우리나라에서 최고라고 인정받는 양방과 한방에서 치료를 포기했지만, 이 병과 한판 맞붙어서 치열하게 싸워 볼 계획이었다. 이토록 끈질기게 치솟는 오기는 어디서 나오는 것일까? 아무것도 의지할 것이 없을수록 더욱 강렬하게 솟구치는 그 무엇은, 절망의 끝자락으로 내몰리면 내몰릴수록 강해지는 그 무엇은, '치료에 대한 열망에 앞서 자존감'일지도 모른다. 나를 보호하고 챙길 사람이 이 세상에서 나밖에 없다는!

어금니를 꽉 깨물었다. 오늘이면 병원 치료는 끝난다. 이제는 남편과 아이가 있는 집으로 돌아가야 한다. 그래서 친정으로 내려가서 마음 편하게 휴식부터 하고 싶은 간절한 마음을 접기로 했다.

누구에게 분노하나

　천천히 아파트를 나섰다. 그동안 택시를 타고 통원 치료를 다녔다. 그 날도 택시를 타려고 버스정류장으로 향하다가 전철역으로 발길을 돌렸다. 출근이 바쁜 사람들 틈에 끼어서 천천히 계단을 올라갔다. 3개월 동안 치료한 결과가 이 지경이었다.

　허리를 구부정하니 꾸부리고서 계단을 한 계단씩 한 계단씩 올라가는 나를 사람들이 힐끗힐끗 쳐다보았다. 이마에서 식은땀이 흘러내려도 손을 번쩍 들어 올려서 닦을 수가 없었다. 플랫폼에 놓인 의자에 앉으려고 다가갔다가 그만두었다. 가슴으로부터 치밀고 올라오는 울음을 참아내는 목덜미가 터질 듯이 아팠다. 나는 건강한 사람들과 나란히 서서 전철을 기다리다가 그대로 전철에 올라탔다. 발목과 무릎이 뻣뻣해지고 통증은 심하게 요동쳤다. 그래도 의자를 양보해 달라고 부탁하지 않았다.

　지금 나는 시위를 벌이는 중이다! 누구에게 벌이는 시위인가? 관절마다 통증이 지랄발광이다. 그래도 눈 하나 깜짝하지 않고 꼿꼿하게 서 있었다. 시위를 벌이지 않을 수 없게 만드는 상대가 지랄발광을 떠는 통증인가? 발목과 발바닥 통증이 이성적으로 참아 낼 수 있는 한계지점을 넘어섰다. 머릿속이 하얗게 비어 버렸다. 전철역 광장에 서 있는 택시도 외면한 채, 살아 움직이는 시체 좀비처럼 그냥 앞으로만 걸었다. 병원까지 어떻게 걸어갔는지 아무것도 기억나지 않을 정도였으니까! 진료실로 들어오는 나를 쳐다보던 의사가 의자에서 벌떡 일어났다.

"무슨 일이 있었어요?"

목까지 치밀고 올라오는 울음이 터질 것만 같아서 입을 꾹 다물고 진료실 침대로 가서 누웠다. 죽음의 사선보다 못한 통증을 뚫고 걸어온 병원이지만, 오늘 질병을 홀로 지고 그냥 집으로 돌아가야 하는 날이다. 그런 현실이 죽을 만큼 처참하다. 눈물이 볼을 타고 사정없이 흘러내렸다. 이제 여기를 떠나면 어디로 가서 도움을 받아야 하나! 건강했던 몸이 하루아침에 이렇게 중환자로 추락할 수도 있는 것일까! 운명적으로 건강하게 살 수 있는 내 몫이 결국 여기까지였단 말인가? 나락만큼이나 깊고 어두운 공포심이 심장으로 깊이 파고든다. 한방병원에서도 그럭저럭 견딜 만한 최소한의 건강도 회복해 주지 못한 채 치료를 종결했다. 누구 때문에 이 지경으로 건강이 박살이 났단 말인가! 의사가 다가왔다.

"무슨 일이 있었어요?"

"아무 일도 없었어요. 여기까지 전철을 타고 걸어서 왔더니 몸이 이 지경이 되었네요. 이게 말이 되나요?"

"그건 너무 무리였어요. 앞으론 그렇게 무리하면 절대로 안 돼요. 택시비가 없어서 그랬어요?"

"택시비가 없어서 그런 게 아니고 너무나 억울하고 분해서 그랬어요! 정말 이렇게라도 투쟁하지 않고는 견딜 수가 없었어요!"

"진료실에 들어올 때 얼굴이 어땠는지 아세요? 백지장이었어요. 앞으론 이렇게 무리하면 안 돼요!"

그러면 가만히 누워서 살라는 말인가요? 속에서 화가 치밀고 분노가 부글부글 끓어올랐지만 아무 말도 하지 않았다. 지금까지 나는 무슨 짓을 했는가? 수많은 비용을 들이고, 그렇게 힘쓰고 수고한 치료들이, 스테로이드 한 방에 박살이 나고 말았다. 한방치료 따위에는 콧방귀도 뀌지 않았다. 이 약에 접촉됐다 하면 일반소염진통제는 어린아이가 먹는 맹물에 불과하다. 죽을 때까지 벗어날 수 없는 스테로이드였다.

더욱 비참한 것은, 통증이 발악하는 이 순간에도 스테로이드를 복용하고 싶은 유혹이 하늘을 찌를 듯하다는 것이다. 어떤 정체불명의 힘이 내 운명을 틀어쥐고 흔드는 것일까? 다시 복용할 수도 없고, 통증에 뒤덮인 채로 비참하게 살아갈 수도 없는 절망의 나락까지 내몰리고 말았다. 나는 어떻게 해야 하나!

병원 치료를 마치고 3개월 만에 집에 돌아왔으나 가족들이 보이지 않았다. 남편만 우두커니 서서 나를 맞이했다. 병든 나를 거부한다는 신호인가! 물론 가족들이 병원에서 병든 몸을 고치지 못하고 간신히 걸어서 돌아오는 나를 따뜻하게 품어 주고 위로해 주리라고 기대한 건 아니었다. 보다시피 밥 한 끼도 내가 챙겨 먹을 수 없는 몸이 되어서 돌아왔다.

철천지원수인 이런 놈하고 함께 사는 동안에는 어디에서도 환영받을 수 없다는 걸 너무나 잘 안다. 죽일 놈의 원수 류머티스 관절염과 함께 돌아온 나를 따뜻하게 품어 주려면 당장 괴로움을 감당해야 한다. 그래서 가족들도 불치병을 떼어 버리지 못하고 함께 들어온 나를 따뜻하게 맞이할 수 없었다는 걸 너무나 잘 안다. 물론 나도 이놈의 병과 친하게 지내면서 따뜻한 마음으로 함께 품고 살아갈 뜻이 눈곱만큼도 없는데, 이 병을 데리고 찾아온 나를 누가 따뜻하게 맞아 줄 수 있겠는가! 철천지원수 이놈 때문에, 어쩔 수 없이 나를 멀리하려는 것을 너무나 잘 안다. 이놈과 붙어사는 나를 따뜻하게 맞이하는 순간부터 병시중을 떠맡아야 하는 가족들이었다.

  세상천지에 함께 살 놈이 없어서 철천지원수 류머티스 관절염과 동거하게 되었는가! 한번 동거생활이 시작되면 평생 이별할 수 없다는 이놈과 이별하려고 대학병원과 한방병원까지 입원했어도 떼어 내지 못했다. 이놈하고 동거하면 좋은 사람들과 이별해야 한다. 철저하게 외톨이가 되어야 한다. 어쩌다가 이런 놈을 만나서 따뜻했던 가족들에게도 이런 수모를 겪어야 하는 것일까? 너무나 원통하고 서러워서 숨통이 막혀서 죽을 것만 같다.

  지금도 가족들에게 병시중을 기대하고 찾아온 건 아니다. 여기는 내 집이라 온 것이다. 더군다나 한 가족이었기에 불치병에 대한 굉장한 분노와 깊은 상처에 시달리는 마음을 며칠만이라도 위로받을 수 있으리라 기대했을 뿐이다. 나도 이놈하고는 동거할 계획이 없다. 그러므로 이놈하고 동거하는 동안에는 누구하고도 함께 살아갈 계획도 없다. 이 말은 누구에게도 병시중을 받을 생각이 없다는 말이다. 이놈하고 헤어지지 못하면 혼자 살 수밖에 없다. 그래서 내가 불가피한 어떤 선택을 할 때까지 만이라도 가족들의 따뜻한 마음을 기대했었다.

  지금 내가 분하고 원통한 건 가족들의 차가운 태도 때문만은 아니다. 가족들이 거절하는 건 내가 아니라 철천지원수 이놈이라는 걸 너무나 잘 안다. 아마도 이놈을 떼어 버리고 돌아왔더라면, 동네잔치를 베풀면서 기뻐했을 가족이라는 것도 너무나 잘 안다. 한 사람 한 사람을 꼽으면서 생각해도, 우리 가족은 나한테 따뜻하고 좋은 분들이었다. 매사에 서툴고 실수가 많은 나를 새 식구로 기꺼이 받아 주고 따뜻하게 품어 주었던 가족이었다. 이런 가족이기에 병만 고친다면 고가의 병원비도 아까워하지 않고, 최고의 의술이라고 자랑하는 병원마다 찾아가서 치료받도록 협조하기를 조금도 주저하지 않았다.

이렇게 치료를 기대하면서 가족들이 참고 기다린 결과는 부엌 문턱을 넘어가서 물 한 모금도 떠먹을 수 없는 몸 상태가 되어서 돌아왔다. 가족들의 절망감이 어느 정도였을지 너무나 잘 안다. 평생 내 병시중에 시달려야 한다고 생각했을 가족들의 좌절감이 얼마나 컸을지도 모르지 않는다. 내가 가족의 처지였더라도 어떤 선택을 했을 거라고 장담하기 어렵다.

지금도 그때를 돌아보면 나도 불행했지만, 가족들도 너무나 불행했다. 불치병에 걸린 아내에게, 통증에 시달리는 며느리에게, 어떤 처신을 하더라도 무거운 족쇄를 벗어나긴 어려웠기 때문이다. 내 방으로 걸어가던 발길을 돌려 시부모 방으로 들어갔다. 그리고 앉아서 시부모가 돌아오길 기다렸지만 밤늦도록 내가 있는 방에 들어오지 않았다.

"형수님 오셨어요! 엄마 왔다!"

눕고 싶은 몸을 힘겹게 버텨 내면서 혼자 우두커니 앉아 있는데, 시동생이 아이를 데리고 방으로 들어왔다. 시동생은 나를 가리키면서 아이에게 엄마라고 말했다. 아이가 힐끗 나를 쳐다보았다. 그러나 이내 얼굴을 돌렸다. 전혀 반가운 기색이 아니었다. 아이는 집을 떠났다가 3개월 만에 돌아온 엄마를 알아보지 못했다. 병원에 입원하려고 집을 떠나던 날, 14개월이 된 아이는 엄마를 따라간다고 몸부림치면서 울었다. 그랬던 아이가 3개월 만에 돌아온 엄마를 알아보지 못했다. 그런데도 나는 아이가 간절히 기다렸을 엄마로서 아무것도 해 주지 못하고 바보처럼 우두커니 쳐다보기만 했다. 그런 엄마를 보면서 아이도 심한 갈등에 시달렸을 것이다.

엄마라면 저렇게 앉아서 멀뚱멀뚱 쳐다보고만 있을 리가 없는데, 정말 엄마가 맞는 것일까 하고!

당장 스테로이드제 한 알을 복용하고, 환장하리만치 멀쩡한 엄마로 돌아가서 아이를 부둥켜안고, 이산가족이 상봉할 때 장면만큼이나 보고 싶었던 감정을 폭발하고 싶었다. 관절마다 된서리를 때려 맞은 배춧잎처럼 폭삭 꺼지고 망가져 버렸다. 손가락 하나도 아이에게 뻗어서 움직일 수 없었다. 게다가 아예 나하고 상면하기를 꺼리는 가족들에게서 3개월 만의 모녀의 상봉 그 너머로, 처절하게 보이는 이별의 예감은 편안하고 유연한 사고를 막아 버렸다.

아이의 이름조차 부를 힘이 사라지고, 반가움보다 먼저 슬픔이 치밀고 올라와서 반가움이 아니라 절망하는 엄마의 모습을 보여서 아이를 곤경에 빠뜨리지 않으려고 입을 열 수조차 없었다. 그리고 목석이 헷갈릴 정도로 목석보다 더 목석같은 자세로 앉아만 있는데도, 아이는 흘끔흘끔 내 눈치를 살폈다. 엄마처럼 행동하지 않는 엄마를 보고 엄마로 기억하고 있던 엄마인지를, 죽을힘을 다해서 기억해 보려고 더듬거리는 모양이었다. 엄마라면 저렇게 우두망찰하게 앉아 있을 리가 없을 텐데! 아이의 기억에 남아 있는 엄마라면 번쩍 안아다가 부둥켜안고 볼을 비비고 뽀뽀하면서 호들갑을 떨었을 텐데. 감정이 배제된 채로 멍하니 앉아서 쳐다만 보고 있는 엄마의 태도에, 아이의 갈등이 극도에 달했을 것이다. 14개월짜리 아이가 이런 태도를 보이는 나를 보고 엄마로 기억해 내기란 너무나 무리한 기대일 것이다. 가슴이 너무나 쓰리고 아렸다. 아이를 방에 두고 시동생이 밖으로 나갔다. 그제야 아이의 이름을 불렀다.

"여기 엄마한테 와 봐!"

내가 엄마라고 말하자 아이의 얼굴에 살포시 미소가 떠올랐다. 가슴이 두근거렸다. 아이의 저 미소는 내가 엄마라는 걸 기억해 냈다는 신호일까? 내가 말을 걸 때마다 얼굴 가득하게 흐뭇해하는 표정으로 채워졌다.

"엄마가 많이 아파! 병원에 가서도 못 고치고 왔어! 그래서 너를 안아 주지도 못하고 쳐다보기만 하는 거야! 이 엄마가 이렇게 많이 아픈데 어떻게 하면 좋을까?"

눈물이 시야를 가렸다. 무서운 산통 속에서 출산한 유일한 내 핏줄이고 내 자식인데, 그 어린 자식이 보듬고 안아 주길 간절히 기다리고 있는데, 엄마인 나는 아이를 품으로 끌어당겨서 안아 주기는커녕, 후다닥 달려들어 목을 껴안고 매달릴까 봐 겁내는 중이었다. 심정이 갈기갈기 찢어졌다. 그나마 다행히도 아이는 내 품으로 달려들지 않았다. 우리 모녀는 소가 닭 쳐다보듯이, 서로에 대해서 무관심한 것처럼 보였다.

"엄마를 잊어버렸어? 시시하게 엄마도 잊어버린단 말이야? 엄마 무릎에 가서 앉아 봐!"

다시 방으로 들어온 시동생이 아이를 번쩍 안아다가 내 무릎 위에 앉혔다. 아이는 내가 번쩍 안아다가 품으로 끌어당겨서 안아 주길 기다린 모양이었다. 나를 등진 채로 무릎에 가만히 앉아 있는 아이는, 자기를 대하는 내 반응을 유심히 살피고 가늠하는 눈치였다. 아무래도 내 무릎이 낯설지 않았던지 박차고 일어서지 않았다. 아이의 몸무게에 짓눌려 있는 무릎관절 때문에 극도로 긴장한 상태에서도, 아이의 쪼끄만 몸을 양팔로 살그머니 품어 보았다. 아이는 내 가슴에 등을 밀착시킨 채로 가만히 앉아만 있었다. 엄마의 품이었던 기억을 더듬는 것일까? 아이가 엄마의 품을 기억할 때까지, 엄마인 나는 아이에게 내가 엄마라는 것을 아무것도 확인시켜 줄 수 없었다.

　시동생이 주머니에서 초콜릿을 꺼내더니 아이에게 내밀었다. 고사리 같은 작은 손을 앞으로 내밀었다. 시동생이 아이 앞으로 뻗었던 팔을 거두었다. 아이도 내밀었던 손을 슬그머니 내렸다. 시동생이 너무나 신기해하면서 웃었다. 평소에 아이는 초콜릿이라면 만사를 제쳐 두고 달려들었다고 했다. 아이의 행동이 평소와 다르다는 걸 알아챈 시동생이 초콜릿을 다시 내밀었다. 그래도 초콜릿을 잡으려고 내 무릎에서 벌떡 일어나지 않았다. 초콜릿을 손으로 잡으려고 이렇게 저렇게 애를 쓰면서도 내 무릎에 얹혀 있는 궁둥이는 결단코 떼지 않았다. 그리고 쪼끄만 궁둥이가 들먹거리기 시작하더니 아예 대놓고 엉덩방아를 찧기 시작했다. 그때부터 아이는 초콜릿 따위에는 관심도 보이지 않았다. 신바람 나게 엉덩방아를 점점 더 세차게 찧어 댔다.

　이런 아이에게 나는 아무것도 해 줄 수 없었다. 촐싹대는 아이의 궁둥이로부터 빨리 벗어나기만을 기다릴 뿐이었다. 아이의 엉덩방아가 세차게 찧어 댈수록 무릎관절의 통증을 견디지 못하고 쩔쩔매는 나를 바라보던 시동생이 아이 앞에 등짝을 들이대면서 업으라고 말했다. 그러자 아이가 머리를 세차게 내두르면서 내 품에 더 밀착시켰다. 내가 가슴으로 파고드는 아이를 감당하지 못하고 고통스러운 표정을 보이자 시동생은 아이의 팔을 강제로 끌어당겨서 일으켰다. 삼촌 팔에 억지로 끌려 일어난 아이는 잽싸게 뒤로 돌아가더니 내 등짝에 작은 가슴을 밀착시키면서 두 팔로 내 목을 휘감았다. 그리고 발을 동동 구르면서 울기 시작했다.

　"엄마는 아파서 너를 업어 주지 못한단 말이야! 삼촌이 엄마보다 더 잘 업어 주잖아! 삼촌이 업어 줄 테니까 어서 여기로 와!"

하지만 아이는 내 등짝에 작은 몸을 더욱 밀착시키고 발을 동동 구르면서 집이 떠나가도록 크게 울었다. 3개월 만에 만나 보는 엄마의 등짝이었다. 하지만 엄마의 등짝은 폐기물이 되어 버렸다. 정말 견디기 어려운 절망감이 온몸을 휘감았다.

내 목을 휘감은 아이의 팔은, 그동안 엄마의 따뜻한 품을 얼마나 그리워했는지를 말하고 있었다. 엄마를 얼마나 그리워했는지를 절절하게 표현하는 아이에게, 나도 어떤 식으로든 화답하기로 결심했다. 병들어 아무것도 해 줄 수 없는 엄마라는 걸 이해할 수 없는 아이에게, 더군다나 아이가 울부짖으면서 갈망하는 '엄마의 등짝'을 채워 줄 수 없는 엄마라는 걸 이해할 수 없는 아이에게, 어떤 이유가 내 앞을 가로막는다고 해도 '엄마의 등짝'을 채워 줄 수 있는 유일한 엄마가 세상천지에서 나밖에 없다는 사실 때문에, 내게도 마지막 아이의 울부짖음과 같은 발악이 필요하다고 생각했다.

병든 이 엄마하고 대면조차 꺼리는 가족들 속에서, 엄마의 그리움을 거리낌 없이 울부짖으며 드러내는 내 아이는, 이 육신이 세상을 떠나는 그날까지, 변할 수 없는 유일한 내 혈육이다. 그래서 이 가족들이 대면하기를 꺼리지만, 내 자식은 병든 엄마이기에 더 보고 싶을 것이고, 더 만나고 싶을 것이리라. 지금도 아이는 가장 좋아하는 초콜릿까지 포기하면서 격정적으로 엄마를 환영했고 반갑게 맞이했다. 병든 몸을 고치지 못하고 집에 돌아온 엄마를 열렬히 환영하는 아이의 환대에 나도 처절하게나마 화답하지 않을 수 없었다.

시동생에게 몸을 일으켜 달라고 부탁했다. 시동생이 나를 안아서 일으켜 주었다. 아이에게 시달리다가 간신히 몸을 일으킨 나는 아이를 등에 업혀 달라고 말했다.

"형수님! 그러지 마세요! 그러다가 넘어지면 큰일 나요! 얘는 이러다가도 금방 잊어버려요! 그러지 마세요!"

그러나 나는 영원히 잊어버릴 수 없을 것이다. 아이를 등에 업고 동네방네 휘젓고 다니고 싶은 건 아이보다도 내가 더 간절하다. 쌕쌕 잠을 자면서 품어 내던 아이의 온기로 시린 마음을 녹이고 싶은 건 바로 나였다. 아이의 작은 가슴이라도 등짝에 붙이고 의지하고 싶어서 견딜 수 없는 건 아이보다도 내가 더 절박했다. 살면서 만나는 어떤 고뇌 속에서도, 어린 딸만 등에 업고 있으면 평온했던 얼마 전의 기억에 허기지는 건 나였다.

시동생이 아이를 내 등짝에 붙이고 포대기를 둘렀다. 아이의 작은 무게에도 견디지 못하는 발목과 무릎관절이 비명을 질러 댔지만 이를 악물었다. 아이의 포근한 온기가 비릿한 향내를 풍기며 등판으로 스며들었다. 그런데도 내 가슴이 따뜻해지기는커녕 서늘하게 바람이 일었다. 이렇게라도 아이를 업어 볼 수 있는 마지막이 될지도 모른다는 처절한 예감 때문이었다. 3개월 만에 아이와의 재회는, 가족들의 냉랭한 태도가 보여 주는 건, 기약 없는 이별을 예고한다는 걸 직감하지 않을 수 없었다. 병원에서 치료받지 못하고 폐인이 되어 돌아온 절망을 잠시라도 함께 나눌 며칠간의 여유조차도 가족들은 준비하지 못했다.

한 발자국도 걸음을 떼지 못하고 제자리에 서서 아이의 몸무게를 견뎌 내는 다리는 금방이라도 쓰러질 듯이 휘청거렸지만, 아이는 두 손으로 내 등짝을 두들기고 엉덩방아를 찧어 대면서 즉시 '엄마의 등짝'이라는 걸 알아차리고 환호성을 질렀다. 목을 치대던 서러움이 봇물이 터지듯이 왈칵 터지면서 볼을 타고 흘러내렸다. 내 눈물을 본 시동생도 벽 쪽으로 몸을 돌리더니 울었다.

아이는 즐거운 함성을 지르면서 등짝을 두들겨 댔다. 이렇게 기쁨을 주체하지 못하고 엉덩방아를 찧던 아이가 팔을 뻗치더니 방문을 가리켰다. 아이는 엄마 등에 업혀서 동네 골목마다 피어 있는 예쁜 꽃들이랑 하늘의 구름과 창공을 날아다니는 새들을 이야기하던 엄마를 분명히 기억해 냈다. 아이는 밖으로 나가자고 소리를 질러 댔다. 아이의 주문은 너무나 당연했다. 엄마 등에 업혀서 동네 골목을 휘젓고 다니던 수개월 전의 추억을 생생하게 기억해 냈다. 엄마의 따뜻한 체온을 느끼며 행복했던 얼마 전의 추억들이 생생하게 떠올랐다는 의미였다.

몸부림치며 소리를 질러 대는 아이 때문에 다리가 휘청거렸다. 엄마의 병든 다리는, 아이를 등에 업고 행복했던 추억조차 회상하기를 거부했다. 이런 광경을 불안하게 지켜보던 시동생이 내 등에서 아이를 쑥 빼내서 안고 밖으로 나가 버렸다. 울부짖는 아이의 울음소리가 가슴을 후벼팠다. 밖에 나가서도 아이는 방을 손으로 가리키면서 울부짖었다.

오소소 한기가 몰려들었다. 서럽고 분한 감정이 거세게 치밀고 올라왔다. 이렇게 꼬이고 뒤틀리는 내 운명을 누구에게 분풀이해야 하나? 이 아이가 탄생하면서 떼어 내려고 해도 떼어 낼 수 없는 가족으로 엮이어서 사랑하게 되었는데, 어떻게 사랑의 끈을 모질게 끊어내야 하는가! 사랑의 또 다른 얼굴이 아픔일 것이다. 그래서 아픔은 다른 얼굴의 사랑이다. 다리가 꺾이고 몸이 방바닥으로 무너져 내렸다. 눈에서 눈물이 폭포수처럼 쏟아졌다. 이것이 내 자식을 업어 본 마지막이었다.

끝내 시부모를 보지 못하고 우리 방으로 건너왔다. 남편이 펼쳐 놓은 이불 속으로 들어가서 지친 몸을 눕히려니, 알 수 없는 수치심과 모멸감이 이불 속까지 깊이 파고들었다. 모멸감을 잠재우려고 머리끝까지 이불을 끌어당겼다. 나락의 깊은 구덩이 속이라도 들어가서 숨고 싶을 만큼 견디기 어려운 모멸감이 이불 속까지 치밀고 들어왔다. 눈꺼풀이 짓눌릴 정도로 피곤했지만, 아이 엄마의 자존감은 찬바람에 시달리는 겨울나무처럼 벌거벗겨지고 말았다. 여기서 며칠간이나 아내로 또는 며느리로 당당한 지위에 맞는 가족으로서 자존감을 유지할 수 있을지조차도 까마득하기만 했다!

자정이 훨씬 넘어가도 남편이 오지 않았다. 머리까지 이불을 뒤집어쓰고 있어도 온몸으로 추위가 밀려들었다. 종일 물 한 모금도 마시지 못해서 갈증이 점점 더 심해졌다. 아무리 목이 타들어 가도 내가 주방으로 가서 물을 마실 수가 없었다. 부엌으로 들어가는 두 개의 계단을 내려갈 수 없었기 때문이다. 관절마다 열이 펄펄 오르고 통증이 점점 더 심해졌다. 입에서는 단내가 날 정도로 열이 확확 치솟았다. 새벽 세 시쯤 되어서야 남편이 방으로 들어왔다.

"아직도 안 자고 있었어?"

"갈증이 너무나 심해서 잠을 잘 수가 없었어요."

"바보같이, 왜 물을 달라고 말하지 않았어! 큰 소리로 물 좀 달라고 소리를 지르면 되는데, 왜 목마른 것도 참고만 있어!"

큰 소리로 화를 내던 남편이 밖으로 나가더니 음료수를 한가득 안고 들어왔다. 다음 날도 남편이 가져다 놓은 음료수 말고는 아무것도 먹지 못했다. 꼼짝없이 누워 있는 나한테 식사는 물론 과자 부스러기조차도 가져다주는 이가 없었다. 어제도 물 한 모금 먹지 못하고 종일 굶었다. 오늘도 식사를 챙겨 주는 이가 없어서 굶었다. 이제 나는 먹을 것조차 스스로 챙겨 먹을 수 없는 중환자가 되어 버렸다.

아무것도 생각하고 싶지 않았다. 질병에 시달리는 몸이나 무조건 편히 눕히고 싶었다. 여기는 단 하루도 내 몸을 편안히 눕힐 수 있는 쉼터가 되지 못했다. 지금 나한테 절박한 건 통증에 시달리는 육신과 치욕적인 모욕감에 시달리는 마음이 쉴 수 있는 쉼터뿐이다.

"친정으로 내려갈게요!"

잠을 청하는지 말없이 누워 있는 남편에게 말했다. 만신창이가 된 몸으로 찾아가도 언제나 변함없이 편안하게 누울 수 있는 쉼터가 내겐 있었다. 병들어 가족들의 억압에 짓눌려 있는 결혼한 딸에게, 지쳐 있는 몸을 편안하게 눕힐 수 있는 쉼터는, 이 세상에서 친정 부모 말고 또 누가 있으랴!

"……."

"날이 밝는 대로 내려갈게요!"

"당분간 구박받을 각오로 조금만 더 참아 보자고! 조만간 무슨 결단이든지 나겠지!"

남편이 깊게 한숨을 내쉬었다.

"그냥 내일 내려갈게요!"

"……."

흔들리는 가정

4월 10일(1982년) 이른 아침, 관절마다 통증이 활개를 치는 몸을 간신히 일으켰다. 집에 돌아와서도 지금까지 얼굴 한번 보지 못한 시부모 방으로 들어갔다. 시어머니가 이불을 덮고 아이와 함께 누워 있었다.

"저 친정으로 내려갈게요!"

시어머니는 아무런 반응을 보이지 않았다. 모멸감이 뒤섞인 서러운 감정이 목을 타고 올라오는 바람에 간신히 몸을 일으켜서 다시 내 방으로 왔다. 속옷 몇 가지가 들어 있는 작은 보퉁이를 챙겼다. 그리고 내 손때가 묻은, 방 안에 있는 물건들을 이리저리 둘러보았.

여기서 우리 부부가 함께 만들어 갈 가정의 미래를 꿈꾸면서, 신혼살림을 시작한 것도 벌써 두 해가 넘었다. 아이의 탄생은 우리 부부에게 행복이 무엇인지를 알게 했고, 우리 가정이 꿈꾸는 바가 아이의 행복이 여러 순번에서 첫 번째라는 것도 알게 했다. 이곳에서 잠시나마 남편과 어린 자식 때문에 누리던 행복한 나날들을 쉽게 잊지 못할 것이다!

작은 보퉁이에 옷가지 몇 개를 더 챙겨 넣고 방문을 열고 나가려는데 느닷없이 오한이 시작되었다. 이빨까지 딱딱 마주치면서 온몸이 떨리는 바람에, 경황없이 베개를 엉덩이에 밀어 넣고 앉아서 무릎 사이에 얼굴을 묻었다. 갑자기 왜 이러는 것일까! 여기를 떠나기 싫어서 그러는 것일까?

누가 떠나지 말라고 붙잡아 주길 기다리는 것일까? 아무도 떠나지 말라고 붙잡는 이가 없어서 오한이 발작하는 것일까? 나도 이 시간까지 남편과 자식이 있는 이 집에서 평안히 몸을 눕히고 싶었다. 남편이 있고 아이가 곁에서 재롱을 부리는 모습을 볼 수 있는 내 방에서 처절한 몸을 눕히고 싶었다. 내 가족들 곁에만 있어도 처절하리만치 비참한 절망감이 확 줄어들 것만 같았다. 그런데 지금 나는 남편과 아이 곁을 떠나려고 한다. 이제 나는 어떻게 되는 것일까?

병들어 걸음도 제대로 걷지 못하는 며느리에게, 사흘 동안 단 한 끼니의 식사조차도 허락하지 않는 가족들을 떠나서 몸과 마음을 쉬고 싶다. 지금은 편안한 휴식만이 훨씬 더 중요하다고 생각했다. 그런데도 자꾸만 눈물이 쏟아졌다. 남편이 방으로 들어왔다. 얼굴을 무릎에 묻은 채로 꾸부리고 앉아 있는 내 몸이 심하게 떠는 걸 보고, 벽 쪽으로 몸을 돌리더니 남편이 큰 소리로 울었다.

"당신은 하고 싶은 말을 참기만 하는 거야! 지금 당신이 뭘 잘못했는데, 참기만 하는 거냐고! 내가 뭘 잘못했느냐고 소리치고 따져 보란 말이야! 바보 멍청이같이 이렇게 당하고만 있느냐고! 이렇게 잔인한 집구석에서는 1초도 머무를 가치가 없어! 빨리 나가자! 빨리 일어나! 이런 집구석에서 나가자고!"

남편이 내 팔을 잡아당겼지만, 심하게 떨리는 몸을 도저히 일으킬 수가 없었다. 남편이 다시 방을 나갔다. 시간이 흐르면서 열이 떨어지고 오한이 가라앉았다. 간신히 몸을 일으켜서 방문을 열고 나가자 시어머니의 통곡 소리가 들렸다. 작별 인사를 하려고 시부모 방으로 들어갔다. 방에 우두커니 서 있는 남편도 울고 있었다.

"어머니, 친정으로 내려갈게요! 죄송합니다! 제가 병들어서 가정을 지키지 못해서 죄송합니다! 제가 부모님을 위해서 해 줄 수 있는 것은 아무것도 없어요! 다만 제가 할 수 있는 건 아이 아빠하고 이혼하길 원하시면 그렇게 하시고, 제 짐이 불편하시면 친정으로 내려보내세요! 제가 가족들에게 해 드릴 수 있는 건 이것밖에 없습니다!"

그리고 남편에게 부탁했다.

"모든 처리는 당신이 해 주세요! 나는 아무것도 할 수 없는 몸이잖아요! 당신이 저 대신 다 해 주세요. 그럼 안녕히 계세요!"

내가 머리를 깊이 숙였다. 이런 내 결단에 마음껏 기분 좋을 수 없는 시어머니가 대성통곡하자 아이도 놀라서 울기 시작했다. 하지만 나는 울지 않았다. 잠시 아이에게 눈길을 보내다가 손 한 번 잡아 주지 못하고 방을 나섰다. 아이를 데려가고 싶은 충동이 거세게 일어났지만, 내 몸뚱이 하나도 제대로 챙길 수 없는 주제여서 엄두조차 내지 못했다.

택시를 타려고 큰 도로를 향해서 천천히 걸어가는데, 동네 사람들이 대문 앞에 나와서, 집을 떠나는 내 모습을 안타까운 마음으로 지켜보았다. 내가 머리를 숙이고 인사를 하자 가볍게 손을 흔들었다. 가족들의 싸늘한 반응에 눈치를 보느라고 그랬겠지만, 나한테 가까이 다가와서 떠나는 아쉬움을 표현하지는 못했다. 어느새 왔는지 남편이 택시를 잡아 놓고 나를 기다렸다. 택시 안에서도 우리는 일절 말을 하지 않았다. 시외버스에 올라타고서도 말을 하지 않았다. 버스가 어디쯤 가고 있었을까. 정신이 흐릿해지기 시작했다. 남편이 어깨를 잡고 흔들었다. 내가 애써 정신을 차리고 남편을 쳐다보았다.

"왜요?"

"얼굴이 흑색으로 변했어!"

"아마도 사흘 동안 굶어서 그런가 봐요!"

남편의 얼굴이 참담하게 변했다.

"버스에서 내리면 밥부터 먹자고!"

터미널 근처 식당으로 들어간 남편은 맵지 않은 국밥을 시켰다. 사흘 동안 굶은 사람답게 나는 국에 밥을 말아서 입에 쑤셔 넣기 시작했다. 그동안 음료수만 마시고도 배고픈 줄도 몰랐다. 내게 닥친 현실이 아무리 모멸스럽고 비참해도, 국밥은 그야말로 꿀맛이었다.

사흘 동안 비었던 속이 채워져서 그런지, 마음에서 우중충한 현실을 비틀어서 만회해 보려는 추상적인 여유가 스멀스멀 올라왔다. 어쩌면 참담한 현실 그 너머에서 여전히 희망의 언저리에 버티고 서 있는 남편이 있었기 때문이리라. 그가 어떤 고난 속에서도 농담할 여지를 만들어 주는 힘이었으리라! 밥그릇에 고정되었던 눈을 돌려서 비로소 남편을 쳐다보았다. 남편은 수저조차도 들지 않고 앉아서 볼을 타고 흐르는 눈물을 주먹으로 연신 닦아 냈다. 그런 남편에게 처음으로 미소를 보냈다. 어떤 극한 상황이라도 남편이 내게 보내는 응원은, 마음의 급속한 치유력을 발휘했다. 그런 내 여유가 하도 비현실적이어서 그랬겠지만, 남편은 풀썩 소리 내어서 웃었다.

남편의 눈물이 그랬듯이, 내 미소는 남편에게 보내는 응원으로 접수되었으리라. 다른 한편으론 최악의 모멸 속에서도, 돌파구가 보이지 않는 불치병보다 더 치욕스럽지는 않았기 때문이었으리라. 단 한 번도 무례한 대우를 받은 적이 없는 가족들에게서, 사흘 동안 단 한 끼의 식사조차 얻어먹지 못한 참혹함을 현실로 인식하지 않으려는 부조화 때문이기도 하리라.

고향 집에 가려고 택시를 탔다. 뒷좌석으로 따라 들어오는 남편을 내가 만류했다. 남편의 등 뒤에서 외치던 시어머니의 목소리가 귀에 쟁쟁했기 때문이다.

"오늘 빨리 올라와야 한다!"

현실 상황이 복잡하게 얽히고설킬수록 생각하는 게 단순해야 한다고 생각한다. 남편이 곁에 있으면 잠시나마 굉장한 힘이 되리라! 그동안 내가 가족들에게 경솔하게 처신하는 사람이 아니었듯이, 가족들도 나한테 무례하게 대했던 사람들이 아니었다. 피차간에 서로가 존중하면서 의지했었다. 병들어 절망에 허덕이는 지금도, 나는 가족들의 따뜻한 사랑을 그리워하고 있다. 지금도 가족들은 나를 미워한다고 생각하지 않는다. 가족들이 미워하는 건 나하고 동거하는 질병이라는 걸 안다. 그것도 일평생 헤어질 수 없다는 불치병이기 때문이라는 것도 잘 안다. 내가 이 병과 동거하는 동안에는 누구하고도 좋은 관계를 갖기란 불가능하다. 질병과 동거하는 사람이 아무리 좋은 사람이라도 그렇다!

또한 아무리 좋은 사람이라도 중환자를 가까이하는 건 쉽지 않다. 환자와 가까이하려면 수많은 희생이 요구되기 때문이다. 그래서 질병과 함께하면 좋은 사람이나 나쁜 사람이 따로 없다. 자기희생을 피하려는 것은 좋고 나쁜 문제가 아니다. 가족들도 충분히 좋은 분들이었다. 그렇다고 병든 며느리에게 한 끼의 식사조차 주지 않은 가족들이 좋은 사람들이라고 말하려는 것은 아니다. 양심이 화인 맞았거나 양심이 질병에 걸린 사악한 사람들이 아니라면, 특별히 좋고 나쁜 사람들이 따로 있는 게 아니라는 말을 하려는 것이다. 내가 존중하고 섬기며 사랑하면 나한테 모두 좋은 사람들이 된다. 그런데 지금 나는 모든 사람을 괴롭히는 사람이 되고 말았다.

물론 이 세상은 건강했던 사람들이 환자가 되고, 환자가 건강을 회복하는 과정에서 서로 돕고 도움을 받으면서 더욱 깊은 관계를 만들어 가는 곳이기도 하다. 인생의 위기를 많이 겪은 사람일수록 삶의 속성을 깊이 이해하기 때문에, 역지사지의 감정이 더 강하게 드러나기 마련이다. 이런 사람은 위기가 닥칠수록 어려움을 내치지 않고 품어 들여서 사랑과 인내로써 어려움을 극복해 내는 인생의 고수들이라는 생각이다.

하지만 평범한 우리는, 특별히 사악한 사람들이 아니라도, 병든 사람을 받아들여 희생하고 싶어 하지 않는다. 그래서 보통 사람들은, 불치병과 이별하지 않고는 특별히 좋은 사람들을 만나기가 매우 어렵다. 중한 병에 걸리면 좋은 사람을 만난다는 건 하늘의 별을 따는 것처럼 불가능하다. 아무리 좋은 사람이라도 중환자를 가까이하면 삶이 꼬이고 뒤틀려서 괴로움을 당하고 고통을 당하기 마련이다. 그래서 불치병에 걸리면 모든 사람을 괴롭히는 나쁜 사람이 되지 않을 수 없다.

그래서 좋은 사람들이 따로 있는 게 아니라고 말하는 것이다. 내가 가는 곳에는 누구라도 고통을 겪게 될 것이다. 내가 아무리 착하게 살려고 해도, 주변 사람들을 괴롭히게 될 것이다. 나조차도 불치병 환자를 돌보는 인생살이를 하고 싶지 않으니까 말이다. 사람들에게 철천지원수인 질병은 좋은 사람들을 모두 떠나게 만든다. 세상으로부터 외톨이로 만들어서 절망과 분노와 상처와 슬픔과 죽음과 친구 놀이만 하게 만든다. 우리의 원수는 질병이지 주변 사람들이 아닌 이유이다.

그래서 내가 미워할 상대도 질병이지 사람들이 아니다. 이 고비를 잘 넘기지 못하면, 내가 가진 모든 것을 잃게 될 것이다. 가족들이 거부하는 것도 질병이다. 그래서 가족들과 감정대립을 벌이는 것은 피차간에 백해무익하다. 내가 남편에게 병든 아내로서 명확한 처신을 한 것도, 질병을 치료하는 것보다 더 급하고 중요한 것이 없다는 것을 보여 준 것이다. 가족들과 아귀다툼을 벌이면서 내 자리를 유지한다 한들, 이 병과 이별하지 않으면 어떤 것도 쓸모없게 될 것이다.

그럼에도 불구하고 고통스러운 결단을 하는 과정에서 남편 곁을 떠나고 싶지 않은 내 감정과 싸우는 것이 가장 힘든 것이다. 끝까지 남편과 자식 곁에 머물고 싶은 간절함은, 병들었기 때문에 더욱 그랬다. 남편에게 모든 권리를 넘겨주었기 때문에, 내가 선택할 수 있는 건 아무것도 남아 있지 않았다. 내가 어떤 지위나 권리를 주장할 때가 생긴다면, 그때는 이 병과 이별한 이후가 될 것이기 때문이다.

그렇지 않고는 남편이 선택하는 무엇이든지 받아들일 준비를 하고 집을 떠났다. 나에 대한 남편의 사랑은 가식이 아니라는 걸 잘 안다. 남편에 대한 이런 믿음을, 그도 잘 알고 있을 것이다. 나는 그의 아내로 평생 남편 곁에서 함께 하려고 했던 사람이다. 지금도 남편에 대한 기대를 놓지 못하고 있다. 내가 남편이 자유롭게 처신할 수 있도록 모든 걸 넘겨주고 떠나듯이, 어떤 고통 속에서도 병든 아내를 버리지 못하는 내 남편으로 끝까지 남아 주기를 말이다! 악머구리처럼 사납게 대들면서 가족들에게 항의하지 않은 나처럼, 병든 아내를 버린 남편으로 살아갈 수 없다고 항의할 수 있는 남편이기를 말이다!

이런 간절한 속마음을 아무것도 드러내지 않은 채로 '저 갈게요!'라는 말만 남기고 택시 문을 닫아 버렸다. 창문 너머로 보이는 그의 얼굴 위로 눈물이 흘러내렸다.

택시가 출발했다. 남편의 얼굴을 조금 더 보려고 고개를 뒤로 돌렸다. 남편은 택시가 달려가는 반대 방향으로 정신없이 달려갔다. 남편이 시야에서 멀어졌다. 걷잡을 수 없는 눈물이 쏟아졌다. 택시 기사의 의도적인 선곡인 것처럼 짐작되는 '잘 있거라. 나는 간다. 이별의 말도 없이…'로 시작하는 유행가가 택시 안에서 울려 퍼졌다. 노래를 중지시켜 달라고 말하려다가 입만 벌리면 통곡 소리로 변할 것 같아서 죽을힘을 다해서 참았다. 좁아터진 택시 안에서 낯모르는 운전기사한테 아무것도 들키고 싶지 않아서, 찢어질 듯이 아픈 목을 부여잡고 이를 악물었다.

"나는 짝사랑하나 봐!"

"왜 그렇게 생각하세요?"

"당신은 내가 사랑해 주는 것만큼, 나를 사랑해 주지 않는 것 같으니까 그렇지!"

"그건 당신 느낌이 그래요. 서로 표현하는 방식이 달라서 그래요!"

남편은 아내 복이 있는 놈이라고 자부하면서 나를 무척 아끼고 사랑했다. 평소에 어려운 문제가 생길 때마다 감정적인 대응을 피하면서 차분하게 이성적으로 처리하는 나를 현명하다고 좋아했지만, 지금은 전혀 내 감정을 드러내지 않는 냉철한 아내의 처신이 오히려 야속했을 것이다. 그러나 내 안에선 이렇게 소리쳤다.

"여보! 너무나 힘들고 외로워서 죽을 것만 같아요! 당신은 내가 모든 일을 잘 감당할 줄로 생각하겠지만, 아무것도 감당할 수 없을 것만 같아서 너무나 두려워요! 바보처럼 당신만 의지할 수 있었으면 좋겠어요! 미치도록 당신을 의지하고 싶어요!"

정말 외롭다! 인간을 사랑하고 의지하는 것이 이렇게 고독한 것일까! 남편이 곁에만 있으면 지독한 외로움이 사라질까? 내 안에 있는 처절한 고독이 남편이 곁에 있어 주기만 하면 해결되는 것일까? 병든 아내를 맥없이 떠나보내야 하는 남편의 처절한 고독도, 아내인 내가 곁에만 있으면 해결되는 것일까? 나는 고개를 좌우로 흔들었다. 그래서 더욱 서럽고 슬픈 것이다. 이것이 이 땅에 사는 모든 사람의 피할 수 없는 슬픈 자화상이기에!

그래서 더욱 부모와 자식 사이에서 벌어지는 이런 상황에서, 아무리 지혜롭게 표현해 본들 침묵을 능가하는 대처법은 없으리라! 정말 외롭다! 무능한 사람으로 사는 게 정말 외롭다! 인간을 사랑하고 의지한다는 게, 얼마나 부질없고 허무한 것인지를 절감할 뿐이다!

패잔병의 쉼터

　눈물을 주체하지 못하는 내 시야에 고향마을이 들어왔다. 그러자 깊은 어둠의 수렁에 빠져서 허우적거리는 나한테, 마구잡이로 휘두르는 이해타산의 몽둥이로 얻어터진 깊디깊은 상처로 흉악하고 컴컴하기만 하던 감정들이 순식간에 수그러들면서 눈물이 수습되었다. 이제는 편안하게 쉴 수 있다는 안도감 때문이리라. 이럴 때일수록 시골이 고향인 건 너무나 고마운 일이다. 악머구리처럼 시끄럽게 떠들면서 사납게 덤벼들어 싸우는 걸 피하려는 성품이, 싱그러운 자연으로부터 저절로 스며들어 온 내 정서들이기에, 그래서 마냥 내 고향이 좋다. 고향에 올 때마다 내 생기의 젖줄처럼, 농밀하고 내밀하게 나른한 행복감 같은 걸 느끼게 해 주었다!
　이런 고향은 금의환향이어야만 좋은 곳이 아니다. 전쟁터에서 다친 부상병에게도, 병들어서 시댁에서 내쳐진 나한테도, 고향은 아무 군더더기 없이 그저 따뜻하고 포근할 뿐이다. 지금도 병든 자식의 안부를 초조하게 기다리는 부모가 있어서 더욱 그러하리라! 언제 찾아와도 넉넉한 품으로 맞아 주는 내 고향 두메산골! 그곳에는 언제라도 변함없이 추위로 떠는 마음이 쉬는 쉼터가 기다렸다. 그 쉼터에서 적의로 희번덕거리는 몸과 마음을 눕히려고 병든 자식이 찾아왔다. 이것이 나한테 들이닥친 불운의 기운을 능가하여, 다시 한번 행운의 기회를 노려보는 힘으로 작용하리라!

그래서 내 부모가 있는 고향은, 언제라도 내게는 새 희망의 발원지가 될 것이다.

그날도 내 부모의 품은 포근하고 따뜻했다. 따지고 보면 내가 사랑하고 희생해야만 받는 남편과 가족들의 사랑을 능가하여, 더 든든하게 마음 놓고 기댈 수 있는 내 부모의 사랑과 헌신은, 아무런 대가를 주지 않아도 오롯이 핏줄이어서 가능했고, 그래서 자식이 겪는 고통이라면 언제라도 함께 감당하리라는 신뢰감 속에서 성장했던 나는, 중환자였음에도 가족들에게 비굴하지 않을 수 있었던 동력이었다. 이런 뒷배가 없었다면, 아마도 가족들에게 어떤 변명도 하지 않고 단호하게 결단하고 처신하는 내 행동은 불가능했으리라.

나는 냉철한 이해타산으로, 불가피하게 만난 시련을 회피하려고 가족끼리 다투는 틈바구니에서 당당하게 발언할 수 있는 건강한 며느리가 아니었다. 한 끼니의 식사조차 가족들이 챙겨 주지 않으면 굶을 수밖에 없는 중환자였다. 가족들이 돌봐 주지 않으면 편안하게 의지할 곳으로 떠날 수밖에 없는 불치병 환자였다. 그런 신분임에도 불구하고 구차스럽게 시시비비를 따져 가면서 사정하고 매달리지 않을 수 있었던 담력의 발원지가 이곳에 계신 내 부모였다. 내 부모는 자식이 병들었기에 더욱더 따뜻하고 넉넉한 쉼터가 되어 주리라는 확신이 있었다.

아직도 문명의 손길이 덜 미친 고향은, 어릴 적에 보았던 모습 그대로였다. 동구에 서 있는 아카시아 나뭇가지에는 아직도 붉고 누런 천들이 바람에 너덜너덜 흔들거렸다. 이렇게 세련되지 못하고 예스러운 동네가 내 고향 마을이다. 고향 집 대문으로 들어서는데 아버지와 어머니가 방에서 후다닥 뛰어나왔다.

"병원에서 치료는 다 끝난 거냐? 그런데 왜 너 혼자냐? 네 남편은 같이 안 왔냐?"

"워낙 바쁘잖아요. 같이 따라왔는데, 제가 오지 못하게 해서 할 수 없이 돌아갔어요!"

나는 햇볕에 검게 그을린 아버지의 얼굴을 보면서 서러웠던 감정들은 마음속으로 깊숙이 감춰야 한다는 걸 알았다. 병원에 입원한 자식에게 불미스러운 일이 생기지 않았는지 노심초사하면서 기다렸을 내 부모의 얼굴을 보는 순간, 그렇게 해야 한다는 걸 알았다. 통증이 점령해 버린 몸이면서 병원을 등지고 비참하게 돌아서야 했던 그날, 가족들은 나를 보지 않으려고 집을 텅 비워 놓고 피해 버렸다. 그러나 고향 집 내 부모는 나를 보더니 득달같이 달려와서 품어 들였다. 그때 찢어져서 누더기처럼 너덜거리던 처절한 감정들이 햇빛에 녹아내리는 눈처럼 조용히 녹아내렸다. 아무 말을 하지 않아도 병든 딸이 시집에서 겪었을 고통을 넉넉히 짐작하기에, 아무것도 묻지 않고 아버지는 부엌으로 들어가서 아궁이에 장작불을 지폈고, 어머니는 아랫목에 이부자리를 펼쳐 놓고 어서 빨리 누워서 쉬라고 했다.

영원히 변하지 않는 내 부모의 가슴에만 존재하는 이 편안한 쉼터! 이분들에게 자식을 향한 사랑과 희생은 출생 때부터 일상적인 삶이었고, 몸에 친숙한 생활 그 자체였다. 따뜻한 이불속에 들어가서 병들고 지친 몸을 눕히려니, 바위처럼 무겁게 짓누르던 치욕과 모멸의 깊은 상처가 조용히 고개를 숙였다. 깊은 병이 들었다는 이유만으로, 가족들에게 배척당한 아픔은 쉽사리 지워질 수 없는 깊은 상흔이었다. 하지만 단순하게 자식이라는 이유만으로 제공되는 내 부모의 편안한 쉼터는, 억울한 감정으로 와글거리며 가슴을 후벼 파던 분노조차도 가라앉히는 치료제가 되었다. 어머니가 깔아 놓은 따뜻한 이불 속은, 시끄럽고 사나웠던 감정을 사그라뜨리는 요술 방망이 같았다.

지금 내게 절실하게 필요한 건 편안한 쉼터였다. 통증에 무차별적으로 공격당하고 있는 전신 마디마디마다, 최소한의 화장실 출입조차 불가하다는 빨간 신호를 보내고 있다. 나를 위협하는 것은 이것만이 아니었다. 아내의 자리도, 엄마의 자리도, 며느리의 자리도 홀가분하게 다 내려놓고 떠난 것 같았지만, 속사정은 여전히 시끄럽고 요란스럽게 따지고 대들었다. 시집에서 내가 획득한 가족으로서의 내 권리는 하나도 잃을 수 없다는 항의였다. 게다가 내 운명을 틀어쥐고 사납게 패대기를 치면서 흔들어 대는, 이 죽일 놈의 류머티스 관절염, 이놈이 내 몸에 붙어서 기생하려는데, 단 한순간도 공생관계를 유지할 아량 따위가 내겐 눈곱만큼도 없다는 것이다.

그래서 앞뒤를 재면서 사려 깊게 생각할 처지가 아니었고, 당장 내게 필요한 건 편안한 휴식 말고는 모든 게 쓸데없이 거추장스럽고 불필요하다는 판단이었다. 치료를 방해하는 어떤 번민도 용납할 뜻이 없었다. 어차피 건강을 잃어버리면 모든 걸 잃어버릴 게 뻔하기 때문이다. 현재로선 편안하게 쉴 수 있는 안정된 쉼터, 그래서 내 부모의 안전판이 아닌 다른 어떤 것도 관심의 대상이 되지 못했다. 세속적인 어떤 지위라도 욕심의 대상조차 되지 못했다. 건강을 되찾으면 모든 문제는 해결될 것이다. 건강이 회복되어야 해결되는 문제라면, 병들어 있는 지금으로는 어떤 문제라도 번민할 가치조차 없다고 생각했다.

오랜만에 따뜻한 아랫목에 누워서 편안한 숙면에 빠졌다. 그때부터 내 질병의 문제는 남편의 손을 떠나서 친정 부모의 몫이 되었다. 왜냐하면 내 수중에 있는 돈이라곤 한방병원비를 지불하고 남은 차비 정도가 전부였기 때문이다. 그때부터 병든 딸을 고치려는 아버지의 노심초사가 시작되었다. 동네방네 다니면서 치료 약이 있는지 수소문하기 시작했다. 그런 부모 밑에서 특별하게 어떤 방법을 취하지 않았어도 몸과 마음이 급속하게 안정을 되찾기 시작했다.

날씨가 화창한 날은, 들녘의 젖줄인 냇물을 보면서 냇둑을 천천히 걸으면서 산책을 즐기기도 했다. 사람은 무엇을 소유해야만 풍요로운 건 아니었다. 비록 육신은 불치병에 점령당했어도, 문명한 도시에서 실패자로서 처절한 감정에 시달렸으나, 아름다운 경관으로 둘러싸인 이곳에서 뒤를 돌아보자니, 이것도 살면서 경험하는 인생살이의 순리라는 생각이 들었다. 정말 마음에 평화가 찾아오니 걱정거리가 사라졌다. 어린 시절에 호드기를 만들어서 불었던 버드나무가 물가에서 너울거렸다. 어릴 때, 미역을 감고 물장구치면서 놀던 맑은 물속에는, 여전히 송사리와 피라미들이 헤엄치고 다녔다. 모래 위에는 새까만 고동이 한가롭게 기어 다니면서 길게 지도를 그렸다. 마음으로부터 어떤 자신감이 뿜어져 올라왔다.

비로소 질병을 향한 강렬한 적대감과 분노의 저항심으로부터 조금은 비껴서서 바라볼 여유마저 생겼다. 자칫 내 인격마저 발기발기 찢겨나갈 뻔했던 이놈과의 위협적인 원수 관계를 조금은 피하고 싶은 여유마저 생겼다. 생면부지였던 이놈의 류머티스 관절염도 상대해 보니 별것도 아니라는 생각이 들었을 만큼, 출처가 분명하지 않은 자신감마저 모락모락 피어올랐다. 지금 나한테 들이닥친 위태로운 문제들은 건강만 회복하면 몽땅 해결될 것이다! 이런 생각의 근거는 남편에게서 희망의 끈을 놓지 않은 모습을 보았기 때문이리라!

　들녘에서 시원한 바람이 불어온다. 들녘에는 파종하는 손길들이 바쁘게 움직였다. 나는 고향에 내려와서도 몸을 치료하는 무슨 약이든지 먹어야 한다고 생각했다. 아무것도 먹지 않으면 치료를 포기한 것처럼 생각되었기 때문이다. 류머티스 관절염에 좋다는 약은 무궁무진했다. 온천지에 관절염에 좋다는 약이 널려 있었다. 그러나 내 수중엔 그런 약들을 마구마구 사서 먹을 돈이 없었다. 어머니가 복숭아나무 껍질을 벗겨다가 술에 담가 놓았다. 뽕잎을 따다가 햇빛에 말렸다. 내가 병들어서 친정으로 내려왔다는 소문을 들은 고향 사람들마다 관절염에 좋다는 약재들을 가르쳐 주려고 찾아왔다. 나뭇가지로부터, 이파리, 뿌리, 희귀한 동물 등등. 도무지 약재로 쓰이지 않는 게 없었다.

　어머니가 이것저것 챙겨 주는 대로 먹으면서 조금씩 건강이 나아지는 것을 느꼈다. 마음의 안정과 편안함 때문이기도 했다. 대수롭지 않게 보이는 민간 약재를 쓰면서 엄청난 질병이 떠나길 기다리는 게 비현실적으로 보이긴 했어도, 양약보다는 훨씬 믿음이 생겼다. 식물의 뿌리와 이파리들은 천천히 그리고 조금씩 몸에 긍정적인 영향력을 미치기 시작했다. 영원히 벗어날 수 없을 것 같았던 스테로이드의 무서운 부작용으로부터 점점 빠져나오기 시작했다. 이런 민간 약재들은 통증을 단번에 제압하는 소염진통제에 비하면 숨통이 막히게 답답할 수도 있지만, 갑자기 중단하더라도 병이 급격하게 악화하는, 미치고 펄쩍펄쩍 뛰는 부작용은 전혀 나타나지 않았다. 극성스럽게 난동을 피우던 통증도 점점 수그러들었고, 와글와글 시끄럽게 떠들던 마음도 안정되면서 건강 상태가 눈에 띄게 호전되었다. 건강을 확신했는지 아버지가 기념사진을 찍어 두자고 해서, 영산

홍이 만발한 꽃밭에서 아버지와 함께 기념사진을 찍기도 했다. 그것이 정상적인 외모로 아버지와 함께 찍은 마지막 기념사진이 되었다.

나는 양의학이 처방하는 양약에 대한 두려움이 너무나 컸다. 양약을 먹기만 하면 질병하고 한통이 되어 버리는 바람에 생각만 해도 끔찍했다. 나무뿌리는 아무리 먹어도 병을 악화시키지는 않는다. 고쳐질 확률이 적다고 해도 악화할 확률도 더 적기 때문에 안심이 되었다. 이때 양의학은 물론 한방의학에 대해서도 실망감은 너무나 컸다. 내가 현대의학과 과학을 의존했던 크기만큼 실망감도 컸다. 스테로이드에 당한 정도는, 전신 관절이 다 망가지는 폐인의 수준이 되었으니, 양의학뿐만 아니라 한의학조차도 원한이 생기지 않을 수 없었다! 차라리 비문명 시대에 살았더라면, 이 정도로 몸이 망가지는 일은 없었을 텐데 하고 말이다.

그래서 과학이나 현대 문명에 휘둘리느니, 차라리 천장의 빛바랜 벽지를 쳐다보면서 혼자 조용히 지내는 것이 훨씬 더 편안했다. 나는 과학과 문명의 산물인 텔레비전과 라디오와 신문 등을 내 방에서 모두 추방해 버렸다. 철저하도록 과학과 문명으로부터 나를 유폐시키기 시작했다. 신뢰했던 과학과 문명으로부터 폐인이 되기까지 버림받고 상처받은 내가, 더 고통스러워지지 않도록 세상으로부터 고립시켰다. 이 고립이야말로 폐인이 되기까지 망가뜨리고 추락시킨, 이 세상으로부터 유일한 도피처라고 생각했다.

나는 어머니가 전해 주는 얘기 외에는 아무것도 들으려고 하지 않았다. 친구들과도 연락을 중단했다. 나를 철저하도록 고립시켰다. 도시의 삶에 익숙했던 나로서는 견디기 어려울 정도로 힘들지만, 이렇게 단속하지 않으면 숨이 막혀 죽어 버릴 것만 같았다. 현실의 삶과 그것을 따라 주지 못하는 육신 사이에서, 나는 더 많은 갈등과 방황에 시달리느라고 병든 몸을 더욱 학대할 것이 분명했다. 그리고 철저하도록 세월에 둔감해지려는 것이다. 문명은 세월을 너무나 민감하게 만들었다. 똑같은 세월도 문명이 충천해 있는 도시에선 너무나 조급하고 빠르게 흘렀다. 그러나 문명을 철폐시킨 내 작은 방에서는 세월이 천천히 흘러갔다.

해가 뜨면 눈을 뜨고 해가 지면 눈을 감았다. 볼 것도 없고, 들을 것도 없는 작은 방에는, 밤만 되면 뒷산에서 들려오는 소쩍새의 구성진 울음소리로 가득 채워졌다. 그동안 인공적으로 꾸민 휘황찬란한 도시에서 시끄럽고 소란스럽게 살았던 것처럼, 이제는 세 평 남짓한 이 방에서 적막함과 고독과 싸우면서 살아남아야 한다. 누구를 이기기 위하여 앞서가야 할 필요도, 누구와 경쟁하려고 밤을 설칠 필요도 없다. 이곳의 환경에 나를 적응시키고 또 그렇게 적응해야, 나는 이곳에서 살아갈 수가 있다. 나는 도시의 삶에 깊숙이 젖어 있었다. 그곳이 내 몸에 잘 맞는 옷처럼 자연스러웠다. 지금은 아무것도 예측할 수 없지만, 세상 어디엔가 내 병을 치료하는 약재가 반드시 있을 거라고 믿었다. 조금씩 실패자라는 생각에서 벗어나 병든 삶을 서서히 내 것으로 받아들이기 시작했다. 주변에서 흔하게 구할 수 있는 민간 치료로 불치병을 치료했다는 사람들이 수시로 찾아와서 자기들이 먹었다는 약재를 가르쳐 주면서, 치료에 대한 희망을 북돋아 주기도 했다. 대개는 별스럽지도 않은 나무뿌리를 먹고 큰 병이 훌쩍 떠나간 예는 얼마든지 있었다. 그걸 민간에선 연때가 맞았다고 말했다. 약재가 약효를 발휘해 준 때를 말하는 것이다. 그러니까 어떤 환자가 무슨 약을 먹고 나았다고 해서 나도 똑같은 효과를 볼 수 있다고 보장할 수는 없었다.

그러나 지금까지 나는 운이 좋은 사람이라고 보기 어려웠다. 내가 운이 좋았다면 병을 악화시키는 약을 먹지도 않았을 것이고, 내 몸에 딱 맞는 약을 벌써 만났을 것이기 때문이다. 분명 나는 운이 없는 사람이었다. 먹는 약마다 몸을 치료하기는 고사하고 더 악화하는 희한한 경우였다. 이걸 보고 속담에서는 뒤로 넘어져도 코가 깨진다고 했던가!

남편이 한약재를 들고 찾아왔다. 여기로 내려온 지 한 달 만이었다. 건강 상태가 많이 호전된 것을 보더니 얼굴에서 웃음이 떠나지 않았다.

"당신 몸이 나으면 신혼여행을 떠나자. 그리고 보란 듯이 새로 시작하는 거야. 정말 멋지게 다시 시작하는 거야. 알았지? 몸만 고쳐. 어찌 되었거나 병든 몸만 고쳐!"

"신혼여행이 가고 싶어요?"

"당신 병이 나으면 신혼여행을 떠날 거야! 당신은 오직 몸만 고칠 생각만 해! 우리 집에서 어떤 말이 들려오더라도 아무것도 신경 쓰지 마! 나는 절대로 변하지 않아! 나만 믿어!"

건강이 조금 좋아진 걸 본 남편은 소망이 생겼다. 내가 건강만 회복된다면, 무엇이든지 아무것도 상관이 없었다. 남편의 얼굴에는 싱글벙글 웃음기가 떠나지 않았다. 후에 전해 들은 얘기로도, 그때 나를 만나고 온 남편의 얼굴에는 싱글벙글 웃음이 떠나지 않더라고 했다.

"무슨 좋은 일이 있어서 싱글벙글하고 다녀요?"

"집사람 몸이 굉장히 좋아졌어요. 이젠 걱정 없어요."

그랬다! 나를 거부한 것은, 평생 불치병 환자 아내의 몸시중을 들면서 살아야 하는 아들의 불행한 삶을 막으려는, 남편의 부모가 아들을 사랑하는 방식이었다. 이런 식의 자식 사랑에 대해서 옳고 그름을 따지는 건 의미가 없다. 이걸 아는 남편은 내가 병만 고치면 만사가 해결될 문제라는 걸 너무나 잘 알았기에, 건강에 긍정적인 징후를 보이는 나를 보고 희망을 더욱 바투 잡는 모습이었다. 남편의 얼굴에는 환한 웃음기가 떠날 줄을 몰랐다. 이혼 문제에 대해서 남편에게 떠넘기고 온 것도, 남편은 병든 아내를 버리지 못한다는 내 믿음 때문이었을 것이다. 병든 아내를 버리고 싶은 남편이 세상천지에 어디 있겠는가!

  사위의 이런 태도를 보면서 한시름 놓는 듯한 아버지도, 하루빨리 병을 고쳐서 남편과 자식한테로 보내려는 결심이 더욱 강해졌다. 아버지는 류머티스 관절염을 잘 고친다는 곳이라면, 돌팔이 의사이거나 한의사이거나 말거나 누구라도 용하다는 소문만 들으면, 전라도에도 찾아가고 강원도에도 찾아가서 약을 사 왔지만, 남들에게는 치료제가 되었다는 어떤 약재도 나한테는 약효가 전혀 나타나지 않았다.

  남들이 먹고 나았다는 어떤 약도 내게는 지지부진했다. 친정 부모는 쉴 새 없이 약재를 수소문했다. 물론 양약만은 앞도 뒤도 볼 것 없이 무조건 거절했다. 불치병을 치료받았다는 사례자의 처방대로 민간 약재는 그치지 않고 복용했다. 어머니는 민간 약재를 수집하는 약재상처럼 산이고 들판이고 다니면서 약초 뿌리를 캐고 이파리를 뜯었다. 그리고 소주를 부어서 술을 담그고, 약탕기에 넣어서 한약을 달이는 수고와 노력을 아끼지 않았다.

2부

죽음의 올가미

또다시 걸려든 올가미

관절마다 돌아다니면서 날뛰던 통증이 서서히 수그러들었다. 통증이 꺾이기 시작했다는 건, 무차별적인 약의 공격에 노출되었던 장기들이 비로소 정신을 차리고, 자기가 해야 할 일을 시작했다는 징후였다. 의사가 병을 고쳐 준다고 생각하지만, 내 병을 고치는 건 자가 면역기능의 정상적인 활동 때문이라는 걸 알게 되었다. 내외부에서 몸에 들어오는 해로운 독소나 바이러스 균들을 방어하거나 공격해서 사멸시키는 몸의 자생능력 말이다.

불치병 환자들은 주변에서 끊임없이 병을 고칠 수 있다는 치료제를 권유받지 않을 수 없다. 그래서 양약을 무조건 회피하려는 나 같은 사람이라도, 기적같이 치료받은 경험자가 나타나면, 설령 내가 적극적으로 피해오던 양약일지라도 마음이 흔들리지 않을 수 없다.

물건을 가득 담은 고무 다라를 머리에 이고, 이 동네 저 동네를 돌아다니면서 장사하는 아주머니가 있었다. 그날도 아주머니가 임을 이고 우리 집을 방문했다. 그분은 가까운 이웃 마을로 시집온 동갑내기 새댁의 친정어머니였다. 나를 보더니 매우 안타깝게 생각하면서, 이웃 마을로 시집온 딸도 어릴 때 류머티스 관절염을 심하게 앓았다고 말했다. 그분이 말하는 딸은 아들 둘을 낳고도, 힘든 농사일을 도맡아서 할 정도로 억척스럽기가 소문이 난 새댁이었다. 그런 새댁이 어려서 류머티스 관절염을 심하게 앓았다는 말이었다.

"통증이 얼마나 심했던지 국민학교를 내가 업고 다녔슈! 목구멍에 풀칠도 어려울 때라 병원에 가는 건 엄두조차 못 냈슈! 간신히 돈 몇 푼 생기면 한약을 지어다가 먹이는 정도였는디, 누가 와서 나병약을 먹어 보라고 권하대유. 그래서 나병약을 열 달 정도 먹였더니 깨끗하게 낫대유!"

한마디로 아주머니의 얘기는 놀라움을 넘어 충격이었다. 그동안 아스피린이나 스테로이드로 겪었던 고통 따위는 기억에서 사라져 버렸다. 빨리 나병약을 먹어 보고 싶은 마음뿐이었다. 이웃 동네에 사는 새댁을 직접 찾아가서 진위를 파악해 볼 겨를도 없었다. 나중에야 확인했더니 나병약을 복용한 기간이 열 달이 아니라 3개월이라는 걸 알았다.

이렇게 신통방통한 나병약에 대한 기대감은, 그동안 양약으로 겪었던 고통의 기억을 완전히 덮어 버렸다. 밑져야 본전이라는 생각까지 들었다. 먹어 보다가 마땅치 않으면 복용을 중단하면 그만이다. 그동안 복용한 약마다 본전치기는 고사하고 죽을 만큼 악화하여 죽을 만큼 고통을 당하고서도, 양약에 대해서 진중한 생각을 가지기에는, 아직도 더 떨어져야 할 절망의 나락이 있었던 모양이었다. 건강한 사람이 복용해도 아무 해가 없다는 판매 당사자인 나환자의 말을 더 신뢰했다. 치료받은 동갑내기 새댁이 가까운 이웃에 살았기 때문이다. 나한테도 병을 고치는 기회가 찾아온 것일지도 모른다는 생각이 마음을 확 덮쳐 버렸다. 복용하다가 문제가 발생하면 즉시 중단하면 될 것이다. 치료에 대한 불같은 갈망이, 얼마 전까지 겪었던 부작용 따위는 치매 환자처럼 완벽하게 잊어버렸다.

어차피 치료제가 없는 질병이었으므로, 지금까지 먹었던 아스피린이나 스테로이드조차도 관절염 치료제와는 무관했던 터라, 특별히 나병약에 대해서 예민하게 신경 쓰지 않기로 작정했다. 누구라도 지금 복용하는 약이 치료제라면, 수년 내지는 수십 년 또는 일평생 먹어야 할 이유가 없다. 질병이 치료되지 않는 대증요법으로 사용하는 약이므로 장복하는 것이다.

아버지에게도 치료에 대한 희망이 불꽃처럼 일어났다. 굳이 환자의 상태 같은 건 확인할 필요도 없이, 어떤 질병의 환자가 찾아오더라도 나환자 자신이 복용하는 약을 적절히 배분해서 판매했다.

이제는 자유롭게 걸어 다니게 될 날을 상상하면서 나병약을 복용하기 시작했다. 3개월째 복용했어도 별다른 반응이 나타나지 않았다. 그런데 통증이 악화하기 시작했다는 것이다. 날마다 내 둑을 걸으면서 즐기던 산책도 중단해야 할 정도로 통증이 심해지기 시작했다. 아버지는 판매자에게 달려갔다.

"이제야 반응이 나타났네유! 더 아프든지, 덜 아프든지, 좌우지간 반응이 나타나면 효과를 본다고 알면 돼유. 이 고비만 잘 넘기면 반드시 좋아질 테니께, 아무 염려하지 마슈. 오히려 축하받을 일이네유!"

판매자의 말에 따르면 통증이 심해지는 건 호전반응 현상이라는 얘기였다. 한의학에서 말하는 호전반응 현상이 양약에도 있다는 말은 들어 본 적이 없지만, 어쨌거나 판매자의 말이 통증이 악화하는 현상을 좋은 반응 현상이라고 했으니, 아버지는 깊이 안도하는 눈치였다. 하지만 상태가 점점 더 악화하는 바람에, 화장실 출입은 고사하고, 누웠던 자리에서 스스로 일어나지 못하는 지경까지 이르고 말았다. 대소변을 받아 내기까지 누워서 지내면서도, 이 고비만 잘 넘기면 된다는 판매자의 말을 믿고, 상황이 점점 더 악화하는데도 조금만 더 견디면 이 고비를 넘길 수 있을지도 모른다는 기대로 10개월하고도 1개월을 더 복용했다.

 그제야 상태가 심상치 않음을 깨닫고 약 먹기를 중단했다. 먹다가 중단하면 그만이라던 이 약의 금단현상은 스테로이드의 금단현상에 조금도 뒤지지 않았다. 벌집을 건드린 것처럼, 어떻게 손을 써 볼 엄두도 내지 못할 정도로 통증이 발악했다. 무릎관절은 어린아이 머리통만큼 부풀어 올랐다. 통증에 시달리는 관절마다 가슴 쪽으로 오그라들기 시작했다. 통증의 강도는 스테로이드의 금단현상하곤 비교조차 불가능할 정도였다. 큰 관절이든 작은 관절이든 손가락 마디 한 개도 빼놓지 않고 통증이 미친 듯이 날뛰었다.

 그런데도 아버지는 나병약에 대한 믿음을 놓지 못했다. 판매자와 직접 접촉하면서 쌓은 나병약에 대한 신뢰도는, 결국 판매자의 거짓말을 곧이곧대로 받아들인 신뢰였다. 피차간에 불우한 처지의 불치병 환자라는 동병상련의 아픔을 서로 동정하고 위로하면서 쌓은 신뢰였으니, 어떤 경우에도 돈벌이가 목적인 판매자의 불순한 의도를 간파해 내기란 어려웠을 것이다. 어쩌면 그동안 경험으로 쌓은 판매자의 판매술이었을 게 분명하나, 아버지가 최악의 불행한 나환자가 최악의 불치병 환자를 속여 가면서 돈벌이한다고 생각하는 건 불가능에 가까운 일이었다.

 아버지는 엄청나게 악화하는 결과조차도 내 불운한 운명이 이끄는 결과라고 생각했다. 말하자면 한 사람도 실패하지 않는 어떤 것에 대해서도 혼자 실패하는 희한한 운명적 결과 같은 것처럼 말이다. 선택은 우리가 했기에 결과에 대한 책임도 우리한테 있다는, 평소의 깔끔했던 지론은 이때도 유감없이 발휘되었다. 평소에도 아버지는 누구한테 속았어도, 속은 당신이 문제라면서 속인 사람을 탓하지 않는 성품이었다. 이런 아버지는 조금만 더 약을 먹어 보자고 나를 설득했다. 조금만 더 참으면 좋은 결과를 얻게 될지도 모른다는 아쉬움을 떨치지 못했다. 더군다나 처참한 상황이 되는 지경까지 견디면서 참았기에, 마지막 고비일지도 모르는 아쉬움 때문에 아버지는 포기하기 어려웠다. 결국 나환자를 데려오라고 발악해 대는 내 성화를 이기지 못한 아버지가 판매자를 처음으로 집에 데리고 왔다.

"왜 다리는 이렇게 꼬부리고 있슈? 다리를 쭉 펴유!"

그가 내 몸 상태를 본 것은 그때가 처음이었다. 처음으로 나를 본 그의 첫마디는 '다리를 쭉 펴지 왜 꼬부리고 있느냐'는 거였다. 순간 저런 사람을 믿고 약을 먹은 울분이 폭발하면서 소리를 질렀다.

"내가 재미나서 다리를 꼬부리고 있는 줄 아세요! 젊은 나이에 심심풀이로 다리를 이렇게 꼬부리고 있는 줄 아느냐고요!"

"어른한테 무슨 말버릇이 그러냐?"

아버지가 점잖은 목소리로 소리를 질러 대는 나를 나무랐다.

"성질이 대단하네유! 너무 호강스럽게 길러서 그래유! 꼬부라지는 다리는 인정사정없이 잡아당겨서 펴야 돼유! 저 병은 원래 그렇게 해야 돼유!"

다리가 꼬부라지기까지 나병약을 복용한 결과하곤 아무런 상관이 없는 일로, 인정사정없이 잡아당기라는 고언까지 아끼지 않았다. 그가 보기엔 나병약을 복용하기 전부터 이미 꼬부라져 있는 다리로 취급했다.

"쪼금만 더 참고 먹어 봐유! 반드시 나아유!"

아버지의 이 약에 대한 신뢰는 결국 판매자가 심어 준 확신이었다. 자기가 불법으로 판매한 나병약을 복용하다가 어마어마한 통증이 생겨서 사지가 완전히 오그라드는 내 모습을 보면서도, 계속해서 나병약을 권유하는 판매자를 보면서, 정말로 이 약에 대한 순수한 믿음인 건지, 나병약으로 병이 악화한 엄청난 책임을 회피하려는 술책인지를 구별하기란, 분노가 하늘까지 치솟아 오르는 나로서는 쉽지 않았다.

물론 판매자의 책임 문제로 상황을 몰아가더라도 되돌릴 수 있는 건 아무것도 없었다. 그를 무한히 신뢰했던 아버지는 여전히 약효에 대한 믿음을 놓지 못했다. 또한 악화한 결과는 나병약의 문제가 아니라, 내 운명이 이끄는 보이지 않는 불운한 기운의 문제라고 생각했다. 다른 이들에게 치료제가 유독 나한테는 질병이 악화하는 현상에 대해서, 보이지 않는 불운한 운명의 개입을 생각하지 않을 수 없었을지도 모른다. 또한 판매자를 신뢰한 당신의 믿음을 차마 놓을 수 없는 궁여지책의 변명일지도 모른다. 나환자에 대한 울분을 삭이지 못하고 법에 호소하고 싶어 하는 나를 보면서, 더욱 운명에 책임을 돌리도록 종용하려고 그랬을지도 모른다.

그러나 통증은 통증 이외의 다른 생각을 일절 허용하지 않았다. 약을 중단하자마자 들이닥친 통증은, 지옥이 있더라도 이보다 더 혹독하지는 않을 것 같았다. 그동안 겪었던 통증은, 지금의 통증을 만나기 위한 예행연습에 불과했다. 그때까지는 아무리 통증이 심했어도 최소한 몸을 일으키고 걸어서 화장실 출입 정도는 가능했다.

엄동설한에도 두꺼운 옷을 입지 못했다. 이음새가 몸에 닿으면 자지러지게 아프기 때문이다. 두꺼운 이불도 덮지 못했다. 이불 무게에 짓눌려 몸을 이리저리 움직이지 못하고 꼼짝달싹 못 했다. 나는 두꺼운 요를 깔고 여름 이불을 덮은 채, 외풍이 심한 재래식 온돌방에서 추위로 덜덜 떨었다. 아버지는 날마다 장작불을 지펴서 구들장을 뜨겁게 달궜지만, 두꺼운 요를 깔아서 장작불의 뜨거운 열기가 내 몸까지 전달되지 못했다. 팔을 이불 속으로 넣으면 이불 밖으로 꺼내지 못했고, 팔을 이불 밖으로 꺼내면 이불 속으로 집어넣지 못했다. 그래서 팔을 이불 밖으로 꺼내 놓고 장갑을 끼고 살았다.

몸을 이리저리 자유롭게 뒤척이지도 못했다. 어머니가 몸을 옆으로 돌아 눕혀 주면 5분도 못 되어 다시 돌아 눕혀 주지 않으면 방바닥에 짓눌려 있던 어깨와 팔뚝이 마비되면서 굉장한 통증이 발생했다. 식욕은 완전히 잃어버렸다. 어머니가 억지로 입안에 밀어 넣는 몇 숟가락 미음조차도 소화불량을 일으켰다. 하루의 식사량이 밥 몇 숟가락이 전부였다.

큰 관절마다 아이 머리통만큼 부어오르고, 전신 관절들은 점점 안쪽으로 오그라들기 시작했다. 손가락과 발가락도 옆으로 틀어져 돌아가기 시작했다. 관절마다 정상적인 모습을 잃어 가기 시작했다. 나병약을 중단하고 미처 한 달도 지나지 않아서 관절마다 뒤틀어지고 꼬부라졌다.

대소변을 처리하려고 어머니가 엉덩이를 들썩일 때마다 아프다고 비명을 지르는 나 때문에 식은땀을 흘렸다. 신체 중에서 손을 대면 아프지 않은 곳이 단 한 군데도 없었기 때문에, 내 몸시중을 드는 어머니는 더욱더 힘겨웠다. 통증의 강도가 어떤 질병과 견주어도 경쟁할 상대가 없을 정도였다. 류머티스 관절염 환자들이 스테로이드를 죽어도 끊지 못하는 이유가 최악의 통증을 견뎌 낼 수 없기 때문이다. 아버지는 우선 살고 보자고 하면서 스테로이드를 넣은 주사기를 가져와서 몸에 들이댔다. 하지만 그것으로 지금의 이 위기를 넘긴다 해도, 그로 인한 고통은 언제라도 다시 당할 것이고, 그때마다 스테로이드에 의존해서 고통스러운 위기를 넘긴다면, 평생 고통의 늪에서 빠져나올 수 없을 것이다. 이 약에 시달리는 문제는 현대의학에서도 전혀 손을 써 주지 못하기 때문에, 언제라도 불치병 환자가 홀로 감당해야 하는 무서운 고통이었다. 죽는 것만도 못한 최악의 통증이지만 이대로 죽는 한이 있어도 또다시 미치광이 악마한테 굴복하고 싶지 않았다. 나는 또다시 악마의 올가미에 속수무책 걸려들고 말았다.

관절들이 점점 더 안쪽으로 오그라들었다. 무릎관절도 점점 더 오그라들었다. 엉덩이 관절도 오그라들었다. 목도 앞쪽으로 오그라들었다. 팔꿈치도 오그라들었다. 손목도 오그라들었다. 손가락도 오그라들었다. 발목도 점점 더 오그라지면서 굳어 버렸다. 발가락도 뒤틀어졌다. 머리부터 발끝까지 온몸이 꼬부라졌다. 오그라드는 관절들을 억지로 잡아당겨서 펴 보려고 하면, 생뼈를 억지로 부러뜨리려고 꺾는 듯한 통증이 숨통을 조였다.

내가 누워 있는 옆쪽에 밥상을 갖다 놓은 어머니가 두 손으로 등판을 떠받들고 천천히 상체를 일으켰다. 순간 눈앞이 캄캄해지면서 수많은 별이 반짝거렸다. 그것들이 사라져야 비로소 눈을 뜨면, 어머니가 다리를 잡고 조금씩 이동시키는 대로 몸을 돌려주어야 밥상 앞으로 앉을 수 있었다. 신체 부위 중에서 통증에 시달리지 않는 유일한 곳은 머리카락뿐이었다. 손가락 한 개만이라도 통증이 없다면, 그곳이라도 의지해서 무엇을 해 볼 수 있을 것 같았다! 얼굴이 누렇게 변색하기 시작했다. 하루에 몇 숟가락 밥을 먹는 게 전부인 몸은 피골이 서로 붙어 버렸다. 단 하루도 거르지 않고 오한(惡寒)이 일어나기 시작했다.

죽음의 축제

아버지는 지극히 평범하게 살면서 과학을 신봉하는 무신론자였다. 신(神)은 나약한 사람들이 지어낸 거짓이었고, 죽으면 만사가 다 끝이라고 생각했다. 아버지한테 신(神)은 존재하지 않았다. 그러니까 어떤 종교든지 종교를 믿는 것은 부끄러운 일이었다. 그랬던 아버지가 어머니를 점쟁이한테로 보냈다. 지금까지 단 한 번도 아버지는 이런 선택을 해 본 적이 없었다. 그동안 산소 자리를 이장해 보라는 동네 사람들의 강권에도 전혀 흔들리지 않았다.

"산화(山禍)인 모양여. 산소를 이장(移葬)혀 봐! 아무래도 조상 묫자리가 잘못된 거여!"

동네 사람들도 새파랗게 젊은 나이에 죽어 가는 나 때문에 똑같이 고민에 빠졌다.

"사람이 무엇을 믿든지 한 가지는 믿어야 허는 겨! 워낙 아무것도 믿지 않는 집이라 이런 일이 생긴 거 같어! 무당이라도 데려다가 병을 고쳐 봐야지! 저렇게 내버려두면 어떡혀! 미신도 무시할 수 없는 겨!"

아버지를 질타하는 여론도 무성하게 일어났다.

"당장 시집으로 돌려보내여! 시집간 딸을 데리고, 허구헌날 친정 애비가 혼자서 이 고생을 하냐구!"

"몸도 전혀 쓰지 못하는 얘를 어떻게 시집으로 보내여! 몸이 어지간해야지!"

"친정 애비가 저 모양이니, 병든 딸을 끌어안고 혼자 고생허지! 요즘처럼 택시가 대문 앞까지 턱턱 댕기는 세상에 왜 못 보내여? 시집에서 병들었는디 데려다주지 못하고 이 고생여! 이러다간 사위도 놓치고 딸도 놓치고 말어!"

매사에 판단력이 분명하고 단호하게 처신하는 아버지가 이런 말을 들으면서 얼마나 많은 고뇌에 시달렸을지 짐작하고도 남는다. 죽어 가는 딸을 놓고 책임 공방을 벌이는 일이 얼마나 무의미한 일인지 아버지는 너무나 잘 알았다. 죽어 가는 자식에게 시집이니 친정이니 하는 게 아무런 의미가 없다는 것도 잘 알았다. 아버지는 판단력이 예리하신 분이었다. 죽음에 곧 먹혀 버릴 것 같은 자식을 보면서, 대꼬챙이처럼 꼿꼿했던 마음이 허물어졌다. 지금 아버지한테 중요한 건 무조건 목숨부터 건지고 보는 일이었다.

최고의 의술이라고 우쭐거리는 대형병원들이 여기저기 널려 있어도 죽어 가는 딸을 살리려고 찾아갈 병원이 없는 과학의 한계를 깨달은 것일까? 그래서 과학의 대척점에 있는 점쟁이라도 찾아가서 복장 터지는 문제의 원인이 무엇인지 따져 보고 싶었던 것일까? 이런 위기의 상황이 닥치면 과학적인 진위 따위는 전혀 중요하지 않았다. 무엇을 통해서든지 죽어 가는 자식을 죽음에서 건져 낼 곳이 필요할 뿐이다. 아버지의 절망감은 버티기 힘든 수준이었다. 아버지로서는 중대한 결심을 하지 않을 수 없었다. 아버지는 소문난 점쟁이한테 어머니를 보냈다. 점쟁이는 어머니가 입을 열기도 전에 먼저 가슴 졸이는 문제에 대해서 술술 알아맞히더라고 했다.

"시집보낸 딸이 마디마디가 다 아프구면, 심지어 꼬리뼈까지 아퍼! 시집 식구 중에 교통사고로 죽은 젊은 귀신이 붙었어! 딸을 출산했으니 망정이지 아들을 낳았더라면 즉사했어! 나는 웬만하면 굿을 하라는 말을 하지 않는데, 이 집은 큰 굿을 벌여 줘야겠어! 그게 어려우면 경쟁이라도 데려다가 크게 한번 경을 읽어 줘! 그러면 병이 낫어!"

지금까지 가슴 졸이고 애태운 것이 억울할 정도로 해결책은 간단했다. 죽어 가는 자식이 살아난다면 굿판이 아니라 그보다 더한 거라도 하라면 할 것이다. 점쟁이의 말은 어머니 마음을 녹였다. 질병의 원인이 귀신들의 해코지라는 것이다. 그러니 그들이 떠나면 병도 당연히 고쳐진다는 말이다. 귀신들을 떠나게 하려면 무당을 데려다가 굿판(잔치)을 벌이고, 그들의 한을 달래고 풀어주면 떠난다고 했다. 점쟁이의 병을 고치는 처방은 매우 단순하면서 명쾌하기까지 했다. 죽어 가는 자식을 살린다면 체면이고 나발이고 간에 굿판을 벌이는 것쯤은 문제도 아니었다.

죽음을 만나면, 우리를 지탱해 주던 자존감이나 지적 수준 따위는 별 의미가 없었다. 이 세상에는 죽음과 맞수를 걸어 이길만한 과학이나 학문은 존재하지 않았다. 고상한 방법은 아니라도 우리 집에서도 굿을 통한 한풀이가 펼쳐질 모양이었다. 예로부터 무당을 찾아가려면 떡쌀부터 담가 놓으라고 하지 않았던가!

언제라도 굿판을 벌인다는 건 임박한 죽음을 알리는 신호 외에 다른 게 아니라는 걸 다 안다. 또한 그 결과를 신뢰하는 사람도 드물다. 물론 우리 부모도 마찬가지였으리라! 그럼에도 불구하고 거절하지 못하는 건 죽음을 향해 무섭게 질주하는 내게 제동을 걸어 줄 어떤 장치라도 필요했기 때문이다. 그것이 굿판이 될지 누가 알겠는가? 죽음은 지성(知性)적인 활동을 마비시킨다. 죽음은 지성까지 몰수해 버린다. 죽음을 두려워하는 본능만 활동할 뿐이다.

내가 만난 것 중에서 죽음보다 더 두려운 존재는 없었다. 전신을 휘둘러 대는 통증보다도 더 두려운 게 죽음이었다. 단순히 죽기 싫다는 의미가 아니다. 존재로서 사라지는 게 허무해서 그런 것도 아니었다. 또한 세상에 대한 어떤 그리움이 남아서 그런 것도 아니었다. 그런데도 죽음이 두렵다는 건 죽음 자체가 두렵다는 의미이다.

왜 그럴까? 왜 죽음이 두려운 것일까? 죽음의 정체를 모르기 때문일 것이다. 사는 건 경험으로 알지만, 죽음을 경험한 사람은 아무도 없다. 그곳이 미지의 세계라서 두려운 것일까? 죽음의 세계로 떠난 무수한 사람들은 다 어디로 간 것일까? 과연 저승은 존재하는 것일까? 존재한다면 죽음은 또 다른 생존방식이 시작되는 것일까? 그렇다면 사후세계를 인정해야만 한다. 그런데 그 세계를 생각하면 기대감보다는 두려움과 공포감이 먼저 생기는 이유는 무엇일까? 인간들이 살아가는 이 세상의 삶의 방식이 죽음의 세계와 상충하기 때문일까? 나는 이렇게 살아가는 생존방식에 대해서 깊이 있게 고뇌하지 못했다. 사후세계의 존재 여부에 대해서도 깊이 고뇌하지 않았다. 그것이 나를 두려움으로 몰아갔다. 과연 이대로 마음 놓고 죽어도 되는 것일까? 이승을 떠난 이들에게, 좋은 곳으로 가서 편안히 쉬라는 살아 있는 자들의 기원처럼, 과연 저세상은 마음 편히 쉴 만한 좋은 곳일까? 좋은 곳으로 가서 편안히 쉬라고 기원하던 이들조차도 죽음을 만나면 두려워서 떠는 이유가 무엇일까? 과연 저세상은 존재하는 것일까?

아버지가 독경(讀經)쟁이를 불러왔다. 이것은 내 죽음이 임박했음을 알리는 신호에 불과했다. 결국 굿판은 산자가 죽은 자들을 위로하려고 벌여 주는 잔치(축제)였다. 오랜만에 친정집에는 찝찝하고 깔끔하지 않은 활기로 가득 채워졌다. 오후로 접어들자 어머니는 집 안 구석구석을 깨끗하게 청소하고 목욕재계를 마쳤다. 아버지는 동네에 나가서 징을 빌려다 놓았다. 우리 집에서 경을 읽는 건 아버지 생전에 처음이었고, 죽어 가는 자식을 위해서 부모님이 노력하신 수단 중에서 최후의 방법이기도 했다. 이젠 이런 기회조차 허락되지 않을 것이기에.

고향 사람들이 생각하는 류머티스 관절염은 삭신이 쑤셔서 괴롭기는 해도 세월이 흐르다 보면 그럭저럭 회복되는 질병이었다. 하지만 점쟁이 말마따나 귀신의 농간이었는지, 나는 희한하게도 먹는 약마다 질병이 더 악화하는 바람에 저승 문턱까지 떠밀려 왔다. 이건 악마의 올가미에 걸려든 것이지, 질병 자체가 문제이기 어려운 이유였다.

밤이 깊어지자 하얀 두루마기를 입은 할아버지가 방으로 들어왔다. 순간 모골이 송연해졌다. 마뜩잖은 어떤 분위기가, 할아버지를 감싸고도는 너저분하고 상큼하게 느껴지지 않는 보이지 않는 기운이 방 안으로 몰려 들어와서 가득 채워지는 느낌이었다. 순간 귀신의 힘이라도 의지하고 싶어지는 너덜너덜한 감정이 솟아올랐다.

할아버지는 뒤꼍으로 나가더니 살살 징을 두드리면서 독경(讀經)을 시작했다. "정구업진언, 수리수리마하수리수수리 사바하 오방내외안위제신진언 나무사만다못다남 옴 도로도로지미 사바하⋯." 무속인이 부처의 공덕을 기리는 염불을 암송하는 이유는 모르지만, 아무튼 할아버지가 구성지게 부르는 독경 소리의 톤이 점점 커지면서 덩달아 징 소리도 크게 울리기 시작했다. 웅장하게 울려 퍼지는 징 소리가 뒤꼍 담장을 넘어 온 마을로 퍼져 나갔다. 어쩌면 독경과 절묘하게 어우러지는 징의 울림은, 가볍게 출랑거리지 않았고, 장엄한 무게감으로 굿판의 상큼하지 않은 분위기를, 거꾸로 엄숙한 의식으로 바꾸어 놓은 신비한 힘과 편안함을 만들었다. 그 편안함은 가슴에 쌓인 울분을 녹이고, 두려움의 응어리가 풀어지는 듯한 어떤 후련한 카타르시스의 감정이 느껴질 정도였다.

사정이 이렇다 보니, 내심 징 소리가 더 크게 울리길 기대했다. 죽음에 포위되어 두려움에 떨고 있는 방 안의 분위기를 징 소리로 뒤엎어 버리길 갈망하게 되었다. 한마디로 무덤 속처럼 무겁고 적막한 분위기를 완전히 박살 내고 깽판을 쳐 주길 바랐다. 죽음과 삶의 경계가 엉켜 버리고, 혼돈과 질서의 경계가 뒤섞이고, 두려움과 평화가 뒤엉켜 버리길 갈망했다. 징 소리는 점점 더 빠르게 울렸다. 내가 소리칠 수 없었고, 내가 통곡할 수 없었던 울분의 한을 징 소리가 싸잡아서 창공으로 훨훨 날려 버린 것 같은 후련함과 함께 마음에 평온함이 느껴졌다. 잠시나마 짓누르던 죽음의 결박으로부터 조금은 느슨하게 풀려나는 느낌이었다.

징 소리를 따라서 들어온 동네 아주머니들이 마루에 걸터앉아서 조용히 할아버지의 독경을 지켜보았다. 독경이 거의 끝나갈 무렵에, 이웃 동네에 사는 아저씨가 이파리가 붙어 있는 한 발 길이의 대나무를 들고 방으로 들어와서 할아버지 옆으로 앉았다. 동네에 굿판이 벌어지면 신장(神將, 일명 대잡이)대를 잡기로 잘 알려진 아저씨였다. 대나무가 신탁(神託)이 이뤄지는 도구였다. 그래서 무감(巫監)이 빠른 대잡이 아저씨의 역할이 매우 중요했다.

아저씨가 대나무를 방바닥에 세우고는 손으로 꽉 틀어쥐었다. 할아버지가 징을 살살 두드리면서 염불을 시작하자 대나무가 움찔거렸다. 할아버지가 움찔거리는 대나무를 쳐다보면서 징을 빠르게 살살 두드렸다. 그러자 대잡이 아저씨가 제어할 수 없을 정도로 대나무가 흔들거렸다. 할아버지가 대나무를 매개로 귀신(鬼神)과 대화가 시작되었다. 할아버지가 질문할 때마다 대나무가 앞으로 쓰러지면서 긍정을 표했고, 옆으로 쓰러지면서 부정을 표했다. 할아버지의 말을 듣고 긍정과 부정을 확실하게 표현했다. 이런 신령한 존재들을 무속에서 접촉하게 되면 굿판을 떠나기가 쉽지 않을 것 같았다. 처음 접하는 내가 보기에도 우리가 모르는 신령한 세계가 존재할지도 모른다고 생각하게 만드는 계기가 된 것만은 분명했기 때문이다. 결국 할아버지의 요청대로 내 병을 가지고 떠난다고 약속했다.

마지막으로 그의 소원을 물었는데, 대나무가 심하게 흔들리면서 어머니한테 큰절을 받고 싶다고 할아버지가 전달했다. 어머니가 대나무를 향해 큰절을 올리자, 대나무가 방바닥으로 쓰러지면서 맞절했다. 이때 아저씨가 방바닥에 쓰러진 대나무를 일으켜 세우려고 아무리 힘써도 바닥에 쓰러져 있는 대나무는 세워지지 않았다.

"푸짐한 대접을 받았으니 어서 저승으로 떠나거라!"

이제는 떠나라고 큰소리로 명령하던 할아버지가 대나무를 손에 잡더니 비로 쓸어 내듯이 방 안을 이리저리 휘젓고 다니면서 방문 쪽으로 휘이휘이 쓸어 냈다. 아마도 방 안에 있는 잡귀 잡신을 밖으로 쓸어 내는 무속 행위 같았다. 내 몸에도 대나무가 훑고 지나갔다. 비로소 내 병을 고치려고 벌였던 독경이 끝났다. 요란하게 독경을 벌이는 중에도 나는 아무것도 하지 않고 가만히 누워서 바라보기만 했다. 그러나 이번 독경을 통해서 신령한 존재에 대해서 의혹이 생긴 것만은 분명했다. 그동안 농담으로 귀신을 들먹거렸지만, 세상 지식을 초월한 어떤 존재들이 실존할지도 모른다는 생각이었다. 최첨단의 과학을 자랑하는 이런 시대에도, 나처럼 젊은 나이에 병들어서 죽음에 이른 것도, 병의 원인으로 지목한 잡귀, 잡신을 쫓는 미신이 성행하는 것도, 골목마다 점쟁이들이 활약하는 것도 이해할 수 없는 일이었다. 과학자들이 쏘아 올린 인공위성이 우주를 날아다니는 이런 시대에! 더군다나 과학을 신처럼 떠받들고 추종하던 나 같은 사람이 독경을 읽었다는 것도! 이런 신비한 현상을 무엇으로 설명할 수 있을까? 그냥 신비한 걸 요구하는 정신적 현상이라고 퉁 치고 넘어가면 되는 것일까? 그렇다! 건강할 땐 무엇이든지 가볍고 쉽게 생각해 버리면 그만이다. 하지만 죽음을 만나면 사정이 전혀 달라지는 것을 나는 지금 경험하고 있다. 오히려 죽은 뒤의 문제가 현실에서 만난 어떤 문제보다도 다급한 문제라는 걸 경험하고 있다. 나이와 상관없이 누구에게나 죽음은 멀지 않은 곳에서 대기하고 있다.

사실 복잡하지 않을 수도 있다. 적어도 당장 내가 죽는 문제가 아니라면 말이다. 그러나 나한테 죽음은 미래가 아니라 시간을 화급하게 다투는 현실이었다. 그래서 육신이 죽은 뒤에도 또 사는 영혼이 존재한다면, 지금까지 살아온 내 방법은 틀렸다고 생각하지 않을 수가 없었다. 나는 죽음을 준비하며 산 적이 없다. 그래서 죽기 전에 죽음에 부합한 삶이 어떤 것인지도 찾아야만 할 것 같았다. 적어도 내가 평안히 눈을 감으려면 그렇게 해야 할 것 같았다. 우리가 사는 이 세상은 죽음 앞에서 너무나 부질없었으니 말이다. 도저히 이런 상태로 죽을 수가 없었다. 독경은 그렇게 막을 내렸지만, 내 시야를 보이는 세계에서 영적 세계로 확장하는 계기를 만들어 준 것만은 확실했다. 그러나 죽어 가는 내 몸에는 아무런 영향력도 미치지 못했다.

죽음의 문턱을 붙잡고

대청마루에서 큰어머니의 귓속말이 조용하게 들렸다.
"애는 버린 자식이여! 마음 태우지 말고 그냥 단단히 각오하라고! 저렇게 몸이 마르고 날마다 오한을 해 대고, 종아리가 완전히 꺼진 사람이 다시 살아난 경우는 못 봤어! 부모 앞에서 죽는 자식은 웬수라는디, 정을 딱 끊어내 버려! 저게 자식이 아니지! 부모 마음을 피로 멍들게 하는 웬수지! 암, 웬수고말고! 빨리 잊어버려!"
어머니의 말소리는 전혀 들리지 않았다. 이럴 때 무슨 말이 필요하랴! 회자정리라고 했던가! 이 세상은 이별하는 장소가 아니던가! 단 한 사람도 이별하지 않는 사람이 없지 않은가! 누구에게나 이별의 시간이 찾아오지 않는가! 지금 나도 이 세상과 영원히 이별하려고 하지 않는가! 먼저 그렇게 떠난 자도, 지금 이별의 아픔에 시달리는 자도, 그렇게 모두 그들이 간 그곳으로 떠나려는 것이 아닌가!
이제는 나도 사랑하는 가족과 친구들과 함께 머물렀던 이 세상을 떠나서 저세상으로 가야 할 때가 되었다. 어머니에게 자식과의 이별을 준비시키는 큰어머니뿐만 아니라 동네 사람들조차도 이별의 시간이 임박했다는 걸 예감했다. 그동안 부모와 자식으로 만나서 행복했던 시간을 회상하면서, 부모보다 앞서 떠나려는 자식을 위해서 부모가 해 줄 수 있는 게 고작정을 끊어 내는 것뿐이라는 현실 앞에서 어머니는 가슴을 찢었으리라. 그리고 부모로서 죽어 가는 자식에게 해 줄 수 있는 게 아무것도 없다는 무능함을 처절하게 깨달았을 것이다.

"저년이 아무래도 돼질 모양이지! 일이고 뭐고 아무것도 손에 잡히질 않네!"

아버지도 자식과의 영원한 이별이 견디기 어려운 고통이었다. 이 세상은 이런 아픔의 장소이고, 슬픔의 장소이고, 절망의 장소였다. 당신의 딸로 태어나서 너무나 사랑했고, 세상에서 가장 소중한 자식이었기에, 아버지의 심정도 까맣게 타들어 갔다. 당신보다 앞서서 저세상으로 떠나는 자식을 원수로 여길 수만 있다면 얼마나 속이 편할까!

결국 자식이 아니라 원수로 여기는 일만이 덜 지치는 일이었다. 죽음을 대신할 자가 어디 있겠는가. 화장실과 황천길은 아무도 대신할 수가 없다고 하지 않던가! 저세상의 존재 여부도 모르고 죽음 이후를 대비한 어떤 준비도 하지 않은 채로 엉겁결에 덜컥 죽었다가, 그때 비로소 영원히 죽지 않는 또 다른 내 존재와 불가항력의 어둡고 칙칙한 세계에 덩그러니 놓인다면, 현실보다 더 두렵고 떨리는 저세상이 존재한다면, 그 문제가 죽음보다 더 크게 나를 두렵고 떨리게 했다. 세상에 있는 동안에 저세상에 대해서 깊이 있는 고뇌와 함께 넉넉하게 준비할 기회도 없이, 이처럼 황당하게 죽음의 문턱까지 떠밀리고 말았다. 질병에 시달리는 내 육체 위에 죽음이 켜켜이 똬리를 틀고 앉아서 목숨을 옥죄었다. 아픔에 나를 활활 내던져 버리지 못해서 그런 것일까? 삶의 처절한 그리움과 경외감이 밀려든다.

통증에 장악당하여 손가락 마디 하나도 자유롭게 놀리지 못하는 몸인데도, 왜 이 세상을 떠나고 싶지 않은 것일까? 죽음 앞에서 삶의 욕구가 더 강렬해지는 게, 이런 몸으로 살아갈 이 세상에 대해 무슨 미련이 남았기 때문에 그럴까? 참혹한 상태를 넘어서 폐기물이 되어, 좁아터진 방에 방치된 채로 웅크리고 누워 있다가, 공동묘지에 폐기하려는 이 순간에, 무엇 때문에 주춤거리는 것일까? 저 깊은 유수의 땅의 존재를 부인하면서도 죽음을 두려워하는 이유가 무엇일까?

우두망찰, 한숨을 돌리고 죽음을 생각해 볼 겨를도 없이, 죽음이 나를 덮쳐 버렸다. 그 원인이나 이유 같은 건 중요하지 않았다. 세상에서 죽지 않는 단 한 사람도 없다는 걸 잘 안다. 그런데도 죽음이 두렵기만 하다. 통증이 아무리 위세를 부리고 날뛰어도 죽음보다 덜 두려웠다. 죽음을 회피할 수 있다면 최악의 고통조차도 수용하고 싶을 정도로 말이다. 어쩌다가 죽음의 문턱을 부여잡기까지 내몰리고 말았나?

날이면 날마다 죽음은 두려움과 공포 속으로 몰아넣었다. 죽음의 문턱에서 칠흑의 깊은 동굴로 끝없이 추락하고 빨려 들어가는 지옥의 사악한 공포감이 엄습했다. 그렇더라도 죽음에 순순히 굴복할 뜻이 추호도 없었다. 나는 사그라지는 의식의 고삐를 바투 쥐고 바동거렸다. 오늘은 죽음에 먹힐지도 모른다는 공포감 속에서, 하루하루를 넘기는 일이 죽는 것보다 더 고통스러웠다. 누구라도 생사의 갈림길에서, 이생에서 마지막 붙잡고 의지해 보려는 병원은, 최소한의 죽음과 싸우는 환자들에게 마지막 힘을 보태 주는 보루인데, 불치병 환자들에겐 그것마저도 허락되지 않았다. 병원마다 세워진 장례식장은, 또 다른 의미에서 병원은, 죽은 이들을 처리하는 공동묘지에 다름 아니었다.

죽음과 싸우면서도 도움을 구할 곳이 없는 참담함은, 사람의 위세가 죽음 앞에서는 지독하게도 무기력했다. 그때 내 속에서 처절하게 치솟는 건 세상이 아니라, 죽음이 두려워서 벌벌 떠는, 죽음을 넘어서는 어떤 의지할 대상만 있다면, 나는 당당하게 죽음에 굴복할 수 있다고 생각했다. 나를 책임질 만한 대상이 신이더라도 당당히 죽음에 항복할 수 있다고 생각했다.

죽음은 날마다 내 목숨을 틀어쥐고 쥐락펴락 옥죄면서 약을 올렸다. 나는 흐릿하게 사그라지는 의식의 끈을 놓치지 않으려고 정신을 바짝 틀어쥐었다. 저녁만 되면 병세를 더 악화시키는 오한이 날마다 계속되었다. 문살이 훤해지면 비로소 지난밤을 무사히 넘겼다는 안도감으로 후유, 했고, 저녁만 되면 다시 심장을 옥죄는 죽음에 대한 두려운 공포감으로 벌벌 떨었다.

위장은 음식물을 거부했다. 이 땅에서의 수명을 끝내려는 내 몸에서는 더 이상 에너지가 필요하지 않았다. 부엌에서 밥상에 수저를 놓는 소리만 들려도 헛구역질이 나왔다. 기름진 음식만 입에 넣어도 헛구역질이 나왔다. 입으로 들어가는 음식물은 모두 다 거부당했다. 아무것도 먹는 것이 없다 보니 극심한 변비에 시달렸다. 내 목소리가 방문 앞에서도 알아들을 수 없을 정도로 기력이 소진되었다. 장기마다 이상한 증상들을 드러내지 않는 곳이 없었다. 소변이 기름이 둥둥 떠 있는 쌀뜨물처럼 나왔다. 갈비뼈가 개수를 셀 수 있을 정도로 고스란히 드러났다. 심장박동 소리가 불규칙하게 쿵쾅거렸다. 움푹 들어간 아랫배는 따뜻한 수건을 덮어 놓아도 냉기가 뿜어져 나왔다. 뼈가 앙상하게 드러난 곳마다 생긴 욕창은, 손으로 살짝만 스쳐도 비명을 질렀다. 한마디로 뼈만 남은 산송장이었다. 이대로 땅에 묻어도 아쉬울 게 하나도 없을 만큼!

그때는 까마귀들조차 극성스럽게 울었다. 까마귀가 요란하게 울어 대는 날이면 동네 사람들조차 내 죽음을 알리는 부음(訃音)처럼 들려서 긴장했다. 고향 사람들은 까마귀를 흉조로 생각했다. 내 귀에도 까마귀울음은 내 죽음을 애도하는 만가(輓歌)처럼 들렸다.

맹물도 목구멍에서 거부했다. 죽음이 턱밑까지 밀고 올라왔다. 자정이 넘은 시간이었다. 까마귀가 까악, 까악, 울었다. 나는 깊은 밤에도 까마귀가 울었는지를 생각해 보다가, 정신이 가물가물하더니 의식이 혼미해지는 걸 느꼈다. 죽는다는 거대한 공포감이 밀어닥쳤다. 그날따라 더욱 길어진 오한 때문에 극심한 통증으로부터 겨우 벗어나서 한숨을 돌리던 중이었다. 밤마다 옆에 누워서 나를 지키던 어머니가 잠깐 눈을 붙였을 때였다.

"엄마! 까마귀가 자꾸 울어요!"

어머니가 자다가 벌떡 일어났다.

"한밤중에 무슨 까마귀가 울어?"

그리고 바짝 틀어쥐었던 정신 줄을 맥없이 놓치고 말았다. 어머니가 뺨을 때리는 바람에 눈을 떴다.

"정신 차려! 얘야, 정신 차려 봐!"

어머니도 정신 줄을 반쯤 놓친 상태였다. 내 의식은 깊은 허무에 떠밀려 들어가는지, 무의식의 혼돈 속으로 빠져들어 갔다. 어머니가 큰 소리로 아버지를 부르는 소리가 들렸다.

"죽는 게 별거 아니다! 정신 줄 놓치면 죽는 거다! 정신을 바짝 차려야 산다! 어서 정신 바짝 차려라!"

"정신이 자꾸만 흐려져, 엄마!"

어머니가 덮고 있던 내 이불을 활딱 걷어 냈다. 그리고 외마디 소리를 질렀다.

"피가 하얗게 위로 걸어 올라가네!"

발에서부터 백지장처럼 하얗게 살빛이 변하기 시작하더니 심장 쪽으로 계속 올라가면서 변색했다. 아무리 정신을 차리려고 애써도 내 의식은 혼미를 거듭하며 의식과 무의식의 경계를 넘나들었다. 그날 밤에, 저승사자가 표독스럽게 목을 조이면서 달라붙었지만, 결국 나를 데려가지는 못했다. 죽지 않고 살아 있는 게 이상할 지경이었다. 나는 죽음과 맞붙어 죽지 않으려고 발버둥질 치면서 눈을 부릅뜨고 저항하지 않았다. 저승사자한테 맞짱 뜨고 대들어 봐야 아무 쓸모가 없는 헛된 수작임을 알았다. 나는 아무 미련도 없이 죽음의 사자한테 목숨을 맡기는 것 말고는 별다른 저항을 하지 않았다.

하지만 죽음의 사자에게 나를 활활 넘겨주지 못한 이유가 딱 한 가지 있었다. 의식이 서서히 사그라지는 틈바구니에서도, 아직은 안 된다고 사정했던 이유가 있었다. 어쩌면 그 이유라는 게 죽을 수 없는 이유가 될 수 없다고 생각할 수도 있었다. 그건 내 존재 이유와 원인에 대한 의문점을 해결하지 못했기 때문이다. 이렇게 몸이 꼬부라진 채로 고통에 시달리다가 비참하게 생을 마치는, 이런 존재로 이 세상에 내던져진 존재가 우리였단 말인가? 그렇게 존재하게 된 이유(存在理由)나 원인도 모르고, 젊은 나이에 죽음에 떠밀려서 호락호락 황천길로 들어갈 수는 없었다. 이 세상에서 절망과 아픔과 고통에 시달리다가, 허무한 죽음에 사납게 먹혀 버리는 나를, 누가 존재하게 했단 말인가? 이런 원인과 이유가 세상에 밝히 드러나지 않는 이유가 무엇일까? 이런 일방적인 존재가 누구에 의해서 자행된 것일까? 인생들이 겪는 수많은 절망과 아픔은 누구의 수작이란 말인가? 이런 원인과 이유도 모르면서 무턱대고 죽었다가 더 큰 고통이나 상황과 마주치면 그때는 어떻게 해야 한단 말인가? 적어도 이런 질문들은 존재자로서 당연한 권리라고 생각했으며, 존재시킨 당사자에게 책임을 요구하는 것은 당연하다고 생각했다. 죽음 앞에서 벌벌 떨어야 하는 인간들에게 무슨 잘못이 있단 말인가! 이렇게 태어나서 고통과 절망으로 슬프게 산 것 말고는!

  내가 죽었다는 소식을 기다리던 큰어머니가 다시 방문했다. 내 명줄이 질긴 모양이라고 탄복하던 큰어머니가 특정 음식을 푹 고아서 먹이라고 어머니한테 주문했다. 다급한 어머니가 푹 삶은 음식물을 떠서 내 목구멍에 밀어 넣었다. 맹물도 넘기지 못하던 목구멍으로 국물이 넘어갔다. 놀랍게도 소화불량이 일어나지 않았다.

보고 싶은 가족

　기력이 조금씩 살아나면서 죽음의 위기를 겨우 넘기에 되었다. 누구라도 육신의 에너지인 음식을 먹지 못하면 죽는다. 어떤 질병도 음식을 먹으면 죽지 않는다는 말이기도 하다. 죽음의 문턱을 넘어 저 어둠의 깊은 곳으로 빨려들어 가다가 아슬아슬하게 다시 붙잡은 목숨이었다. 그런데 죽음에 눌려 기를 펴지 못하던 그리움의 감정이 참을 수 없이 완강하게 살아났다. 한 치 앞을 예측할 수 없을 정도로 비몽사몽의 경지를 헤맬 때도, 내 가족이 보고 싶다고 말하지 않았다. 친정 부모도 임박한 죽음이 예측되는 불길한 상황에서도, 사위나 외손주를 부르지 않았다. 대개는 아무리 굴욕에 시달리는 현실에 처했더라도, 죽음 앞에서는 서릿발 같은 자존심도 다 무너져 내리는 법인데, 나도 그랬지만 친정 부모도 우리 가족에 대해선 잔인할 만큼 일언반구 말을 하지 않았다.
　나는 어린 자식에게 뼈만 앙상하게 남은 몰골로 죽어 가는 엄마의 추악한 모습을 '엄마'로 기억시키고 싶지 않았다. 이 땅에서 내 가족과 채우지 못한 사랑과 그리움의 한을 남긴 채 혼자 쓸쓸히 저쪽 황량한 저승으로 떠나는, 마지막 모습을 기억시키고 싶지 않았다.
　그런데 숨통을 조이고 달려들던 죽음으로부터 조금 비켜서게 되자, 내 혈육이 보고 싶어서 견딜 수 없었다. 그때까지 남편은 두세 번 정도 방문했다. 죽음이 임박했을 때도 남편은 찾아오지 않았다. 그동안 단 한 번도 남편에게 방문해 달라고 구걸해 보지도 않았다. 오히려 상태가 점점 악화하고 죽음으로 떠밀리는 나를 보고 차마 발길을 돌리지 못하는 남편의 등을 떠민 것도 나였다.

그날도 뒤꼍 담장 너머에서 택시 멈추는 소리가 들리던 날이다. 친척 아주머니가 아이를 안고 방으로 먼저 들어왔다. 빨간 원피스를 입은 세 살배기 아이의 등에는 작은 배낭이 앙증맞게 매달려 있었다. 아이는 눈망울을 초롱초롱 굴리면서 낯선 방을 이리저리 두리번거렸다. 아이의 눈에 누워 있는 엄마는, 그다지 관심 있는 상대가 아니었다. 어느새 훌쩍 커 버린 아이가 나도 낯설게 다가왔다.

엄마가 없는 동안에도 아이는 무럭무럭 자랐다. 그렇게 잘 자라는 아이가 고맙다가도 한편으론 섭섭했다. 이런 엄마의 아픈 심정을 아는지 모르는지, 눈망울을 굴리면서 이상하게 생긴 나를 쳐다보았다. 물론 이런 생모의 존재를 지우려는 가족들의 철통같은 노력으로 아이는 친모의 존재조차 모르고 자랐다. 아이는 가만히 앉아 있었다. 내 생명만큼이나 소중한 자식이지만, 안아 보거나 손을 내밀어서 볼을 쓰다듬어 볼 수도 없었다. 아이하고 낯선 거리감을 털어 낼 구실을 아무리 찾아보아도 뾰족한 방법이 떠오르지 않았다. 손가락 한 마디도 제대로 사용하지 못하는 내가, 아이를 위해서 할 수 있는 건 눈을 마주치고 이름을 불러 보는 정도였다. 누워서 내가 엄마라는 걸 경험하게 할 수 있는 특별한 방법은 없었다. 아이에게 어릴 적 엄마의 기억을 떠올려 보도록 하는 일 외에 다른 수단이 없었다.

"내가 누군지 알어?"

"응, 알아!"

순간 내가 당황했다. 아이가 나를 안다고 대답하리라곤 전혀 예상하지 못했다. 나는 조금도 주저하지 않고 안다고 대답하는 아이에게 '그럼 내가 누구냐?'라고 되묻지 못했다. 내가 기대하는 대답이 아닐지도 모르기 때문이다.

날이 저물자 내가 누군지 안다고 대답하던 아이의 태도가 확 돌변했다. 제 물건들을 모조리 챙겨서 가방에 넣더니, 할머니한테 가자고 아빠 등에 매달리더니 발을 동동 구르면서 울기 시작했다. 내가 누구냐고 확인하지 않은 것은 너무나 잘한 일이었다. 아무리 달래도 아이의 울음은 그치지 않았다. 아이가 엄마를 정확하게 알아본다고 해도, 아이에게 엄마는 그저 부르는 호칭에 불과했다.

엄마의 현실은 아이에게도 혹독하지만 나한테는 더욱 혹독했다. 아이에게 엄마의 의무를 다하지 못한 대가로는, 아이의 엄마를 포기하는 일 말고는 그 무엇도 없었다. 저 아이가 커서 내 자식으로, 엄마의 처절한 절망을 이해할 수 있는 날을 기대한다는 건 너무나 잔혹한 일이었다. 누워서 우두커니 아이를 바라보는 것 말고는 아무것도 해 주지 못하는 엄마는, 자기를 품어 주고 볼을 비벼 주는 타인만도 못한 허수아비에 불과했다. 내 등에 업히겠다고 발버둥을 치면서 서럽게 울던 아이를 업어 줄 엄마의 등짝은, 뼈만 앙상하게 남아서 방바닥에 붙어서 떨어질 줄 모른다. 이젠 우는 자식을 위해서 엄마인 내가 해 줄 수 있는 사랑의 표현이 있다면, 함께 있고 싶은 내 욕심을 포기하고 빨리 할머니한테 가라고 재촉하는 것뿐이었다. 그래도 엄마 곁을 떠나지 않으려고 발버둥을 치며 우는 아이를 억지로 떼어 보내는 슬픔보다는 덜하다고 슬픈 감정을 다독여 본다.

다음 날, 할머니한테 간다는 말에 신이 난 아이는 방에 누워 있는 엄마는 거들떠보지도 않고 아빠와 함께 방을 나갔다. 벌떡 일어나서 남편과 자식을 따라가고 싶은 마음이 가슴을 후벼 댔다. 남편은 함께 집으로 가자는 말 한마디 없이, 언제 오겠다는 약속도 없이, 언제나 그랬듯이 방을 나갔다. 남편과 아이가 머물다간 빈자리를 쳐다보면서 혼자 눈물을 흘리는 게 엄마인 내가 슬픈 마음을 드러내는 전부였다. 아이가 내 방을 떠나는 순간부터 보고 싶은 마음을 참고 견디는 것만이, 내가 목숨을 부지하면서 살아남는 최후의 보루처럼 보였다.

"무슨 그림을 그리니?"

"새를 그리는 거야!"

"얼마나 잘 그리는지 엄마가 두고 봐야지!"

아이는 방바닥에 엎드려서 종이에 열심히 그림을 그렸다.

"새는 다 그렸니?"

"응! 다 그렸어!"

"엄마한테 보여 줄래?"

"여기!"

아이가 종이를 옆으로 누워 있는 내 앞으로 밀었다. 종이에는 동그라미, 네모, 세모가 혼란스럽게 서로 엉켜 있었지만, 아무리 찾아도 새처럼 보이는 모양은 보이지 않았다.

"새는 안 보이는데?"

"없어?"

"응, 없어!"

"그럼, 날아갔나 봐!"

너무나 태연하게 날아갔을 거라고 말하는 아이 때문에, 나도 정말 새가 날아갔을지도 모른다고 생각했다. 그렇다면 아이가 그린 그 새는, 종이를 떠나서 어디로 날아갔을까? 아이가 그린 새는 행복을 찾아서 떠났다는 파랑새는 아니었을까?

"어, 그랬구나! 날아가 버렸구나!"

할머니를 엄마라고 불러서 아빠를 가슴 아프게 한다는 아이는, 가족들의 각별한 사랑 속에서 구김살 없이 건강하게 잘 자랐다.

"아빠를 깨워 볼래?"

"응, 그럴게!"

아이가 남편의 가슴에 손을 대고 흔들었다. 사정없이 흔들고 두들겨도 남편은 죽은 사람처럼 눈을 뜨지 않았다.

"아빠는 잠꼬기(잠꾸러기)! 아빠는 잠꼬기! 아빠, 눈떠 봐! 응! 아빠는 잠꼬기!"

나는 부모 앞에선 감정 없는 사람처럼 무덤덤하게 행동했다. 내가 슬픈 내색을 하면 부모님의 가슴이 더 아프기 때문이다. 여자란 모름지기 남편의 사랑을 듬뿍 받으면서 자식을 낳고 기르는 게 최고의 행복이라고 믿는 부모에게, 그런 정도의 기본적인 도리조차 못 하는 자식으로서, 내 마음 같은 건 챙길 겨를이 없었다. 부모의 슬픔이 너무나 크기 때문이다.

남편과 아이가 떠나는 그날부터, 나는 그들을 기다리기 시작했다. 어쩌면 남편과 아이를 만날 때보다도, 기다릴 때가 훨씬 더 좋았다. 이런 쓸쓸한 기다림은, 혹독한 삶을 버티려는 고의적인 책략이었다. 지푸라기라도 잡아야 할 절박함에서, 외롭고 쓸쓸한 기다림은 생존을 위해서 붙잡는 버팀목이었다. 남편도 나를 보고 위로받지 못했지만, 나도 남편을 보면서 위로된 적이 없었다. 그러나 나는 남편과 아이가 방을 나가는 그때부터 그들을 기다렸다. 그들이 스러져 가는 내 목숨을 지탱시키는 가녀린 버팀목인 것만은 분명했다.

안마당을 덮은 포도나무의 열매가 거뭇거뭇하게 익어 갈 무렵이었다. 아무 예고도 없던 남편이 안마당으로 불쑥 들어왔다. 아이는 동행하지 않았다. 그러나 그동안 단 한 번의 문안 인사도 없던 시누이 남편이 뒤따라 들어왔다. 안마당에 자기의 매형과 나란히 서 있는 남편은 일절 말이 없었다. 그들이 기다리던 아버지가 집에 들어오자, 시누이 남편이 자기의 처남인 남편하고 내가 이혼하지 않으면 안 되는 이유를 설명하기 시작했다. 그러니까 자기의 매형을 데리고 남편이 찾아온 게 이혼을 요청하려는 거였다.

"부부가 떨어져서 이렇게 대책도 없이 살아갈 수 없잖습니까! 우리도 저런 병만 아니면, 이 정도까지는 생각 안 합니다! 우리 처남도 살아야죠! 처남댁(나) 때문에, 둘째 처남도 오토바이 사고로 죽었어요! 더 이상 집안에 큰일이 생기기 전에 이혼해 주세요! 처남댁(나) 때문에 식구들이 하나씩, 하나씩 죽어 가다가 집안이 몰살당하게 생겼습니다!"

가족을 잃은 슬프디슬픈 경험을, 죽음이 임박한 또 다른 가족의 생이별을 위한 소재로 유효적절하게 이용하는 것에 대해서 왈가왈부할 뜻은 추호도 없다. 다만 죽어 가는 가족에게 이별을 요구하는 그들의 태도는, 가족의 죽음이 얼마나 처절한지를 경험한 사람들의 태도는 아니라는 것이다. 죽어 가는 가족인 나한테 생이별을 요청하는 그들의 태도는 너무나 불량했다. 그래도 그들의 불량한 태도가 남편의 이별의 요구라는 걸 충분히 알아들었으므로, 기력이 다한 쇠잔한 목소리로 내가 직접 대답했다.

"당신이 원한다면 언제라도 이혼해 줄게요! 서류를 준비해서 가지고 오세요!"

나는 죽음이 임박해 보이는 아내가 죽기를 기다리지도 못할 만큼, 이혼이 다급해진 이유에 대해서 아무것도 묻지 않았고 따지지도 않았다. 그의 매형의 입을 빌려서 이혼을 요청한 당사자가 남편이었고, 죽어 가는 아내를 눈앞에서 쳐다보고도 이혼을 요청한 사람이 남편이어서, 내가 그의 이혼 요청에 승낙했을 뿐이다. 어쩌면 죽어 가는 아내를 데리고 가서 자기가 돌보겠다는 말이 아니라서 천만다행이라고 생각할 수도 있었다.

내가 죽음의 문턱을 들락거리는 동안, 그리고 일 년에 두어 번 찾아오는 것도 간절히 기다리는 동안, 남편도 굉장한 외로움에 시달렸을 것이다. 내가 남편과 자식이 찾아오기를 간절하게 갈망하느라, 아내 없이 지내는 남편의 외로움은 생각할 겨를이 없었을 뿐이다. 비로소 혼자 지내는 남편의 외로움을 구체적으로 생각하기 시작했다.

나는 대필한 편지를 남편에게 보냈다. 이혼할 테니 빨리 방문해 달라는 내용이었다. 그렇지만 아무런 소식이 없었다. 다시 한번 남편에게 같은 내용을 보냈다. 그래도 아무런 대답이 없었다. 그러다가 반년이 지난 후에 남편이 찾아왔다.

사실 나도 남편을 기다리는 시간이 결코 도움이 되었다고 말할 수 없었다. 오지 않는 남편을 하염없이 기다리면서, 그리고 수개월 만에 찾아온 남편도, 병이 점점 더 깊어지고 죽음으로 내달리는 나를 보면서도, 곁에서 우두커니 눈 감고 있다가 돌아가는 게 무슨 위로가 되었던지. 생각해 보면 남편과 부부로서의 결별이 필요한 건 남편보다도 내가 더 절실하다는 걸 알았다. 남편이 마지막 위로받을 수 있는 그리움의 끈으로 붙잡고 혼자 매달려 있느니, 부부라는 구속의 틀을 벗어던지고 병에만 전념할 필요가 있다고 생각했다. 게다가 언제 먹힐지 모르는 위태로운 죽음을 눈앞에 두고 있는 상황에서 남편의 아내가 아니라, 나로 인해서 파생된 그리움의 끈을 다 놓아 버리고, 혼자 훌훌 떠나고 싶다고 생각하게 되었다.

이혼을 결심하면서 이혼이 내가 남편에게 마지막 베풀 수 있는 가장 좋은 선물이라는 것도 깨달았다. 죽어 가는 아내의 이혼 요청을 이기지 못하고 어쩔 수 없이 이혼하기로 결심한 것처럼, 상황을 만들어 주었기에, 남편은 조금은 편안한 마음으로 부부의 인연을 마치기 전에, 짧게나마 인사를 나눌 기회가 만들어졌다.

"내가 나쁜 놈이야!"

"당신은 나한테 좋은 사람이었어요!"

"나보고 좋은 사람이라고? 좋은 사람 다 됐졌으면 그렇겠지! 내가 벌을 받아서 다리가 아프다고!"

난데없이 남편은 자기의 허벅지를 손으로 주물렀다.

"이렇게 된 건 다 내 실수였어! 죽이 되든 밥이 되든 당신을 내가 데리고 있어야 했는데, 여기로 내려보낸 게 내 실수였어!"

이런 결론이 불가피했을지라도, 그래도 칭찬받을 일이 결단코 아니라는 것을 아는 것만으로도 고맙게 여기리라. 남편에게 이런 결론은, 아무리 세월이 가고 또 가도, 숨기고 싶은 일이라는 걸 안다는 것만으로도 감사하게 생각하리라. 어떤 불가피한 구실을 대면서 변명할지라도, 지금 남편에게 가장 절실히 필요한 것이 이혼이라는 걸 너무나 잘 안다.

친정 부모에게 의탁하여 투병 생활하는 동안에, 남편은 집으로 돌아가자는 말을 단 한 번도 하지 않았다. 그리고 마지막 헤어지려는 이 지점에서, 처음으로 나를 자기가 돌보지 못한 책임을 스스로 자책하는 듯한 발언을 꺼내는 남편에게, 나는 아무것도 묻지 않았고 아무것도 따지지 않았다. 이렇게 사지가 다 꼬부라진 채로 죽어 가는 나를 남편에게 의지하는 문제도 그리 간단한 일이 아니다. 모든 문제의 원인은 남편이 아니라 내 질병이기 때문이다. 다만 이혼이 건강한 여자하고 새 출발을 시작하려는 남편에게 병든 아내가 주는 최고의 선물인 것만은 분명했다.

"그동안 당신 곁에서 아내 노릇을 못 해 주고 혼자 있도록 고생시켜서 미안해요. 좋은 여자 만나서 행복하게 사세요. 그동안 고마웠어요. 당신이 새 출발을 하려면 아이가 불편하겠지요. 나는 언제 죽을지도 모르는데, 내가 죽으면 우리 아이는 어떻게 하죠?"

"자식 모르는 사람이 어디 있어!"

죽어 가는 아내를 버리고 건강한 여자하고 새 출발을 하려는 남편을 위하여, 아내인 내가 해 줄 수 있는 마지막 선물이 무엇일까? 아마도 병든 아내를 버렸다는 죄책감을 줄여 주는 것이 아닐까? 그래서 지금 나는 죽을힘을 다해서 애쓰고 있다. 새 출발을 또 고뇌해야 하는 절망을 안겨 준 것은 나였다고! 남편을 바라보자니 그의 삶도 너무나 불행해 보였다.

차라리 나를 버리고 행복할 수 있다면 좋겠다. 이건 사랑 문제가 아니다. 사는 게 너무나 지치고 고달파서 그런다. 이렇게 고달픈 삶의 원인이 나 때문이라면, 아무 조건 없이 피해 주고 싶다. 이건 남편이냐 아니냐 하는 문제하곤 전혀 상관없는 일이다. 그래서 나는 아무 조건 없이 새 출발을 도우리라 마음을 굳혔다.

우리는 만남을 위해서 세심한 준비를 하지만, 헤어질 때는 더 세심한 준비가 필요하다고 생각한다. 만남보다 헤어짐이 훨씬 더 깊은 상처의 아픔에 시달릴 수 있기 때문이다. 나는 남편과의 이별을 아픔과 상처로 남기고 싶지 않았다. 나는 죽음과 투쟁하는 사람이었다. 죽어 가는 나를 더 이상 마음의 상처와 아픔까지 덧입히고 싶지 않았다.

그래서 남편과의 이별도 만남처럼, 그렇게 인생의 노정에서 자연스럽게 만나는 일이라고 생각하기 시작했다. 나는 남편과의 이별을, 결혼할 때처럼 누구와도 상의하지 않았다. 이런 결단에 대해서 아버지는 못내 서운해했지만 어쩔 수 없는 일이었다. 나는 이 문제를 남편과도 상의하지 않았다. 그리고 누구에게도 이별의 책임을 묻지 않으리라 다짐했다. 결혼이나 이혼의 문제는, 더더욱 병든 아내를 버리려는 남편과의 문제는, 오롯이 그런 남편을 선택한 나에게 책임을 물을 수 있고, 나만이 책임을 질 수 있다. 남편이나 나나 질병으로 인한 피해자에 불과했다. 피차가 피해자이면서 피해자들끼리 책임을 묻고 따지는 건 너무나 어리석은 일이라고 생각했다.

조금만 깊이 생각하면 우리는 누구 때문에 억울한 것이 아니라는 것을 알게 된다. 구태여 억울하다고 생각한다면 그건 인생, 그 자체일 것이다. 우리는 모두가 그렇게 자신의 몫으로 만난 인생의 길을 가고 있을 뿐이다. 그래서 어떤 사람이든 억울한 이별을 만나지 않길 참으로 소망한다.

"나는 위자료 같은 건 원하지 않아요. 당신은 지금 내 남편이니까 병든 아내를 위하여 약값을 좀 주세요."

친정에 내려온 이후로, 내가 아내의 자격으로 남편에게 약값을 요구한 것은 이때가 처음이었다. 또한 남편에게 내 마음이 무엇을 원하고 있는지를 처음으로 드러낸 말이기도 했다. 그래서 약값의 액수에 대해서도, 남편이 결정하도록 했다.

온 동네 사람들이 우리 집에 다 모여서 외출하는 나를 지켜보았다. 아랫목에서 윗목에도 가 보지 못한 몸이, 거의 2년 만에 처음으로 이 좁은 방을 나와서 대문 앞에서 대기하고 있던 택시에 몸을 실었다. 언제나 그랬듯이, 그날도 얼굴을 씻기고, 머리를 빗기고, 외출복으로 갈아입히는 외출 준비는 모두 어머니 몫이었다. 나무처럼 한 자리에 붙박고 누워 있던 아랫목을, 2년 만에 이혼하려고 떠나는 자식을 위해서 어머니가 모두 준비했다. 내가 떠난 빈 아랫목에서 목을 놓아 통곡했다는 어머니는, 내 앞에서는 아무런 표정이 없었다. 딸의 아픈 마음을 더 다치지 않게 하려고 그런다는 걸 다 안다.

택시가 출발하자 마음이 설레기 시작했다. 2년여 만에 바깥으로 나와서 사방을 둘러싸고 있는 산하를 쳐다보려니 감개무량했다. 내 눈에 들어오는 산천이 눈이 부시도록 싱그러웠다. 택시가 달리는 거리마다 생기가 넘쳤고, 나무며 산이며 들녘이 온통 푸른 생명력으로 넘쳤다. 지금 나한테 외출하는 이유는 중요하지 않았다. 푸르른 산하를 눈이 부시도록 바라보다가도, 택시가 흔들거릴 때마다 아픔을 토해 냈다. 아무도 따라오지 말라고 통사정하는 내 말을 무시하고 숙모가 동행했다. 꼬부라진 몸을 안겨 다니는 처참한 행색을 아무한테도 보이고 싶지 않았다.

법원에 도착하니 그 앞에 서 있는 사람들이 시야에 들어왔다. 시누이와 남편과 내 아이였다. 아이를 보는 순간 가슴이 울컥했다. 택시를 돌려 집으로 돌아가고 싶은 충동이 거세게 일어났다. 이혼해 주면 내가 할 일은 다 마쳤다고 안도하던 마음에 찬물을 끼얹었다. 아무리 끊어 내려고 해도 끊어 낼 수 없는 내 피붙이가 저기 버티고 서 있었다. 나는 이혼에 혼선이 생길 것 같아서 끝까지 아이를 쳐다보지 않았다. 그런 내 눈치를 챈 시누이가 아이를 데리고 자리를 비켰다. 시동생이 나를 안고 움직일 때마다 몸이 출렁거리는 충격으로 관절마다 통증이 심했고, 팔로 조이는 부위가 너무나 아파서 신음했다. 그런데도 죽기 전에 마쳐야 하는 절차라고 생각하면서 참고 또 참아냈다.

남편하고 이제는 남남이라는 서류 절차를 다 마치고 법원 건물 밖으로 나오니, 봄비가 부슬부슬 내렸다. 나는 시동생의 손에 오랫동안 안겨 있었기 때문에 팔이 닿는 부위가 너무나 아파서, 일단 땅바닥에라도 내려놓으라고 사정했다. 딱딱한 시멘트 바닥이 엉덩이 욕창을 짓눌렀다. 난데없이 온몸으로 추위가 몰려들어 떨리기 시작했다. 2년 가까이 아랫목에 누워 있던 몸이다. 인생살이에서 필요한 요식행위 따위는 아무것도 필요 없는 내가, 법원 경내의 시멘트 바닥에 앉아서 떨고 있었다. 빨리 돌아가서 아랫목에 포근히 눕고 싶었다. 안절부절못하던 시동생이 나를 안아다가 나무 의자에 올려놓았다. 나는 무릎에 얼굴을 대고 흐느꼈다. 건강한 전 남편과 그 집 사람들 앞에서 너무나 비참한 모습이어서 울었다. 나를 물끄러미 바라보던 남편이 봉투를 내밀었다. 내 옆에 서 있던 숙모가 덥석 받아들었다.

"결혼예물 반지도 주세요!"

"그건 팔았어. 당신 병원비 보태느라고. 당신이 나한테 해 준 내 반지하고 시계는 여기 가지고 왔어. 자, 받아!"

전 남편은 내가 남편에게 결혼예물로 준 반지와 시계를 내 앞에 내밀었다. 순간 내 모습이 혹독하도록 비참해져서 견딜 수 없었다.

"내 반지를 주인도 모르게 팔아요? 작은어머니! 저 시계하고 반지를 받아서 저기 하수구에 집어넣으세요!"

전 남편과 숙모가 심히 당황했다.

"저걸 왜 하수구에 넣어? 저거라도 받아 가야지!"

"머리로 계산밖에 할 줄 모르는 이 사람들하고는 더 이상 말하고 싶지 않아요. 빨리 받아서 하수구에 넣으세요!"

이혼한 남편이 당황하더니 내가 결혼예물로 준 시계와 반지를 주머니에 도로 넣었다. 울음이 쏟아졌다. 끝까지 따뜻한 가슴을 외면하는 저들을 생각하면서 울었다. 마지막까지 결혼예물로 받은 내 시계와 반지는, 잘 챙겨서 돌려줄지도 모른다는 희망이 있었다. 내 인생에 결혼이라는 소중한 인연이 있었고, 그 귀중한 전환기에 반지라는 소중한 선물이 있었다는 걸 기억하도록 결혼선물을 챙겨 주리라 생각했다.

그때 어디에 갔다 오는지 시동생이 급하게 달려왔다. 그리고 무슨 종이를 나에게 내밀면서 도장을 찍어 달라고 했다. 읽어 보니 약값으로 준 돈 얼마를 받았다는 영수증서였다. 내가 이혼한 남편을 쳐다보았다.

"병든 아내에게 약값을 주고도 영수증을 받나요?"

"……."

"작은어머니! 그 봉투 다시 돌려주세요!"

그러자 숙모가 또 당황했다.

"어서 돌려주세요!"

숙모가 망설였다. 내가 다시 물었다.

"이 영수증은 누가 필요한가요? 당신이 필요한가요? 아니면 법원에서 필요한가요?"

그러자 옆에 서 있던 그의 동생이 다급하게 대답했다.

"예, 법원에서…."

이들은 통증에 시달리는 비참한 몸을 안겨 다니면서, 아무 조건도 없이 이혼해 주는 나를 이해할 수가 없었다. 그건 나도, 그런 결정을 내린 나를 이해하기 어렵지만, 사실 누구라도 이해하기 어려웠다. 이후에 저간 사정을 알게 된 큰어머니를, 네가 똑똑한 줄 알았더니 바보 멍텅구리였다고 길길이 화를 돋우게 만들었던 문제이기도 했다. 병들어 죽게 생겼으면, 눈 딱 감고 아랫목에 가만히 누워 있기만 하면 될 일인데, 무슨 지극정성이 뻗쳤다고 꼬부라진 몸을 안고 나대면서까지, 그 집 좋은 일 시키려는 이유가 도대체 뭐냐고 종주먹을 들이대며 불같이 화를 내던 문제였다. 더군다나 건강한 몸으로 시집가서 병들었는데, 약값 몇 푼 받고 덥석 이혼해 주는 멍청이가, 세상천지에 어디 있는지 알아보라고 분개하면서, 당장 그 집을 찾아가서 기둥을 뽑아내서라도 위자료를 받아 올 테니까, 그 집 주소를 내놓으라고, 온 집을 벌집 쑤시듯이 들쑤셔 놓을 정도로, 큰어머니가 억울해하고 분노했던 문제였다.

이 문제만큼은 호락호락 양보할 수 없는 문제로서, 누가 생각해도 내 처신에 어떤 문제가 생겼다고 생각했을 정도였다. 그래서 내가 제정신이 돌아오면 차후에, 약값 조금 받고 이혼해 준 것에 대해 가슴 치며 후회할 때가 올 것이고, 그때를 대비해서 영수증이 필요하다고 생각했을 것이 분명했다.

"그럼 저를 안고 다시 법원으로 올라가세요. 확인하고 찍어 줄게요."

그러나 이 문제는 법원과 전혀 상관없는 일이었다. 전남편이 주는 약값을 주지 않아도 법원과는 아무 상관이 없었다. 판사 앞에서 이혼을 합의했기 때문이다. 그때까지도 약값을 받지 않았다. 그제야 남편이 영수증을 박박 찢어 버렸다. 비로소 내가 말했다.

"나한테 약값을 주었다는 영수증이 필요하면 언제든지 찾아오세요. 금액이 얼마이든 요구하는 대로 내가 받았다는 영수증에 도장을 찍어 줄게요! 잊지 마세요!"

"……."

이제는 다 끝났으니 아랫목에 누우러 가야 한다. 그리고 혼자 죽음과 싸워서 이겨야 한다. 2년여 만에 나와 보는 바깥세상이니, 법원의 처마 밑이라도 혼자만의 시간을 가지고 싶어서 미칠 것만 같다. 가당치도 않게 꼬부라진 몸을 혼자 있게 해 달라고 애원해 보았다. 그러자 이혼한 남편과 숙모가 펄쩍 뛰었다. 이혼한 남편이 어깨를 감싸면서 말했다.

"빨리 집으로 가야지! 내가 데려다줄 테니, 어서 집으로 가자고!"

택시가 왔다. 꼬부라진 몸을 안아다가 택시에 실었다. 그리고 택시 문을 닫아 주면서 이혼한 남편이 말했다.

"꼭 병을 고쳐!"

비로소 내가 웃음을 보였다.

"그러지요! 나중에 길에서 만나면 따끈한 커피나 한잔 사 주세요!"

택시는 미끄러지듯이 법원 문을 빠져나왔다.

아버지는 좀 더 긴 시간 동안 울분을 추스르지 못하고 고통스러워했다. 죽어 가는 딸을 버린 사위에 대한 분한 감정 때문만은 아니었다. 건강했던 딸이 하루아침에 병들어서 죽어 가는 것이 너무나 분하고 억울했다.

"방문 열어! 복장이 터지고 열이 나서 못 살겠다고!"

아버지는 울화통이 터진다고 감정을 폭발할 때가 많았다. 그런 아버지의 절망과 고통을 곁에서 지켜보면서, 내 상처와 아픔은 챙길 겨를이 없었다. 아버지도 두통약을 복용하는 횟수가 자꾸만 늘어났다.

"할 수 없지! 내 자식이 병들어서 그러니, 버림받았어도 어쩔 수 없는 노릇이지!"

아버지는 건강했던 딸이 시집갔다가 병들어서, 남편과 가족들로부터 버림받은 걸 현실로 받아들이기까지는 많은 시간이 걸렸다. 나도 수많은 날을 불면의 밤으로 보내야만 했다.

어찌할꼬, 꼬부라지는 내 다리

 이제는 꼬부라져서 죽어 가는 몸만 덩그러니 남게 되었다. 날마다 간절히 기다리던 내 가족이, 나는 가족이 아니라는 서류에 도장을 찍고 떠나 버렸다. 내 곁에는 죽음의 저승사자만 기웃거리며 호시탐탐 목숨을 낚아챌 기회만 엿보고 있었다. 계모의 손에서 길러질 아이에게 닥칠, 온갖 불행한 상상들이 날마다 나를 괴롭혔다. 계모한테 혼나고 쫓겨나서 남의 집 처마 밑에 쭈그리고 앉아서 울고 있는 아이가 떠올랐다. 밖에서 아이 우는 소리만 들려도 가슴이 철렁 내려앉았다.

 내 손으로 기르지 못하는 아이 때문에, 불길한 상상력으로 시달리지 않는 날이 없었다. 눈만 뜨면 아이에 대한 번민으로 마음이 편안한 날이 없었다. 그날도 피가 마르도록 아이 걱정에 시달리고 있을 때였다. 부드러운 음성으로 말하는 남자의 말소리가 들렸다. 시간은 정오 어간쯤으로 기억된다. 항아리 속에서 울리듯이 나오는 소리처럼, 에코가 약간 들어 있는 듯한 부드럽고 따뜻하게 느껴지는 남자의 말소리가 왼쪽 천장 모서리 쪽에서 들려왔다.

 "내버려두거라~"

 깜짝 놀라서 감고 있던 눈을 번쩍 떴다. 그리고 말소리가 들리던 천장 모서리 쪽을 쳐다보았다. 아무런 변화도 없었다. 하루에도 수천 번, 수만 번도 더 쳐다보는 천장 모서리였다. 나는 안마당에서 인기척 소리가 들리는지 확인하려고 귀를 쫑긋 세웠다. 바람에 스치는 가랑잎 소리조차도 들리지 않고 조용하기만 했다. 비로소 사람들의 목소리하고는 느낌이 달랐지만 분명하게 내 귀로 들리던 음성이었다. 매우 부드럽고 따뜻하게 들리면서도 어떤 위엄이 느껴지는 목소리였다. 그 목소리의 주인은 지금까지 나를 지켜보면서, 어떤 문제로 번뇌하는지를 너무나 잘 아는 초월적 존재인 신(神)처럼 생각되었다.

그렇다면 무엇을 '내버려두라'는 것인지를 곰곰이 생각하지 않을 수 없었다. 그때까지 마음으로 번민했던 문제는, 전남편과 그의 가족들에 대한 깊은 상처와 그런 가족들과 함께 성장할 아이의 안전에 대한 문제였다. 그렇다면 '내버려둬야' 할 주체가 내가 번민하던 '그들과 아이'라는 생각에 미쳤다. 나는 목소리의 신원은 전혀 알 수 없었으나, 내 마음을 꿰뚫어 보는 초월적인 신일지도 모른다고 생각했다.

음성의 주인공은 전혀 알지 못하지만, 듬직한 무게감과 권위가 느껴지는 목소리로 '내버려두라'는 음성대로, 내버려두기로 결심하는 순간, 마음에 깊은 평화가 찾아왔다. 이런 신비한 경험은 난생처음이었고, 쉽게 잊을 수 없는 목소리였기에 마음 깊이 간직하게 되었다.

아버지는 점점 새우처럼 꼬부라지는 관절들을 쳐다보면서 염려와 근심으로 안절부절못했다. 동네 사람들의 걱정하는 여론도 거세게 일어났다. 저대로 사지가 꼬부라들게 내버려두었다간 앉은뱅이 신세를 면하지 못한다는 게 중론이었다. 지극히 탁월하고 지당한 중론임에는 분명했다. 문제는 앉은뱅이 신세를 면하지 못한다는 걸 몰라서 꼬부리는 게 아니라는 점이다. 문제는 이것뿐만이 아니었다. 턱관절도 밥숟가락이 들어갈 틈새만큼도 벌어지지 않았다. 관절마다 상태가 이 지경으로 틀어지고 꼬부라지고 변형된 채로 굳어 가기 시작했다. 겨드랑의 악취가 아무리 심해도 어깨를 벌려서 씻는다는 건 불가능했다. 모든 힘줄과 근육들이 오그라들면서 왼쪽 손가락도 옆으로 틀어져서 굳기 시작했다. 주먹을 쥔 손을 조금만 펴 보려고 해도, 손바닥 관절이 잘려 나가는 듯한 통증이 발생했다. 그러니 손가락을 쫙 펴서 씻을 엄두조차 내지 못하고 항상 주먹을 꼭 쥐기만 했다. 고개는 앞으로 수그러들면서 굳어 가기 시작했다. 상체를 일으키는 것도 옛날 옛적 원시적 일이 되었고, 어머니가 두 손으로 등짝을 떠받들어서 일으키고 눕혀 주는데도 비명만 질러 댈 뿐이었다. 아랫목에서 윗목으로 몸을 이동한다는 것도 불가능했다. 오로지 잠자리에서 상체를 일으켜 주면 일어나고 눕혀 주면 누워 있는 게 내가 활동하는 전부였다. 이런 최악의 건강 상태인데도 아버지는 앉은뱅이가 되는 것만은 막아 보려고 몸부림쳤다.

"운동하자!"

아버지는 앉은뱅이가 되는 걸 막을 수 있는 유일한 수단이 운동이라고 믿었다. 또한 아버지의 절망감을 풀어주는 돌파구도 운동이라고 생각했다. 아버지는 필사적으로 운동이라는 수단에 매달렸다. 수많은 지체 중에서 아버지가 유독 운동의 표적을 삼은 곳은, 오그라붙어서 조금도 펴지지 않는 다리였다. 오그라진 다리만큼은 어떤 수단과 방법을 써서라도 쭉 펴 놓아야 한다고 작심했다.

밖에서 일을 마치고 돌아온 아버지는, 내 방에 들어서자마자 내가 덮고 있는 이불부터 걷어치웠다. 그리고 꼬부라져 오금이 붙은 다리를 붙잡고 실랑이를 벌이기 시작했다.

"운동하자!"

아버지는 내 방에 들어오기만 하면 첫마디가 이러했다. 사실 나한테 '운동'처럼 가당찮은 말도 없었다. 운동은 몸을 건강하게 만들려고 유산소운동이나 스트레칭으로 전신을 활발하게 움직이는 것인데, 아버지가 말하는 운동은 운동이 아니라 일종의 분풀이 고문에 다름 아니었다. 그렇다고 해서 아버지가 말하는 운동을 다르게 부를 만한 적절한 호칭도 없었다. 나는 손가락 한 개도 자유롭게 사용하지 못한다. 운동은 고사하고 다른 사람이 내 몸의 어느 부위든지 손을 대기만 해도 비명을 질러 대는 상황이었다. 류머티스 관절염은 힘줄과 근육이 오그라지는 병이면서 전신이 통증에 시달리는 교원성 질환이다. 결론적으로 내 말은, 이건 운동이 아니라 사람 잡는 행위라는 말이다.

아버지에게 운동의 당사자인 내 의견은 전혀 고려할 사항이 아니었다. 방에 들어오면 운동할 형편인지 어떤지를 물어볼 필요도 없이, 덮은 이불을 걷어 내고 오그라져 붙어 버린 무릎과 다리를 천천히 주무르기 시작했다. 그리고 조금씩, 아주 조금씩 발목을 쥐고 잡아당겼다. 아마도 1㎜ 정도 오금이 벌어지기라도 했는지 어쨌는지는 알 수 없었으나, 뼈를 강제로 부러뜨리는 듯한 어마어마한 통증이 무릎을 강타했다. 순간 통증을 견디지 못해서 가슴이 위로 뜨면서 얼굴이 백지장처럼 하얗게 변색했다.

"참아야 한다! 죽는 셈치고 참아내야 한다! 그렇지 않으면 앉은뱅이가 되고 만다!"

참아야 하는 이유를 설명하는 아버지의 말은 내 귀에 전혀 들리지 않았다. 물론 나도 참아 보자는 생각이 작동하지 않은 건 아니다. 이렇게 꼬부라지는 다리를 잡아당겨서라도 쭉 펴 놓아서 다시 걷게 해야 한다는 아버지의 처절한 몸부림이라는 것도 잘 안다. 하지만 어마어마한 통증을 유발하는 질병의 악랄한 놈과 상대하려는 착하디착한 운동은, 쌈박질의 맞상대로 덤벼들 저격수가 되지 못했다. 산 사람으로서 운동으로 맞상대하는 질병의 공격은 참을 수 있는 임계점을 훨씬 넘어섰기 때문이다. 내 비명에도 아랑곳하지 않는 아버지는 까무러치기 직전까지 가서야, 붙잡고 다리를 잡아당기던 손을 발목에서 떼었다. 그리고 절망과 탄식이 뒤엉킨 깊은 한숨을 뿜어냈다.

세상에 이 정도의 통증도 가능할까! 가혹한 신체 고문을 견디지 못하고 거짓을 자백했다는 얘기도, 가혹한 신체 고문을 당하다가 정신이 돌아 버렸다는 얘기도, 지금 내가 겪는 고통 수준의 고문이라면, 나도 거짓 자백만이 아니라 그보다 더한 거짓말 자백이라도 했을 것이고, 잔혹한 신체적 고통을 피하는 길이 죽음이라면 죽음조차도 선택했을 것이 분명했다. 그런데 이런 고통을 날이면 날마다 견뎌 내야 한다면, 꼬부라진 앉은뱅이가 되는 것쯤이랴!

이렇게 오그라드는 다리를 오그라들지 못하도록 강제로 잡아당기는 운동을 1년 가까이 지속했다. 점점 더 오그라들고 꼬부라뜨리는 질병의 잔인무도한 기세를 꺾는다는 건, 건강한 다리라도 이 정도의 무자비한 공격을 받으면 그대로 주저앉을 판국이었다. 류머티스 관절염이 무서운 기세로 날뛰면서 공격을 퍼붓는데, 운동으로 맞대응한다는 건 돌멩이로 대포를 공격하려는 꼴이었다. 그러니까 근본적인 문제는 오그라드는 다리가 아니라, 오그라들게 만드는 류머티스 관절염이었다. 이놈이 온몸을 들쑤시고 다니면서 미치광이처럼 날뛰는 수작이, 분명 악마의 짓거리가 아니고 무엇이랴! 그럴지라도 미친놈을 쫓아낼 수단이 없었다. 그놈과 이별하려면 죽는 길밖에 다른 길이 없었다!

운동! 그것은 미친 듯이 날뛰는 악마의 수작을 우두커니 앉아서 당할 수 없었기에, 헛손질이라도 해 보려고 매달린 위안 같은 거였을 것이다. 내게도, 아버지에게도, 운동에 매달리는 동안에는, 적어도 운동하면 오그라들던 다리가 쪼끔이라도 펴질 수 있을까 하는 실낱같은 희망의 끈이라도 잡고 있었으니 말이다. 오그라드는 다리를 손으로 붙잡고 오그라들지 못하게 잡아당기는 저항운동은, 앉은뱅이에 맞서서, 죽어도 앉은뱅이까지는 내줄 수 없다는 마지막 저지선과 같았다.

"이를 악물어 가면서도 참아내자!"

아버지에게 운동은 더 이상 물러설 곳이 없는 최후의 보루였다. 아버지의 이런 집념은 조금도 지치지 않았다. 그런데 내 비명이 점점 더 커지니까 어머니의 태도가 돌변했다.

"쓸데없이 생사람 잡어유!"

"이대로 앉은뱅이 되는 꼴을 가만히 지켜보기만 하자는 얘기여, 뭐여! 오그라붙은 다리는 무슨 수를 써서라도 펴 놓아야 한다고! 앉은뱅이가 되는 꼴은 죽어도 못 봐!"

"꼬부라진 다리를 무조건 잡아당긴다고 펴지면 나도 안 말려유! 다리를 손으로 잡아당기면 당길수록 다리가 더 오그라지니께 그렇쥬! 아픈 것도 어지간해야 운동도 한다고 허쥬!"

"그럼, 애 고생시키려고 그런다는 거여, 뭐여?"

"애만 고생시키고 병이 더 악화만 되니께 그렇쥬!"

"혼자 애 위하는 척하지 말어! 나는 앉은뱅이 되는 꼴은 못 봐! 내 속도 모르고 미치고 환장할 노릇이네!"

언제부터인지 운동을 그만두라는 어머니의 저항도 물러서지 않고 계속
되었다. 어느 쪽이 틀리고 어느 쪽이 맞는 게 아니었다. 두 분 다 틀린 말
이 아니었다. 그래서 아버지는 운동을 지속해야만 했고, 그래서 어머니는
운동을 중단시켜야만 했다. 이런 대립이 운동할 때마다 벌어졌다. 아버
지는 이를 악물고라도 참아야 한다고 했지만, 어머니는 병만 더 악화하는
미련한 짓이니 그만 중단하라고 했다.

두 분이 대립하는 과정에서 아버지는 내가 당신 편에 서 줄 거라고 확신
했다. 물론 내가 아버지 편에 섰기에 일 년 가까이 운동을 지속할 수 있었
다. 하지만 운동이 거듭되면서 꼬부라진 다리를 건드리면 건드릴수록 통
증이 발악하면서 점점 더 오그라붙어서 조금도 다리를 펼 수가 없었다.
이것이 다툼의 원인이었다.

나도 어머니처럼 운동에 대하여 회의적인 생각이 들기 시작했다. 그때
비로소 생사람만 잡는 이런 운동이 꼬부라진 다리가 펴질 수 있다는 근거
나 보장이 없다는 걸 생각하게 되었다. 결국 운동에 매달린 것도, 고문당
하는 고통처럼 고통이 심한 방식이긴 해도, 세상에서 치료 약이 없는 불
치병 환자가 겪지 않을 수 없는, 일종의 맨몸으로 질병을 향해 머리를 들
이받고 대드는 저항이었다는 걸 깨달았다.

아버지는 오그라져서 오금이 붙어 버린 내 다리를 생각하면 자다가도
벌떡벌떡 일어났다. 그리고 내 방으로 와서 꼬부라진 다리를 펴야지 한가
하게 잠이나 자고 있을 때가 아니라고 하면서 나를 깨웠다. 전신을 휘젓
고 다니는 통증에 시달리느라 하루의 수면시간이 고작 두세 시간 정도에
불과했다. 그런 고통 속에서 잠깐 잠이 들었는가 싶으면, 아버지가 전등
스위치를 활짝 올리고 내 이불을 걷어 냈다.

"잠잘 새 없다. 운동하자!"

밤새 뻣뻣하게 굳어 버린 관절들을 제대로 움직이지도 못하는 나한테 운동하자고 말했다.

"지금이 몇 시인데요?"

"몇 시가 무슨 상관이냐?"

벽시계 바늘이 새벽 두 시를 가리켰다.

"금방 잠들었어요!"

"잠잘 새가 없다! 이렇게 잠만 자다가는 꼬부라져서 앉은뱅이가 된다! 잠은 못 자더라도 오그라드는 다리는 펴야 한다!"

아버지한테 꼬부라진 내 다리는 한(限) 맺힌 물건 짝이었다.

"아무리 운동해도 아무것도 달라지지 않았어요! 이런 식의 운동이 도움이 되는지 의사한테 물어는 보셨어요?"

"의사한테 물어볼 게 뭐 있어! 꼬부라진 다리는 무조건 펴야 한다!"

"펼 수가 없는 걸 펴자고 하니까 그렇죠!"

"누가 뭐라고 하든 말든 꼬부라진 다리는 무조건 펴야 한다!"

차라리 감각이 없는 다리라면 부러뜨려서라도 쫙 펴 놓고 싶었다. 아버지는 내 말을 묵살하고 발목을 잡고 오그라진 다리를 잡아당기기 시작했다. 밤만 되면 더 심하게 뻣뻣해지는 무릎이 잘려져 나가는 것 같았다. 형틀에 매달고 다리를 꺾는 고문이 이 정도 고통일까? 내 비명에 잠이 들었던 어머니가 급하게 넘어와서 아버지를 원망했다.

"자다 말고 한밤중에 이게 무슨 일이래유!"

"얘가 앉은뱅이 되는데 잠이 와! 잠이 오냐고!"

"잠이 안 오면 안 오는 거지, 아픈 다리를 가지고 난리를 부려유!"

"뭐여! 내가 난리를 부린다고! 그럼 얘는 앉은뱅이가 되어 가고 있는데 잠만 퍼질러 자란 말여? 잠이 와! 잠이 오느냐고!"

"운동해서 다리가 펴지면 말을 안 해유! 날마다 생사람만 잡으니께 그렇지!"

"내가 얘 고생시키려고 이려? 누가 자식을 위하는 짓인지 한번 잘 생각해 봐!"

잠을 자지 못할 정도로 미치고 환장할 것 같은 마음을 알아주지 않는 것이 더 화가 치밀어오른 아버지는 방문을 박차고 나갔다. 어떻게 해도 앉은뱅이를 피할 수 있는 길이 보이지 않았다. 그래서 아버지도 잠을 이루지 못했고, 운동이라는 고문 행위에 매달리지 않을 수 없었다. 이제는 운동에 매달리는 아버지의 편이 되어 날이면 날마다 통증에 시달리는 것도 견디기 어려웠다. 오그라드는 다리는 점점 더 심하게 오그라붙었다. 이쯤에서 조용히 끝장내야만 할 것 같았다.

"차라리 내 다리를 도끼로 잘라 버려요! 그래야 나도 살 것만 같아요! 도무지 날이면 날마다 이대로는 살 수가 없어요!"

결국에는 내가 운동을 강하게 거부하면서 끝장나고 말았다. 운동은 아버지에게도 절망을 돌파하려는 모종의, 분하고 원통한 감정을 견뎌 내려는 자기와의 싸움이었을 것이다. 하루아침에 앉은뱅이로 추락하는 자식을 쳐다보면서도, 부모로서도, 꼬부라지는 다리 하나도 펴 주지 못하는, 이 세상의 무능한 과학이나 의학 수준을 쳐다보아도, 도무지 오그라드는 다리를 막아낼 방법이 보이지 않았으니, 멀뚱멀뚱 지켜보기만 한다는 게 환장하고 미칠 노릇이었을 것이다. 내가 운동에 대하여 포기선언을 했어도, 아버지는 앉은뱅이를 벗어날 희망의 끈을 놓지 못한 채로 절망의 터널을 벗어나려고 무진장 애를 썼다.

　어찌 되었거나 전신이 새우처럼 꼬부라져 가는 걸 멀뚱멀뚱 지켜보기만 해야 하는 건 너무나 잔인하고 고통스러운 일이었다. 관절마다 꼬부라져서 굳어 가는 여러 가지 증상들이 나타났다. 작은 관절마다 활낭(뼈와 인대로부터 힘줄을 보호하는 작은 체액으로 채워진 주머니) 안에 들어 있는 액체가 밖으로 비어져 나와서 툭 불거진 형태로 변형되기 시작했다. 그리고 큰 관절들은 물렁뼈들이 손상되고, 관절마다 극심한 통증이 난동을 부리는 바람에 조금의 움직임도 불가능했다. 나는 전신을 동그랗게 꼬부리고 움츠린 자세로 점점 굳어 가기 시작했다. 이 세상의 양의학도 한의학도 민간요법의 모든 물리적 수단을 다 동원했어도, 심지어 귀신의 짓이라는 무속인을 데려다가 귀신까지 쫓았지만, 악랄하게 날뛰는 악마의 짓거리를 억누르고 제압하지 못했다.

내가 누구인가?

　세월은 쉬지 않고 흘렀다. 밤새 통증에 시달리느라 이리저리 뒤척거리다 보니 문살이 희붐해진다. 밤새 감고만 있던 눈을 뜬다. 한쪽 구석에 놓인 할머니의 낡은 옷궤가 흐릿하게 보인다. 이부자리와 한 덩어리가 되어 누워 있는 나도 좁아터진 방에서 반쪽을 차지한 폐물이 된 낡은 물건이었다. 객이 들어와서 주인 행세하는 할머니 방의 지루하디지루한 풍경은 수년 동안 변한 적이 없었다. 다시 눈을 감는다. 좁은 공간이 닫히면서 드넓은 세상이 열린다. 산하의 싱그러운 풍경들이 병풍처럼 펼쳐진다. 옥색 물빛이 잔잔한 호수도 보인다. 하늘에 구슬처럼 박혀 있는 수많은 별이 보인다. 인파로 출렁거리는 도시의 화려한 불빛이 난무하는 거리도 보인다. 차도를 무섭게 질주하는 자동차들이 보인다. 광활한 바다도 보인다. 친구와 마주 보고 앉아서 바라보기만 해도 행복했던 찻집이 보인다.
　심장이 거칠게 방망이질을 시작한다. 눈을 떠야 한다. 그리고 현실을 직시해야 한다! 인생은 꿈꾸는 몽상이 아니다. 급하게 눈을 뜬다. 어둠이 걷히면서 빛바랜 벽지의 꽃무늬가 보인다. 이곳은 내가 사는 최대의 공간이다. 나한테는 이 공간도 넓디넓다! 이렇게 좁은 방에서 내가 하는 일은, 눈을 감고 눈을 뜨는 것이다. 그리고 환상의 나래만 무한정 펼치는 것이다. 그리고 날마다 자폐증적인 질문만 거듭하는 것이다. 이렇게 사는 게 내 운명이었나? 이런 고통을 감당할 만한 사람이 나밖에 없었나? 물어보고 또 물어봐도 비통한 삶의 주인공은, 다른 사람이 아니라 언제나 나였다.

새벽부터 방문이 활짝 열렸다. 어머니는 머리까지 이불을 덮어씌우더니, 내가 배설한 배설물을 치워 가지고 방을 나갔다. 아무리 양쪽 방문을 활짝 열어젖혀도 배설물의 지독한 냄새는 어지간해서 빠지지 않는다. 한겨울의 찬 공기가 방을 이리저리 휘젓고 다니다가 두꺼운 내 이불 속까지 파고든다. 방문을 빨리 닫아 달라고 말하고 싶다. 한겨울에 방 안으로 밀려드는 찬바람의 기운은 이불 속에서도 여지없이 덜덜 떨린다. 방문을 닫아야 한다고 생각한 어머니가 방 안 구석구석에 밴 냄새를 희석하려고 여기저기 향수를 뿌린다. 어머니는 구저분한 냄새를 제거하는 일에 전문가가 되었다. 이런 내 병시중을 들면서도 눈살 한 번 찌푸린 적이 없다.

"아유, 냄새야! 고모는 화장실도 못 가? 나는 화장실에 가서 똥을 누는데! 고모는 방에서 똥을 누어? 그러니까 냄새가 나는 거야! 아유, 냄새야! 고모도 일어나서 화장실에 가서 똥을 눠야지!"

방문이 활짝 열린 방으로 어린 조카들이 쪼르르 몰려오면 상황은 훨씬 더 복잡해진다. 이불을 뒤집어쓰고 누워만 있는 나한테 어린 조카들은 고모도 화장실에 가서 똥을 누라고 훈계가 시작되기 때문이다.

"그런데 고모! 어저께는 애도 자다가 똥을 싸서 엄마한테 맞았다! 방에서 똥을 싸면 안 되는 거지? 그치?"

세 살배기 조카딸이 한 살짜리 제 동생을 가리키면서 어저께 똥을 싸서 맞았다고 험담을 늘어놓았다. 나는 이불 속에서 어린 조카딸에게 네 말이 맞는다고 머리를 주억거렸다. 안마당에 매인 강아지도 대변이 보고 싶을 때는 낑낑거리다가 달려가서 으슥한 곳에서 문제를 해결했다. 고양이도 똥이 마려우면 수풀이 우거진 곳에서 볼일을 보고도 반드시 보이지 않도록 흙으로 덮었다. 심지어 처마 밑에 둥지를 만드는 제비조차도 새끼의 대변을 입으로 물어다가 밖에 버린다. 짐승들도 대변만은 분명하고 깔끔하게 처리하는데, 하물며 사람인 내가 방에서 먹고 싸는 건, 내가 겪는 극심한 통증보다도 나를 더 견디기 힘들게 한다.

세월이 흐르면서 관절들은 혐오스럽게 변해 갔다. 설령 천운이 따라와서 병이 고쳐진다고 해도, 정상적인 활동이 어렵다고 판단한 가족들은 날이면 날마다 걱정과 탄식뿐이었다.

엉겹결에 죽음의 문턱을 넘나들다가, 그야말로 얼떨결에 이생으로 다시 살아서 돌아왔으나, 이제는 내가 그놈의 주변을 기웃거리기 시작했다. 내 안에서 자조적인 질문이, 내 생각을 붙잡고 늘어졌다. 과연 몸을 웅크리고 누워서 옴짝달싹 못 한 채로 살아갈 수 있을까? 사지를 완전히 꼬부리고 이부자리에 붙어서 살면서, 재기는 무슨 빌어먹을 놈의 재기란 말인가? 손가락 마디 하나 사용하는 것까지도 어머니가 돕지 않으면 살아갈 수 없는데, 이대로 공동묘지의 뗏장으로 덮어 버리는 게, 차라리 홀가분하지 않을까?

꼬부라진 몸을 다시 일으켜서 걷게 되는 의미로서의 재기! 그게 가능할까? 관절마다 뒤틀어지고, 꼬부라져서 굳어 가는데, 무슨 수로 다시 일어나서 걷는다는 말인가! 이제는 류머티스 관절염이 찰떡처럼 붙어 버려서 헤어지려고 해도 헤어질 수 없이 다 꼬부라져 버렸는데, 이대로 패대기쳐 버리는 게 맞는 거 아닌가?

죽음과 대치했을 때 두려움으로 벌벌 떨었지만, 이제는 어쩔 수 없이 백기를 들어야 할 것 같다. 그러자 밤낮을 가리지 않고 죽음은 내 생각을 쥐고 흔들었다. 구체적으로 죽는 방법을 생각했고, 죽는 시점을 생각했다. 그럼에도 불구하고 여전히 살고 있었다. 왜 주춤거리는 것일까! 무엇 때문에 주춤거리는 것일까!

그렇다고 해서 죽고 싶다고 입으로 발설한 적은 없다. 왜냐하면 죽고 싶지 않기 때문이다. 젊은 나이에 죽고 싶다고 한다면, 우울증 질환자이거나 아니면 거짓말하는 것이다. 나는 이렇게 사는 것도 싫었지만, 이렇게 죽어야 하는 것도 싫었다. 그렇지만 이놈과 헤어지는 방법은 내 육신과 이별하는 방법 외에 다른 길이 없다.

이유가 무엇이든 이런 삶을 지속하기는 불가능하다. 그렇더라도 단 한 번도 죽고 싶다는 푸념조차도 말해 본 적은 없다. 앞으로도 내 입에서 죽는다는 말을 들을 수는 없을 것이다. 죽는 건 말로 하는 것이 아니다. 나는 죽지 않을 수 없는 이유를, 죽어야 할 당사자인 나를 설득하기 시작했다. 나는 매우 논리적인 사람이다. 그래서 철저하도록 죽음의 타당성을 만들기 시작했다. 결론은 이렇게는 살 수 없다는 것이다. 나에게 벌인 논리는 바로 이런 것이었다.

누구에게나 인생살이는 고달픈 것이다. 이런 고달픔은 유독 나만의 것은 아니었다. 그러니까 아무리 참혹한 삶이라도 헤쳐 가며 사는 사람이 자기에게 주어진 삶의 책임을 다했다고 말할 수 있을 터였다. 작은 고통만 만나도 좌절하는 사람은, 인생을 깊이 있게 사는 사람이라고 말할 수 없을 것이다. 그래서 어떤 시인은 '눈물 젖은 빵을 먹어 보지 않은 자와는 인생을 논하지 말라'고 말했다! 삶의 깊은 속성은 고난이다. 그러므로 어려운 고난 속에서 비로소 인생의 깊은 속성을 만나게 된다. 잠시 만난 고난 속에서 죽음을 운운한다면 인생을 얕잡아 본 것이리라. 인생살이는 결단코 호락호락하지 않다. 이런 호락호락하지 않은 인생살이를, 대개는 취미생활 하듯이 가볍게 생각하면서 살지만 말이다!

　그래서 죽음에 대한 심도 있는 이유를 말하려는 것이다. 죽지 않을 수 없는 이유 말이다. 온몸을 휘젓고 다니면서 발광하는 통증 때문만이 아니다. 박살 난 내 가정에 대한 서러움과 그리움 때문만도 아니다. 단 몇 시간도 어머니가 도와주지 않으면 살아갈 수 없는 꼬부라진 몸이 그 이유이다. 이런 삶을 지속하는 일은 나도 동의할 수 없지만, 누구라도 이렇게 사는 삶에 대해서 긍정하기 어려울 거라고 확신했다. 한순간도 도움받지 않으면 살아갈 수 없는 꼬부라진 육체와 이별하는 게 나와 내 부모를 사랑하는 길이라고 생각했다. 또한 자연스럽게 도태되는 자연 질서라고 생각했다. 이런 이유는 나를 담담하게 만들었다. 이처럼 죽음은 충동이 아니라 또렷한 이성적인 결론이어야 한다고 생각했다.

　그런데 죽기 전에 꼭 밝혀야 할 문제가 있었다. 이 문제는 죽음이 심장을 옥죌 때도, 목숨 줄을 틀어쥐고 협박할 때도, 끝까지 죽음에 항복할 수 없었던 이유이기도 했다. 누가 나를 이 땅에 존재하도록 했을까? 그를 만나기 전에는 죽을 수 없었다. 나는 그가 누구인지 전혀 알지 못하지만, 그를 만나서 반드시 사람이 이 땅에 존재하는 존재 이유를 물어야 한다고 생각했다. 사람들을 이 땅에 살게 한 이유가 무엇이며, 설령 그렇게 살도록 했으면 평화롭게 잘 살게 하든가, 일평생 눈물과 고생뿐인 이런 삶을 살도록 한 이유가 무엇인지! 이런 생존조차도 지지리 고생하다가 제 수명대로 살지도 못하다가 죽으면 지지리 못 타고난 이런 삶이 끝나는 것인지, 또 다른 삶이 기다리는 것인지! 그에 대한 대답을 듣기 전에는 결단코 죽을 수 없다는 게 금방 죽을 수 없는 이유였다. 그가 누구이든 나는 그를 만나기 전에는 죽을 수 없다고 생각했다. 그를 만나서 대답을 듣기 전에는 이 세상을 떠날 수 없다고 저항했다. 그리고 새파랗게 젊은 나이에 사지가 다 꼬부라져서 통증에 시달리다가 죽어 가는 이것이, 내 몫으로 주어진 운명인지를 반드시 물어야 한다고 생각했다. 그땐 나도 당당하게 죽음의 길로 사라질 것이다.

3부

살리는 영

생명의 부르심

그해(1985년) 여름도, 좁은 내 방 안은 견디기 어려운 열기로 가득했다. 어쩌면 존재 근원을 밝혀 보려는 노력조차도 죽음을 회피하려는 위선처럼 느껴질 즈음이었다. 하지만 누가 뭐래도 나는 인간의 존재 근원을 만나야 한다고 생각했다! 그래야 마음 놓고 죽을 것이다. 죽음의 정체도 존재 근원과 연관되었을 거라는 생각이었다.

우선 창고에 쌓여 있는 짐부터 뒤지기로 했다. 시집에서 돌려보낸 내 살림살이 속에는 책이 들어 있기 때문이다. 어머니가 간신히 뒤져서 찾아낸 불교 경전을 읽기 시작했다. 책을 읽기가 불가능에 가까웠지만, 죽음을 눈앞에 두고 있었기에 흐지부지 물러설 수가 없었다. 내가 불교 경전을 선택한 것은, 존재의 원인을 밝히는 문제라면 당연히 과학이 아니라, 형이상학적인 철학이나 내세의 문제를 다루는 종교적인 차원으로 접근해야 한다고 생각했고, 내가 유일하게 가지고 있는 종교 서적이 불교 경전이었기 때문이다. 불교 경전은 철학적 사고로 가득했기 때문에, 당시에도 건강이 어느 정도라도 회복되면, 속세를 떠나있는 그쪽을 찾아가려고 했다.

누워 있는 내 곁에서 어머니가 책을 한 장씩 넘겨 주는 대로 천천히 불교 경전을 읽기 시작했다. 존재와 인식에 대한 깊이 있는 철학들을 넉넉하게 이해하기는 어려웠지만, 그래도 책을 읽으면서 깊은 산사로 들어가서 수행에 참여하고 싶은 욕구가 일어날 정도로, 공감을 불러일으킨 부분도 많았던 게 사실이다.

그러나 내가 원하는 갈증은 처리되지 못했다. 불교는 신을 인정하는 종교가 아니다. 귀신이나 천사나 하나님이라는 영적 존재들은 망상이 빚어낸 헛것이지 실존이 아니라고 했다. 내가 원하는 대답을 듣지 못하고 철학적인 사념들과 실랑이만 벌이다 보니, 기력이 쇠해지고 정신적인 혼란만 가중되면서 굉장한 피로감에 시달렸다. 나는 지금 철학적인 사념에 심취할 만큼 한가한 상황이 아니었다.

그날도 한낮의 열기가 이글거리는 안마당으로 고모가 들어왔다. 그동안 발길을 뚝 끊고 우리 집에 오지 않던 고모였다. 안마당으로 들어온 고모는 마루까지 올라오지도 않고 어색한 표정으로 주춤거렸다. 고모는 들녘 끝에 세워진 교회를 다녔다. 목숨이 경각을 다툴 때도, 예수라면 무조건 거부하는 나에 대한 섭섭함 때문에 그랬는지, 바로 뒷동네에 살면서도 우리 집에는 잘 오지 않았다. 처음부터 내 방까지 들어올 의향은 없었던 듯, 안마당에 서서 나를 쳐다보더니 한마디를 툭 던졌다.

"여름이면 부흥성회가 있다는디, 너도 가 볼래?"

그럼, 그렇지! 내 안부가 궁금해서 그냥 왔을 리가 없었다. 그날도 고모의 속내가 빤히 보였다. 지금까지도 당신이 믿는 기독교를 끈질기게 강권하는 바람에, 피차에 서운한 감정의 앙금이 제대로 해소되지도 못한 상태였는데, 또 한다는 말이 기독교 집회에 가 보자는 말이었다. 이번에도 짜증이 나는 감정부터 욱, 하고 올라왔다. 도무지 끈질긴 저 고집불통을 누가 꺾을 수 있단 말인가! 그동안 이런저런 모양으로 기독교를 강권하던 고모였으니, 이번에도 별다른 감동이 생길 리가 없었다. 제대로 읽지도 못하는 두꺼운 성경책을 넣은 가방을 보물처럼 어깨에 매달고 다니는 모습이 안쓰러울 때도 많았다. 그날도 고모의 어깨에는 성경책을 넣은 가방이 묵직하게 매달려 있었다.

그동안 고모의 신앙생활을 곁에서 지켜보면서, 어떤 면에선 기독교가 무속신앙과 비슷한 것처럼 느껴지기도 했다. 성경책을 부적처럼 떠받들면서 맹신하는 것처럼 보였고, 교회 건물을 신당처럼 떠받들고 섬기는 것처럼 보였고, 특히 사람 예수를 신(神)처럼 떠받들고 예배하는 것만 봐도 그렇게 보였다.

기독교에 대한 부정적인 내 시각은, 고모의 신앙생활조차 고상하게 보이기는커녕 측은하게 보일 때도 많았다. 그분의 삶이 너무나 힘겨웠던 것처럼, 그분의 종교조차도 고모의 삶을 편하게 해 주기는커녕 더욱 힘겹게 만들어 준다고 생각했다. 어떤 종교든지 종교에는 자유가 있어야 한다고 생각했다. 자기가 믿는 신을 잘못 섬겼다가는 저주받을지도 모른다는 두려움으로, 벌벌 떨게 만드는 종교라면 샤머니즘과 조금도 다르지 않다고 생각했다. 이런 종교의 자유를 이해하지 못하는 연세가 많은 고모가 나를 설득해서 기독교를 믿게 한다는 것은 한마디로 어불성설이었다. 오히려 고모의 신앙생활에 내가 제동을 걸려고 덤빌 때가 훨씬 더 많았다. 그때마다 섭섭한 감정을 드러내면서 이렇게 비아냥댔다.

"쟤는 똑똑해서 예수를 못 믿어!"

내가 믿기 싫다는 종교를 사이에 두고, 대화가 오고 갈 때마다 감정적으로 대립할 수밖에 없었다. 그래서 고모와 조카딸 사이의 지극히 일상적이고 오밀조밀하게 친밀한 대화가 오간다는 건 오래전부터 불가능했다. 그때마다 고모는 우격다짐으로 기독교를 강권하다가 섭섭한 감정을 삭이지 못한 채로 내 방을 나가곤 했다.

그날도 고모가 나를 찾아온 목적은 그거였다. 기독교 집회에 나를 데리고 가려는 것, 그리고 반드시 예수를 믿도록 해야 한다는 일념뿐이었다. 고모의 속마음을 손바닥에 있는 눈금 보듯이 훤히 들여다보고 있는 내가 아무런 반응을 보이지 않자, 당연하다는 듯이 한낮의 열기가 이글대는 안마당에서 한 발짝도 더 움직이지 않던 고모가 대문 쪽으로 몸을 돌렸다. 그리고 혼잣말로 중얼거렸다.

"나도 오기 싫었는디, 목사님이 보내서 할 수 없이 왔다만, 내가 이럴 줄 알았지!"

그럼 그렇지! 담임목사가 뒤에서 고모를 살살 꼬드기고 조종해서 보냈다는 걸 엉겁결에 실토하고 말았다. 고모가 안마당에 서서 이렇게 말하는데도 대청마루에서 점심 식사 중이던 아버지는 일절 반응을 보이지 않았다. 우리 집에서 예수라면 이렇게 환영받지 못하는 당신의 신세가 처량할 법도 한데, 무슨 미련이 아직도 남아 있는지, 대문 쪽으로 몸을 돌리다가 말고 다시 몸을 돌리면서 나를 쳐다보더니 이렇게 말했다.

"이번 집회는 병 고치는 집회라고 하더라!"

이번 집회는 병 고치는 집회라고? 그동안 교인들로부터 예수 믿으면 병 고친다는 말을 수없이 들었다. 그때마다 어째서 굿판을 벌이는 무당처럼, 예수 믿으면 병을 고친다고 하는지 이해하기 어려웠다. 내가 아는 상식으로 예수는, 죽기까지 인류에 대한 사랑으로 감동을 불러일으킨 4대 성인(聖人) 중에 한 분이라고 배웠다. 그런 분이 어째서 무당처럼 병을 고친다는 것인지 도무지 모를 일이었다. 종교는 선행(善行)이 목적이 되어야 한다고 생각했다. 선행이 궁극적으로 극락이나 천국으로 인도한다고 생각했다. 그러니까 병 고친다고 주장하는 곳이라면 무조건 무당과 통한다고 생각했다. 어쩐지 예수를 특별난 신(神)으로 추대하는 것부터 미심쩍긴 했다.

그랬던 내가 병 고치는 집회라는 말에 마음이 무너졌다면 상상이 될까? 내가 생각해도 놀라운 일이었다. 사실 '병 고치는 집회'라는 말에 마음이 휘청거렸다. 나는 깜짝 놀랐다. 지금까지 병 고친다는 말에 마음이 흔들거려 본 적이 한 번도 없었다. 더군다나 전신 관절마다 망가지고 통증의 기세가 조금도 꺾이지 않은 현재 상황에서, 몸은 새우처럼 꼬부라지고 전신이 다 굳어 버렸는데, 아무리 병이 떠나간다고 한들 침상에 누운 채로 먹고 싸는, 지금의 참혹한 신세가 달라질 게 없다고 생각했다.

내가 병 고친다는 말에 거부감을 가진 것에는 분명한 이유도 있었다. 병든 사람들이 살아 보려고 몸부림치다가, 의사조차 손을 뗀 이후에는 반드시 목사를 찾았다. 죽어 가는 환자는 살 수 있는 길만 있다면 찾아가지 못할 곳이 없었다. 나도 무속에 도움의 손길을 뻗어 보지 않았는가! 얼마든지 이해할 수 있는 일이다. 죽음과 싸우는 사람은 이성적인 판단이 어렵다. 환자들이 예수를 믿으면 병을 고친다는 교인이나 목사를 만나는 건 어려운 일이 아니다. 너무나 쉬운 일이다. 교회가 없는 동네가 없었기 때문이다. 그러니 죽어 가는 환자가 살아 보려고 목사를 부르는 건 당연했다. 그러니까 교인들에게 환자는, 첫 번째로 꼬드김의 대상이 되지 않을 수 없는 이유이다. 불치병에 시달리는 환자에게 예수를 믿으면 고칠 수 있다고 꼬드기는 건, 죽어 가는 환자들을 더욱 비참하게 만드는 잔인한 일이라고 생각했다. 그래서 기독교나 교인들을 너무나 싫어했다. 허무맹랑하게도 예수를 믿으면 죽을병도 고칠 수 있다고 선전하는 건, 기독교 자체에도 모독이라고 생각했다.

그러니 병을 고칠까 해서 기독교를 기웃거려 볼 의사가 있었겠는가! 오히려 죽지 않으려고 발버둥 치는 비참한 꼴만 보이는 형국이어서, 죽더라도 비굴스럽지 않고 깔끔하게 죽어야 한다고 생각했다. 어쨌거나 교회만은 기웃거릴 의사가 전혀 없었다.

언젠가는 고모가 다니는 들녘 끝에 있는 교회의 담임목사가 병문안을 온 적이 있었다. 시골 동네 인심이 대개 그렇듯이, 비신자인 동네 사람들하고도 친분이 좋은 분이었다.

"하나님이 사람을 창조한 창조주라고 하셨는데, 그러면 창조한 목적이 뭐죠?"

내가 가장 궁금한 대목이었다.

"영광을 받기 위해서지요!"

"영광을 받기 위해서 사람을 창조했다고요?"

"그렇습니다!"

"그렇다면 하나님이 창조한 인간들이, 병들어 고통당하고 절망하는 걸 보면 하나님에게는 영광이 되는 모양이지요? 사람들이 이 지경으로 고통과 절망 속에서 힘겹게 살아가는 걸 보면 영광이 되는 모양이지요? 그렇게 잔인한 하나님이 사람을 창조했다는 게 용서할 수가 없어요! 그런 하나님을 믿으라고요? 기독교는 미신의 범주를 조금도 넘지 못해요! 오히려 미신보다도 더 유치하게 보이는 하나님이네요!"

"정인숙 씨는 예수를 믿지 않으면 이 병은 절대로 못 고칩니다!"

여러 가지 말로 나를 설득해 보려고 힘썼으나, 내가 완강하게 거부하자 내심 화가 치밀었던지, 방을 나가면서 그분이 했던 말이다.

"목사라면 환자를 위로해 주지는 못할망정 예수를 믿지 않으면 이 병을 못 고친다고! 말을 그렇게 함부로 할 수 있어! 저런 사람이 목사라고!"

병을 못 고친다고 한 말이, 하도 섭섭해서 어머니한테 목청을 높이면서 불편한 감정을 드러내기도 했다. 그때부터 그 목사가 더욱 싫어졌다. 이런 사정을 아는지 모르는지 담임목사는, 고모한테 병 고치는 집회에 가자고 나를 다시 한번 꼬드기라고 했다는 것이다. 지금까지 양의학이나 한방의학이나 심지어 민간요법조차도 병을 치료하려고 먹기만 하면, 상태가 악화하면서 매사가 꼬이고 뒤틀리고 엉망진창이 되어 버리는, 참으로 희한하고 도깨비가 장난질 치는 것 같은 기막힌 일의 연속이었다. 오죽하면 어머니가 "너는 물도 약이라고 생각하고 마시면 백발백중 병이 더 악화할 거다."라고 말할 정도였으니. 어찌 통탄할 일이 아니겠는가! 이러니 약이라는 말만 들어도 고개가 절레절레 내둘리는 상황이었다. 그리고 이 병과 이별하려면 꼬부라진 몸을 떠나는 길밖에 없다는 걸 깨닫고, 불교 경전까지 읽어 가면서 절실한 마음으로 떠나는 길을 모색하던 중이었다.

그런데 어떻게 된 영문일까? 병 고치고 싶은 열망이 불꽃처럼 일어났다. 서릿발처럼 강퍅하던 자존심이 한순간에 무너졌다. 나한테 가장 절실한 건 계율이 아니라 병 고치는 일이었다. 나도 죽음을 두려워하는 사람들과 다른 종자가 아니었다. 병 고치는 집회라는 말이 처절하게 가슴을 파고들었다. 전신이 다 망가져 폐기하기 직전의 몸인데도, 아직도 치료의 가능성이 남아 있다는 것일까? 그러나 믿고 싶었다. 거짓말이더라도 믿고 싶었다. 그리고 예수를 믿으면 병을 고칠 수 있다는 교인들의 말이 교세를 확장하려는 꼬드김이 아니라, 진실일지도 모른다는 생각이 마음을 확사로잡았다. 이렇게 엉망진창이 되어 버린 몸을 보고도, 병을 고칠 수 있다고 말하는 기독교가 황송하다 못해서 넙죽 엎드려서 절이라도 하고 싶을 정도로 고맙기까지 했다.

아직도 치료하는 길이 남아 있다면 가 봐야 할 것 같았다. 전신 마디가 다 망가지고 통증 덩어리가 된 몸뚱어리여서 염치가 없었지만, 이런 기회를 포기한다면 죽기까지 후회할 것만 같았다. 그러자 마음이 다급해졌다. 이것이 마지막 기회일지도 모른다. 내가 아무 대답이 없자 고모는 대문 쪽으로 몸을 돌렸다.

"고모! 나도 거기 가 볼게요!"

내가 거기 가 본다는 말이 꿈인지 생시인지 믿어지지 않았는지, 잠시 어리둥절하던 고모가 잰걸음으로 토방까지 올라와서, 대청마루에서 식사하는 아버지한테 큰 소리로 외쳤다.

"쟤가 부흥 집회에 간다네!"

하지만 아버지는 전혀 관심을 가질 만한 일이 아니라는 듯이 심드렁하게 대꾸했다.

"가긴 어딜 가! 그런 몸을 가지고!"

아버지는 갈 만한 곳이 아니라고 말했다. 그러나 꼿꼿했던 내 이성이 방향을 상실한 뒤였다. 아직도 나한테 치료하는 길이 남았다면 죽어도 포기할 수 없다는 생각이 거세게 올라왔다. 어차피 내게 남은 선택은 통증으로 범벅이 된 꼬부라진 몸뚱어리를 폐기 처분하는 길 외에 다른 길이 없었다. 그러니 아버지가 갈 만한 곳이 아니라는 말도, 가고 싶은 내 마음을 돌리지는 못했다. 이것이 담임목사를 포함하여 고모와 교인들이 새벽마다 모여서 기도한 기도의 응답이라고 말했지만, 내 처지에서 보면 백기를 들고 순순히 원수에게 투항하려다가, 난데없이 돌변해 버린 어마어마한 사건이었다. 마지막 죽음의 영에 항거할 수 있는 절호의 기회를 기독교가 제공했다.

"아버지, 마지막으로 한 번만 가 볼게요!"

아버지의 허락을 요청하는 목소리는 내 귀로 들어도 공허하게 들렸다.

"네 몸이 웬만해야 가라고 하지! 부흥 집회라면 사람들이 많이 모일 텐디, 대소변은 어떻게 할래?"

아버지는 '가 보고 싶은' 내 마음에 찬물을 확 끼얹었다. 물론 내 소원을 안 들어줄 아버지는 아니지만, 많은 사람이 모인 장소에서 대소변을 처리해야 하는 문제는, 단순히 불편한 사항이 아니라, 죽어도, 죽어도 보여서는 안 되는 짐승처럼 살아가는, 자존심의 밑창까지 민낯이 까발려지는 치욕적인 문제였다. 그럼 그렇지, 이런 주제꼴로 가긴 어딜 가나! 좁아터진 방구석에 홀로 처박혀 살아가는 것도 분에 넘치고도 황송할 지경인데! 불같이 치솟던 사기가 밑바닥으로 곤두박질쳤다. 나는 그럴 용기가 없었다. 기가 꺾여서 고개를 아래로 뚝 떨어뜨리고 가만히 있는 나를 쳐다보던 고모가 난데없이 목소리를 높였다.

"거긴 환자들이 많이 오기 때문에 누워서 대소변 보는 건 문제도 아녀! 거기 가서 병을 고치고 와야지, 놀러 가는 것이간!"

그랬다! 나는 나들이 가는 것이 아니라 병을 고치러 가는 것이다. 거기 가서 병을 고치고 와야 한다는 말에 정신이 활짝 들었다. 그렇다! 대소변 때문에 위축될 문제가 아니었다. 몸이 꼬부라지고 누워서 먹고 싸는, 치욕적인 처지가 아니라면 죽었다 깨어나도 교인들이 많이 모이는 곳엔 가지 않는다. 그때까지 단 한 번도 교회나 기독교 모임에는 가 본 적이 없었다. 나는 다시 한번 아버지한테 말했다.

"아버지, 한 번만 가 볼게요!"

"어째 고생만 하는 것 같다! 네가 정 가 보고 싶다면 가 보긴 해야겠다만, 몸이 워낙 형편없으니 하는 말이다!"

사실은 몸이 워낙 형편없어서, 단 한 번도 가 본 적이 없는 기독교 집회에 가려는 것이다. 아버지는 네가 어딜 가더라도 달라질 건 아무것도 없다는 말을 에둘러서 조심스럽게 내비쳤지만 결국 승낙했다.

그때가 7월(1985년) 하반기로 기억된다. 여름 연합부흥성회에 담임목사 부부와 고모, 그리고 여러 집사들이 참석했다. 연합집회라는 건 특정 지역에 있는 교회들이 연합하여 부흥 집회를 개최하는 일이었다. 그날도 내가 기독교 집회에 참석한다는 소식을 들은 동네 사람들이 우리 집으로 다 모였다. 미신을 섬기는 이도, 불교를 믿는 이도 다 모여서, 비록 기독교 집회일지라도, 이번 외출은 병을 고치는 계기가 되길 한마음으로 빌었다.

이번 외출은 1년 4개월여 만이었다. 남편과 헤어지려고 이 방을 떠났던 이후에, 1년이 넘은 지금까지 단 한 번도 이 방을 떠나 본 적이 없었다. 그런 내가 기독교 집회에 참석하러 간다는 소식을 들을 동네 사람들이 모두 몰려와서 외출하는 걸 도와주었다. 대소변을 받아 내는 용기와 이부자리를 포함하여 앞으로 수그러진 채로 굳어 있는 목에 맞는 베개 등등, 적지 않은 채비를 일일이 챙겨서 차에 실어 주었다. 그날도 대문 앞에서 택시가 대기했다.

동네 장정들 넷이서 정사각형 널빤지를 들고 방으로 들어왔다. 뼈밖에 남지 않은 몸이라 웬만한 여자라도 가볍게 안아서 옮길 수 있었지만, 힘센 장정이라도 나를 번쩍 안아서 몸을 이동한다는 건 어림없었다. 아랫목에서 윗목으로도 이동해 보지 못한 몸이었다. 어느 부위이든 몸에 손을 대고 힘을 가하기만 하면 뼈가 으스러지는 것처럼 통증이 발생했다. 더군다나 새우처럼 꼬부린 자세가 조금이라도 흐트러지면 뼈를 꺾는 듯한 엄청난 통증으로 비명을 질러 댔다. 그래서 내 몸에는 손을 댈 수도 없었고, 업을 수도 없었고, 번쩍 들어서 안을 수도 없었다.

그래서 대문 앞에서 기다리는 택시까지 나를 옮기려고 정사각형 널빤지를 준비했다. 그리고 비명을 질러 대는 나를 안아서 최대한 빠르게 정사각형 널빤지에 올려놓았다. 그리고 네 사람이 각각 널빤지의 네 모서리를 붙잡고, 내 몸이 한쪽으로 기울어지지 않도록, 최대한 수평이 잘 유지되도록 조심하면서 대문 앞에 있는 택시까지 이동했다. 동네 사람들이 숨을 죽이고 지켜보았다. 나도 그렇지만 널빤지 모서리를 붙잡고 가던 동네 장정들도 내 몸이 한쪽으로 기울어지지 않도록 조심하느라 진땀을 흘렸다. 이런 광경을 지켜보았던 교인이, 그때 당시를 이렇게 회상했다.

"방에서 여남은 발짝도 안 되는 대문 앞까지 정인숙 씨를 옮기는 일이 얼마나 위험천만해 보이던지, 꼭 수소폭탄을 운반하는 장면 같더라!"

당시에 내 몸은 살짝만 건드려도 폭발하는 통증 덩어리였다. 택시 안에서의 상황은 더 위험천만한 물건 짝이었다. 일 년 전하고는 비교할 수 없을 정도로 몸 전체가 통증으로 뒤범벅되었다. 다리가 의자 밑으로 내려가지 않도록 이불로 좌석 바닥을 메꿨고, 앞으로 수그러진 목이 자칫 뒤로 젖혀지지 않도록 등판 쪽에도 이불로 메꿨다. 가슴에 바짝 붙인 팔이 자칫 아래로 내려오지 못하도록 최대한 허리를 구부리고 몸을 동그랗게 꼬부렸다. 이렇게 꼬부라진 몸 상태 그대로 자세가 흐트러지지 않으려고 죽을힘을 다했다. 이것이 내가 살아가는 최선의 자세였다. 이런 자세가 한순간이라도 흐트러지면 뼈를 잘라 내는 듯한 통증이 폭발했다.

택시가 출발하면서 움찔거리기 시작하자, 집회 장소는 구경도 못 해 보고 돌아와야 할 것 같은 예감이 들었다. 빠르게 달리는 택시는 꼬부리고 웅크린 자세를 가만히 유지하도록 내버려두지 않았다. 이런 몸으로 찾아가야 할 만큼 중대한 집회인지 아닌지 고민이 되었으나, 아슬아슬하게 챙겨야 하는 고통 때문에 딴생각할 겨를이 없었다. 아무리 참고 견디려고 노력해도 입에서 비명이 터져 나왔다. 택시 기사는 물론 동행했던 교인들조차도 얼마나 긴장했던지, 단 한마디 대화조차 나누지 않았다. 대천 바다로 여름휴가를 떠나는 차량 행렬도 눈에 들어오지 않았다. 택시가 출렁거릴 때마다 꼬부라진 자세를 추스르고 챙기느라고 경황이 없었다. 택시로 30~40분 정도면 도착할 수 있는 거리지만 곱절이나 걸려서 집회 장소에 도착했다.

"그동안 택시 운전을 많이 해 봤어도, 오늘처럼 천천히 운전해 보기는 처음입니다! 작은 돌멩이도 비켜서 가야 하고, 조금만 출렁거려도 아프다고 소리를 질러 대니, 운전하기 정말 힘들었습니다!"

그래서 택시요금을 두 배로 주었다. 누가 오라고 강요한 것도 아닌데, 이런 몸으로 참석하려는 용기가 생긴 이유는 무엇일까? 아마도 신이 존재한다면, 내 마음을 움직인 건 그분밖에 없을 것이다. 그러나 현재로선 아무것도 믿을 수 없었다. 폭발물만큼이나 위험천만한 몸을 이리저리 이동시킬 때마다 비명을 질러 대기도 버거울 뿐이었다. 더군다나 공동묘지에 묻어 버려도 아쉬울 게 하나도 없는, 이상하게 꼬부라진 몸을 많은 사람에게 전시하는 꼴만 되었으니, 신세가 더욱 참혹할 따름이었다. 빨리 이불속에 들어가서 꼭꼭 숨어 버리고 싶은 생각뿐이었다.

내가 도착한 강당의 앞쪽에서 조금 떨어진 가장자리에 이부자리를 펼쳐 놓고 몸을 눕혔다. 비로소 몸을 바짝 꼬부리고 최대한 편안한 자세로 누웠다. 그리고 누워서 가만히 생각해 보니, 이런 몸으로 어떻게 여기까지 왔는지 꿈을 꾸는 것만 같았다. 도무지 무엇에 홀리지 않고서야 내 마음으로 왔다는 것이 믿어지지 않았다. 정말 하나님이 있다면, 그분의 인도하심이 아니라면, 이런 몸으로 여기까지 찾아오기는 불가능했다.

저녁때가 되자 많은 사람이 모여들기 시작했다. 아무래도 기대할 만한 무엇인가 있는 모양이었다. 그렇지 않고서야 삼복더위도 아랑곳하지 않고 사람들이 몰려올 수는 없었다. 나는 잔뜩 기대에 부풀었다. 하지만 부흥 집회가 무엇인지는 여전히 오리무중이었다. 기독교 집회에 참석한 건 그때가 처음이었다. 그런 내 눈에는 모든 상황이 낯설고 신기하게 보일 뿐이었다. 여기까지 오느라고 호되게 졸경을 치르던 것도 깜빡 잊을 정도로 기대감이 부풀어 올랐다. 기독교에는 내가 알지 못하는 무언가가 있는 모양이라는 생각을 떨칠 수가 없었다. 내가 초등학교 다니기 전에 쌀 튀밥을 얻어먹으려고 성탄절에 동네교회에 가 본 게 전부였다.

나는 꼬부라진 몸을 이불 속에 깊숙이 숨기고 누워서 벽 쪽으로 얼굴을 돌렸다. 내가 무엇을 보려고 여기까지 왔을까? 많은 사람에게 꼬부라진 몸을 전시하려고 왔나! 아무리 생각해 보아도, 이건 꿈을 꾸는 것이지 현실이라고 생각되지 않았다. 그나저나 집으로 다시 돌아갈 일을 생각하니 눈앞이 캄캄했다.

내가 그이니라

집회 시간이 가까워지자 청년 남자가 강단으로 올라왔다. 강단 앞쪽에는 기타를 멘 청년들이 연주를 시작했다. 강단에서 인도자가 찬송가를 인도하기 시작했다. 인도자를 따라서 찬송가를 부르는 청중들의 얼굴이 기쁨으로 채워지기 시작했다. 사방을 둘러보아도 우울한 얼굴은 보이지 않았다. 떼창으로 목청껏 불러 대는 찬송가 소리는 강당이 떠나갈 듯이 쩌렁쩌렁 울렸다. 그동안 살면서 이렇게 기쁨과 평화가 차고 넘치는 노래는 일찍이 본 적이 없었다. 혼란스럽고 복잡한 생각들이 머리를 훑고 지나갔다. 작은 방에 갇힌 이래로 온갖 두려운 상상력에 시달리지 않은 나날이 없었는데, 기쁨에 흥겨워하는 이들을 보면서 신세가 더욱 비참해져서 가슴이 아렸다.

그리고 조용하고 엄숙한 분위기만이 종교의식이라고 생각했던 내게 일대 반격이 가해졌다. 여기는 예수를 모셔다 놓고 아에 축제를 벌일 요량인지, 경사로운 잔치 분위기를 훨씬 능가하는 흥겨움으로 넘쳤다. 어쩌다가 이생의 막다른 지점에 서 있는 내 눈이 보기에는, 너무나 생경하고 비현실적인 광경이 아닐 수 없었다. 온갖 악기로 연주하며 기쁜 감정을 마음껏 표현하는 찬양이 화려하게 보이기까지 하는, 이런 것이 기독교 예배 의식이란 말인가?

내 상식으로 종교의식은 엄숙하고 근엄하고 최대한 조용한 분위기라는 평소의 내 생각에 일대 혼란을 가져왔다. 여기는 악기까지 갖춰 놓고 한판 흥겹게 즐기기로 작정한 듯한 분위기였다. 기독교 집회라는 게 이렇게 뜨겁고 열정적이고 소란스러웠던가?

오랫동안 모든 죄 가운데 빠져 더럽기가 한량없던 우리들,
아무 공로 없이 구원함을 얻어 하나님의 자녀 지금 되었네.
주의 그 사랑 한량없도다. 찬송할지어다 예수의 공로.
주의 그 사랑 한량없도다. 찬송할지어다 예수의 공로.
- 찬송가 284장

찬송가의 가사는 예수의 공로를 칭송하는 일색이었다. 그러니까 잔치를 벌이는 주최자가 예수인 것 같았고, 잔치 자리에 사람들을 불러 모은 것도 예수인 것 같았고, 초청받고 모인 사람들에게 기쁨과 평화를 무한정 제공하는 당사자도 예수인 것 같았다. 청중들은 그저 흥겹게 노래 부르면서 기뻐하고 즐거워할 뿐이었다. 이런 분위기에 전혀 적응하지 못하는 나는 어떻게 대처해야 할지 모르고 그저 어리둥절할 뿐이었다. 예수가 2천 년 전에 죽어서 흙으로 돌아간 사람이 아니란 말인가? 예수가 누구이기에 이토록 많은 청중을 한꺼번에 기쁨과 평화의 도가니로 휘몰아 넣을 수 있단 말인가?

그동안 나를 지탱해 주던 세상에서 배우고 쌓은 지식과 가치관들이 일순간에 허물어질 것 같은 위기의식이 느껴졌다. 그동안 한 번도 경험해 보지 못한 기쁨과 평안을, 이들은 가지고 있었다. 단순히 목이 터지도록

예수 이름을 불러 대면서도 기쁨과 평화를 누리기 때문이다. 지금까지 경험한 얄팍한 내 지식과 튼실하지 못했던 가치관 속에는, 이런 기쁨과 평화는 존재하지 않았다. 최첨단의 지식을 자랑하는 과학이나 의학에도 기쁨과 평화는 존재하지 않았다. 그런데 놀랍게도 예수를 믿는 사람들은 예수를 칭송하는 찬송가를 부르는 것만으로도 기쁨과 평화가 차고 넘치고 있었다.

나는 질투의 감정이 치솟을 만큼 이들이 누리는 기쁨과 평화가 부러웠다. 하나님의 존재 여부는 나중에 따져 볼 일이라고 쳐도, 이런 분위기에 함께 어울리고 싶은 충동이 거세게 일어났다. 거짓말이더라도 상관없으니까, 기쁨과 평화를 만날 수만 있다면, 예수라도 맹종하고 싶은 의향이 슬며시 고개를 들었다. 지금 이들이 가진 기쁨과 평안을 나도 소유할 수만 있다면 말이다!

흥겨운 콘서트를 방불케 하던 찬양이 끝나자, 순서에 따라서 기도와 특별찬송이 이어졌다. 기도 시간에 머리를 숙이고 눈을 감는 것도 어색하고, 예배순서마다 적응하기 어려운 분위기를 파악해 내느라 이리저리 두리번거리는 동안에, 드디어 설교 시간이 되었다. 불교에서 설법을 들은 경험이 있던 타라 설교라는 발음조차 어색하기만 했다. 그때가 난생처음 경험하는 기독교 예배였고 기독교 설교였다. 어쨌거나 한편으론 미지의 문이 열리는 듯한 기대감도 솔솔 피어올랐다.

보나 마나 설법이 불교 교리의 강의이듯이, 설교는 기독교 교리의 강의일 것이다. 당연하지만 설교는 기독교 교주라고 생각하던 예수 얘기로 시작되었다. 어릴 때부터 듣고 자란 부모의 무신론의 영향도 크지만, 잠시 접했던 신을 인정하지 않는 불교의 영향도 무시할 수 없었던 타라, 예수가 사람이면서 신(神)이라고 주장하는 것부터 거부감이 생겼다. 물론 예상하지 못했던 주장은 아니었다. 찬양할 때부터 예수가 누군지 궁금하긴 했어도, 지금 나한테는 예수가 누군지 궁금증을 해소하는 일보다도, 병 고치는 문제가 훨씬 더 다급한 상황이었다. 그렇지 않았다면 손을 대기만 해도 아파서 자지러지는 통증 덩어리가 되어 버린 이 몸뚱어리를 이끌고 여기까지 달려올 이유가 없었다.

설교를 이어 가는 강사의 말을 들어 보니, 환자에 대해선 별로 관심이 없는 사람처럼 보였다. 병 고치는 방법이나 특수한 처방 같은 건 아예 입에 올리지도 않았다. 처음부터 예수 얘기로 시작하다가 예수 얘기로 끝을 맺었다. 만물과 인생의 본질 문제를 깊이 있게 다루어 주는 것도 아니고, 유치하기 짝이 없게도 알에서 탄생했다는 박혁거세 탄생 설화 수준 같은, 처녀 몸에서 예수가 탄생했다는 탄생 설화를 시작점으로 해서, 우리나라의 건국 신화나 고대 신화같이, 현실성이 매우 취약한 우주 만물의 창조설과 같은 설화적인 내용들을 죽죽 늘어놓기 시작했다. 난생처음 들어 보는 기독교 설교는 그렇게 황당한 내용들로 일색이었다. 설교는 한마디로 기독교 교세를 확장하려는 목적 이외에 특별히 생각할 만한 것이 없다고 생각했다. 흥겨운 찬송가에 부러움으로 들뜨던 감정이, 설교 때문에 폭삭 꺼져 버렸다.

이번에도 전도에 혈안이 된 담임목사의 얄팍한 술수에 속아 넘어간 것이 분명했다. 설교내용으로 보아하니 병 고친다는 말은, 집회에 참석시키려고 꼬드긴 술수였고, 애초부터 병 고치는 것과는 아무 상관이 없었던 일이었다. 예수 얘기를 들으려고 택시를 타고 멀리까지 찾아올 이유가 없었다. 가까운 곳에도 교회들은 수두룩하다. 순간적으로 실망감이 치솟으면서 집에 돌아가고 싶은 충동이 거세게 일어났다. 난생처음 들은 설교가 끝나자마자 어머니를 재촉했다.

"어머니, 빨리 집으로 돌아가요! 예수 얘기를 들으려고 여기까지 오는 게 아니었는데, 아무래도 속은 거 같아요!"

"나도 그런 생각이 들었다!"

어머니도 적지 않게 실망한 표정이었다.

"어서 택시를 불러요!"

어머니가 잠시 주춤거렸다.

"그래도 오자마자 어떻게 간다고 말하냐! 사모님이랑 집사님들이 여럿이 와서 집회가 끝날 때까지 너를 위해 기도한다고 저러는데, 그동안 너랑 함께 먹고 지낼 반찬이랑 여기서 지낼 모든 채비를 다 준비해서 왔는데, 금방 간다고 말하면 얼마나 실망하겠냐? 며칠이면 끝나니께, 그때까지 참고 있어 보자!"

어머니는 며칠만 참고 기다리자고 나를 설득했다. 어머니의 말을 듣고 보니, 그제야 비로소 내가 집회에 참석한다고 해서, 무슨 수지맞을 일이라도 벌어진 것처럼 기뻐하던 교인들이 생각났다. 그들도 가까운 곳에 잠자리를 정해 놓고서, 식사는 물론이지만 지저분한 배설물까지 마다하지 않고 내 몸시중을 도왔다. 그래서 집회가 끝날 때까지 참고 견디기로 마음을 고쳐먹었다. 그렇게 생각하자 마음이 확 바뀌었다. 어차피 집에 돌아가면 죽을 때까지 방 안에 처박혀 살아야 한다. 어렵게라도 여기까지 왔으니까, 눈물겹게 그립던 사람들을, 실컷 구경이라도 할 수 있지 않은가! 이대로 집에 돌아가면 바깥 외출은, 아마도 영영 불가능할지도 모른다. 이것이 바깥세상을 보는 마지막일지도 모른다. 치료의 목적이 아니었다면, 언감생심 이런 나들이를 엄두조차 낼 수 있었겠는가!

그때부터 강사가 전하는 설교에 귀를 기울이기 시작했다. 어차피 이곳을 떠나지 못할 형편이면, 목이 터지게 외치는, 예수를 믿어야 하는 이유라도 알고 싶었다. 그러자 신기하게도 설교가 귀에 쏙쏙 들리기 시작했다. 설교 내용의 핵심은 대충 이랬다. 우주 만물을 창조하시고, 사람을 창조하신 분이 하나님이다. 기독교에서 믿는 하나님이 우주 만물을 존재하게 만든 창조주라는 것이다. 또한 사람의 구조는 보이는 육체 말고도 보이지 않는 '영혼'이 있다고 했다. 흙으로 지은 육신은 자연 수명이 다하면 흙으로 돌아가지만, 영혼은 존재가 사라지는 죽음은 없다고 했다. 바로 그것이 문제였다. 세상은 죽으면 끝이라고 하는데, 기독교에서는 육신이 죽으면 영혼은 영원히 사는 영원한 세계로 간다고 했다. 영혼이 사는 세계에는 천국과 지옥이 있다고 말했다.

천국은 하나님이 계신 생명의 나라이고, 지옥은 하나님이 계시지 않은 사망의 나라였다. 이 두 나라 중에 어느 곳으로 가느냐는 결정은, 육신이 살아 있는 동안에 판가름 나는 문제였다. 살아생전에 예수를 믿느냐 믿지 않느냐로 결정된다는 것이다. 또한 이 땅에서 겪는 수많은 고난과 절망은, 창조주 하나님이 행하시는 일이 아니라, 인류의 시조인 아담이 하나님께 불순종(타락)해서 사망의 저주가 들어와서 겪는 일이라고 했다.

사망의 저주로 고통당하는 인류를, 불순종의 죄로부터 구출해서 천국으로 인도하려고 하나님 아들인 '예수'께서 세상에 오셨다고 했다. 그가 사망의 저주가 지배하는 이 세상에서 사람처럼 십자가에서 죽었으나 사흘 만에 죽음을 이기고 다시 살아났다고 주장했다. 그래서 그 예수를 믿기만 하면, 사망을 이기고 살아난 예수의 생명으로, 불순종하여 죽었던 아담의 영(아담에 속한 모든 인류의 영)이 다시 태어나서 하나님의 나라, 영원한 생명의 나라, 천국으로 가서 영원히 산다고 했다. 그러니까 믿는 자들에게 예수는 불순종해서 죽었던 아담의 영(그에 속한 모든 인류)을 살려 준 생명의 은인이었다. 그러니 그분의 은혜를 뜨겁게 칭송하고 찬양하지 않을 수 없었다.

부흥 집회는 며칠간 계속되었다. 목사의 설교마다 아멘, 하고 뜨겁게 화답하는 군중들 속에서, 설교에 대한 반발심과 저항감과 의심이 교차하면서 심한 갈등으로 시달리기 시작했다. 하지만 어떤 이유에서든 유익한 시간을 보내는 것만은 분명했다. 이런 문제들이 바로 내가 혼자 번민하고 고뇌하던 문제들이었기 때문이다. 다른 종교들처럼, 만물의 근원과 존재의 문제와 인식의 문제와 생로병사의 문제와 원인을, 기독교의 교리에 따라 가르치는 건 하등 문제가 될 수 없었다. 하지만 조용하고 엄숙한 분위기 속에서 강의하는 다른 종교와 다르게 기독교 예배는 청중들의 반응이 얼마나 강렬하고 열정적이던지, 설교를 깊이 있게 생각하고 묵상하면서 따라간다는 건 어불성설이었고, 앞뒤 내용을 꼼꼼히 비교해 보면서 따져볼 여유도 없이, 흥분한 듯한 청중들의 분위기에 마구잡이로 휩쓸려 들어가는 것 같은 묘한 상황이었다. 이토록 뜨겁게 열정적으로 반응하는 종교 예배는 무속에서도 본 적이 없었다.

통성기도는 더욱더 강렬했다. 강사의 외침에 따라서 "주여, 주여!"를 연호하더니, 온 청중이 강당이 떠나갈 듯이 큰 소리로 하나님께서 역사해 주길 부르짖었다. 당장 무슨 일이 벌어질 것 같은 굉장한 열기가 강당을 가득 채웠다. 도무지 옆에서 이들을 조용히 관망하면서 보낼 수 있는 분위기가 허락되지 않았다. 그들의 기도를 가만히 들어 보자니 보이지 않는 예수의 신(神)이 와서 역사해 달라고 부르짖는 내용이었다.

그러니까 보이지 않는 예수의 신(神)이 사람들에게 와서 일한다는 말이었다. 왠지 가슴이 섬뜩했다. 사람들은 강당이 떠나갈 듯이 "아멘!"을 외쳐 댔다. 분위기는 점점 더 고조되면서 예사롭지 않은 어떤 신령한 기운마저 감도는 듯했다. 참으로 골치가 딱딱 아프고 마음이 되게 심란한 상황이었다. 나는 하나님께 비는 기도가 이렇게 요란하고 시끄럽게 떠들어 댄다는 건 꿈에서도 생각해 보지 못했다. 이성적으로 무얼 생각해 볼 겨를도 없이 목이 터지게 외치고 소리치는 청중들 틈바구니에 끼어서, 어처구니없어서 마른침만 꿀꺽꿀꺽 삼켰다.

비로소 환자들을 위한 특별기도(안수)를 시작했다. 난생처음 목격하는 안수하는 장면을 놓치지 않으려고 눈에 쌍심지를 켜고 쳐다보았다. 머리에 손을 얹어 기도하거나 큰 소리로 명령하며 귀신을 쫓았다. 그때마다 기도 받은 사람들이 두 손을 번쩍 치켜들면서 병이 나았다고 펄쩍펄쩍 뛰면서 기뻐했다. 두 팔을 치켜들고 할렐루야를 외치면서 하나님께 영광을 돌렸다. 청중들도 덩달아 열광하면서 하나님께 영광을 돌렸다.

처음으로 기도하는 장면을 목격한 나는 엄청난 충격에 휩싸였다. 그리고 마음에서 이상한 변화가 일어났다. 내 눈앞에서 역사하는 신이 창조주 하나님이라는 생각이 번개처럼 마음으로 훅 파고들었다. 순식간에 벌어진 일이었다. 논리적으로 무엇을 따지거나 생각할 겨를이 없었다. 순식간에 하나님의 존재가 믿어지는 충격적인 변화가 내 안에서 일어났다. 그러자 예수 그리스도가 내 구주라고 믿어졌다. 이유는 아무것도 설명할 수 없었다. '그냥 믿어졌다!'는 게 내가 설명할 수 있는 전부이다.

순식간에 마음이 격동되었다. 즉시 머리가 아래로 수그러졌다. 하나님의 존재가 거대하게 다가왔기 때문이다. 눈물이 하염없이 쏟아졌다. 그동안 혼자 고뇌하고 번뇌했던 외로운 감정과 나를 창조한 창조주를 만났다는 감격이, 서로 뒤엉키면서 엄청난 눈물이 쏟아졌다. 다른 사람들처럼 두 손을 번쩍 들고 할렐루야를 외치지도 않았다. 할렐루야가 무슨 말인지도 알지 못했다. 주체하기 어려울 정도로 봇물이 터지듯이 눈물이 쏟아져 내렸다.

그때로부터 내 운명이 완전히 바뀌게 되었다. 죽음으로 달려가던 내가 생명으로 완전히 돌아서게 되었다. 지금까지 죽음으로 어떻게 빨려들어가는지를 보았을 것이다. 이제부터는 죽음으로부터 어떻게 빠져나와서 어떻게 생명으로 다시 살아나는지를 보게 될 것이다.

지난 세월이 주마등처럼 스치고 지나갔다. 그동안 하나님이 보시기에 잘못되었다고 생각되는 수많은 기억이 생생하게 되살아났다. 전지전능하신 하나님 앞에서, 그동안 살아온 내 삶이 벌거벗김을 당한 것 같은 부끄러움 때문에, 쥐구멍이라도 보이면 들어가서 숨고 싶을 정도로 생생한 현실이었다. 그동안 잘한 건 하나도 생각나지 않았고 잘못한 것만 계속해서 떠올랐다. 누가 회개하는 방법을 가르쳐 주지도 않았고, 회개라는 단어조차도 모르던 내 입에서 스스로 잘못되었다고 생각하는 모든 것들을 고백하면서 용서를 구하기 시작했다. 이렇게 하는 것이 기도인 것도 알지 못했다. 어쨌거나 누가 시킨 것도 아닌데 잘못한 것이 떠오르는 것을 보면 하나님은 선한 분임에 틀림이 없었다. 그러니까 더욱 눈물이 쏟아졌.

혼자 두려움에 떨면서도, 아무도 의지할 곳이 없었던 내가 창조주 하나님을 만난 건 기적이었다. 이제야 믿게 되었다. 기독교에서 주장하는 하나님이 나를 창조한 하나님이시라는 것을! 그동안 이분을 만나려고 얼마나 열망했던가! 나를 이 땅에 보내신 분을 만나고 싶어서 밤을 지새우면서 갈망하지 않았던가! 이분을 만나려고 죽음조차 보류해 달라고 항변하지 않았던가! 이분을 만나고 싶어서 눈알이 빠질 듯이 아팠어도, 애타도록 불교 경전에 매달리지 않았던가! 이분을 만나고 싶어서 통증으로 범벅된 꼬부라진 몸을 이끌고 여기까지 찾아오지 않았던가! 그때 하나님이 말씀하시는 것 같았다. 네가 간절히 찾으면서 갈망하던 그가 바로 나라고!

이 기쁨이여! 이 환희여! 이 찬란함이여! 이 감격이여! 이 광채여! 눈이 부시도록 찬란한 빛이여! 이 놀라운 진리여! 가장 가까이에서 가장 평범하게 계시던 나의 하나님 아버지여! 사랑이여! 소망이여! 생명이여!

"그동안 내 마음대로 살다가 병들고 꼬부라져서 아무 쓸모가 없이 되어서야 찾아온 저를 용서하세요! 하지만 이런 육체라도, 만약에 다시 일어나서 걷게 해 주신다면, 오직 예수님만을 위해서 살겠습니다!"

누가 가르쳐 주지도 않았고, 누가 권하지도 않았는데, 내 입에선 이런 고백이 저절로 터져 나왔다. 하나님이 존재하시고 예수님이 우리의 구주시라면, 그분이 기뻐하는 길을 가는 게 너무나 당연하다고 생각했다. 그분을 몰랐으니까 내 맘대로 살았지만, 그분이 우리를 창조하신 아버지라면 다른 길을 선택할 이유가 없었다. 비로소 우리의 존재 이유와 목적을 알게 되었는데 무슨 망설임이 더 필요하겠는가!

나를 이 세상에 창조시킨 아버지를 만났다는 건 밤을 지새워서 기뻐해도 부족할 것만 같았다. 이 세상에서 이보다 더 기쁜 소식은 존재하지 않을 것이다. 누구든지 죽음과 맞상대하여 보라! 인생에서 가장 중요한 것이 무엇인지 금방 알게 될 것이다. 그건 나를 창조하신 아버지를 만나는 일이다. 그리고 그분을 따라서 사는 것이다. 그때는 세상에서 누리던 부귀영화가 있더라도 시시하게 느껴질 것이다. 그래서 하나님을 만난 그날이 내가 다시 태어난 날이고, 내 생애에 가장 감격스럽고 가장 기쁜 날이었다.

하나님을 만나려고 이 세상에 출생하게 되었고, 사람을 창조하신 이유와 목적이 그분과 영원히 하늘나라에서 사는 것이었다. 이때의 감격을 무엇으로 다 표현할 수 있으랴! 천하를 얻었어도 이보다 더 기쁠 수는 없을 것이다. 잠시 잠깐 머물다 떠나갈 천하를 얻은들, 그게 무슨 대수란 말인가! 예수께 생명조차 아까워하지 않고 내어드릴 수 있다고 생각했다. 논리적인 생각들이 눈사람처럼 녹아내렸다. 아무런 설명도 필요하지 않았다. 그냥 살아 계신 아버지를 만났고, 그로 인하여 기쁨과 평화가 넘칠 뿐이었다. 이렇게 하나님의 만남은 뜨거운 경험이었다. 이 감격을 어떻게 말로 다 표현할 수 있으랴!

당연히 나도 다른 사람처럼 안수기도를 받아야 한다고 생각했다. 내 요청에 따라 강사가 있는 앞으로 나를 데려가려고, 여러 사람이 와서 깔고 앉아 있는 요를 각각 잡더니 번쩍 들어 올렸다. 순간 강당을 쩌렁쩌렁 울리는 비명이 내 입에서 터져 나왔다. 모든 사람의 눈들이 일시에 내게로 향했다. 내 요를 번쩍 들어 올리던 사람들이 얼마나 놀랐던지 잡았던 요를 다시 바닥에 내려놓았다. 내가 앉았던 요는 널빤지가 아니라서 위로 들어 올리는 순간 몸무게 때문에 요가 아래로 처지면서 꼬부라진 내 몸이 바짝 오그라들었기 때문이다. 그때 강사가 내 쪽을 쳐다보면서 큰 소리로 말했다.

"거기 그대로 계세요! 내가 가서 기도해 줄게요!"

그때 어떤 남자분이 다가왔다.

"나는 부흥 집회를 많이 다녀 봤지만, 아주머니처럼 몸이 처참한 사람은 처음 보았습니다! 이곳에도 아주머니처럼 참혹하게 생긴 사람은 없습니다. 예수 믿고 꼭 승리하세요!"

드디어 안수기도를 다 마친 강사가 나한테로 왔다.

"마음을 평안히 가지세요! 아무 걱정하지 마세요!"

그리고 내 머리에 손을 얹고 예수 이름으로 병이 떠나길 명령하자, 정수리의 머리가 쭈뼛 일어서더니 순식간에 통증이 줄고 몸이 가벼워졌다. 난생처음 받아 보는 안수기도였다. 내가 어안이 벙벙해서 어리둥절하고 있는데, 곁에서 지켜보던 교인들이 하나님께 영광을 돌리라고 말했다. 하지만 하나님께 영광을 돌리는 게 무언지 몰라서 눈만 껌벅거리면서 가만히 있는데 강사가 말했다.

"차차로 몸이 좋아집니다! 염려하지 마세요!"

정말 이것이 현실일까? 내게 벌어진 일들이 꿈을 꾸는 것처럼 비현실적으로 느껴졌다. 예수 이름에 무슨 능력이 있기에 머리에 손만 얹었는데 통증이 확 줄어든 것일까! 소름이 끼칠 정도로 두렵고 떨리는 일이었지만, 하나님의 능력을 실제로 경험한 사건이었다. 지금까지 치료하려고 복용했던 약들마다 통증이 더 악화하는 경험에 익숙했던 내게, 초자연적인 위력은 통증만이 아니라 생각과 가치관조차 송두리째 뒤엎어 버렸다.

나는 기쁨을 이기지 못하고 울고 또 울었다. 나를 이 땅에 존재시킨 창조주를 만난 건, 통증이 줄어든 것보다 훨씬 더 중요했다. 이것은 내 생애에서 최고의 선물이었고, 최고의 행운이었다. 무엇과도 바꿀 수 없는 내 아버지의 만남! 그분은 단 한 번도 우리 곁에서 떠나신 적이 없었고, 우리를 멀리하거나 방치한 적이 없었다. 어떤 이유에서건 우리가 그분을 외면했을 뿐이다.

지금도 전도하는 예수꾼들이 가장 귀찮고 싫다는 건, 창조주 하나님께서 우리를 멀리하거나 방치하지 않으시고, 믿는 사람들을 통하여 지겹도록 우리를 부르시고 찾으신다는 증거였다. 나도 담임목사나 고모를 통해서 끈질기게 찾아오신 하나님의 부르심 때문에, 이곳까지 왔다는 걸 인정하지 않을 수 없었다. 믿는 자들의 전도는 애타게 찾으시는 하나님의 부르심이었다. 우리가 세상 풍조를 따라서 육체의 욕심대로 사느라고 아버지의 부르심을 분별하지 못했을 뿐이다.

약속된 집회 일정이 거의 끝나 갈 무렵에, 성령 받기를 사모하는 사람들은 자리를 떠나지 말고 앉아서 기도하라고 광고했다. 목사님들이 기도해 주려고 앞으로 나오더니 도열 했다. 나는 바짝 긴장했다. 하나님이 주시는 것이라면, 그것이 무엇이든 다 받아야 한다고 생각했기 때문이다. 예배는 끝났기 때문에 어머니를 비롯하여 주변에 있던 교인들이 모두 다 자리를 뜬 상태였다.

혼자 누워서 기도하기 시작했다. 그때까지도 사모하는 열정만 있었지, 성령님에 대한 지식이나 기도하는 방법조차 몰랐기 때문에, 가까이에 앉아 있는 사람들의 행동을 유심히 살펴보면서, 무엇이 어떻게 되는지를 눈치껏 관망하는 수준이었다. 드문드문 머리 숙이고 앉아서 기도하는 사람들이 보였다. 목사님들이 그런 사람들만 찾아가서 머리에 손을 얹고 기도해 주는 것이 보였다.

나는 누워 있었기 때문에 목사님들이 그대로 지나쳐 버릴 확률이 높다고 생각했다. 그래서 두 눈을 다 감지 못하고 한쪽 눈은 살짝 뜬 채로, 목사님들의 움직이는 상황을 살피지 않을 수 없었다. 더군다나 뱃심이 없어서 목소리를 높여야 할 일이 생기면 곤란하기 때문이다. 강당은 예배를 마친 사람들이 군데군데 모여서 떠드는 소리로 와글거렸다. 어떤 목사님이 가까운 곳에서 어떤 분에게 머리에 손을 얹고 기도해 주고 있었다. 그제야 두 눈을 꼭 감았다. 그리고 그분이 알아들을 거라고 기대되는 만큼, 아랫배에 온 힘을 주면서 목청껏 소리를 질렀다.

"나도 주시옵소서! 나도 주시옵소서! 나도 주시옵소서!"

내가 요청하는 기도가 정확하게 무엇인지는 모르지만, 아무튼 하나님이 주시는 거라면, 그것이 무엇이든지 다 받아야겠다고 생각했다. 나는 하나님이 주시는 무엇을 간절히 열망했다. 내가 기도하는 목소리를 알아들은 목사님이 오더니 누워 있는 내 머리에 손을 얹고 기도했다. 그분도 내가 얼마나 처참한 상황인지 다 보았을 것이다. 지금도 돌아보면 일생일대에 가장 중요하고 숨이 막히게 아슬아슬한 순간이었다. 하나님이 영으로 계신 성령을 구하는 기도였기 때문이다. 그때는 나도 달라고 요청하는 내용을 잘 이해하지 못했지만, 다른 사람들처럼 아멘! 아멘! 하면서 무조건 화답했다. 바로 그때였다. 혀가 뻣뻣해지면서 안쪽으로 말려 들어가는 것 같더니, 이상한 말소리가 입에서 튀어나왔다. 깜짝 놀라서 눈을 활짝 뜨고 기도하는 목사님을 쳐다보았다. 그때 눈이 딱 마주쳤다. 그래서 내 혀가 뻣뻣해지면서 안으로 말려 들어가는 듯한 이상한 일이 벌어졌다고 말을 하는데, 내가 하는 말은 어디로 가 버렸는지, 알아들을 수 없는 이상한 발음의 말이 내 입에서 술술 나왔다. 그러자 기도해 준 목사님이 말했다.

"성령 받고 방언을 말하는 것입니다! 계속 그렇게 기도하세요!"

내가 달라고 기도한 게 바로 이거라는 건 상상하지 못했다. 그때 처음으로 방언이라는 말을 들었다. 그리고 내가 간절히 달라고 기도했던 게 성령님이라는 걸 알았다. 2천 년 전에 예수께서 하신 약속이 지금도 지켜지고 있다는 것이 꿈만 같았다. 예수가 사람인데, 왜 신(神, 靈)이라고 하는지도 비로소 깨닫게 되었다. 성경에 기록된 말씀은 교리가 아니고, 하나님이 약속하신 음성을 담은 천국에서 보낸 편지였다. 내 평생에 이런 방언은 단 한 번도 해 본 적이 없었다. 그때부터 방언으로 기도하는데 마음 깊은 곳으로부터 기쁨과 평화가 샘솟기 시작했다. 처음에 내가 질투할 만큼 부러워했던 그 '기쁨과 평안'을 나도 넘치도록 받아서 누리게 되었다.

> 평안을 너희에게 끼치노니 곧 나의 평안을 너희에게 주노라. 내가 너희에게 주는 것은 세상이 주는 것과 같지 아니하니라. 너희는 마음에 근심하지도 말고 두려워하지도 말라 - 요 14:27

하나님은 평화의 신이었다. 하나님은 기쁨의 신이었다. 하나님은 세상에 존재하는 모든 것의 근원이신 신(神)이었다. 그분의 영이 내 안에 들어오심으로 덩달아 나도 기쁨과 평안을 누리게 되었다. 너무너무 놀라운 일이었다. 그래서 예수를 믿는 사람들은 험난한 세상에서도 평안과 기쁨을 누린다는 걸 알게 되었다. 나한테도 그런 기쁨과 평화가 임했다. 이런 평안은 돈으로도 사지 못한다는 걸 너무나 잘 안다. 그런 평안을 거저 받아 누리게 되었다. 주의 영인 성령님을 내 안에 모셨으니, 그분의 평안을 덩달아 모시게 되었다.

가슴에서 치밀어 오르는 기쁨과 감사를 참을 수 없었다. 비로소 주님을 영접하기 전에 '내버려두거라~'고 말씀하시던 음성의 주인공이 하나님이라는 걸 깨닫게 되었다. 만약에 그때 내게 말씀하신 분이 다른 영이었다면, 결단코 하나님께로 오지 못했다. 그때도 지금과 똑같은 '평안'이 임하던 걸 생생하게 기억한다.

우리가 눈으로 보지 못하지만, 영의 세계는 분명하게 존재했다. 이것은 우리가 인정하느냐 인정하지 않느냐 하는 것과는 아무런 상관이 없다. 영의 나라는 이미 존재했다. 우리가 알지 못했어도 보이지 않는 영의 지배를 받으면서 살아왔다. 그런데도 진리 안에 들어오지 않으면 아무것도 모르고 살다가, 아무것도 모르고 저세상으로 떠나면, 그때 비로소 만나지 않을 수 없는 나라이다. 그것은 너무나 두렵고 상상하기조차 끔찍한 일이다. 이 모든 걸 창조하신 하나님께 와서야 비로소 영의 세계가 있다는 것을 알게 되었다.

지금의 나처럼 말이다. 나는 그리스도 안에서 새사람으로 탄생했다. 사망의 세상을 따라가다가 만난, 사지가 다 꼬부라진 앉은뱅이가 되었던 이전의 나는 완전히 사라지게 될 것이다. 이제는 죽은 자도 산 자처럼 부르시고, 없는 것도 있는 것처럼 불러내시는 생명의 말씀과 성령을 따라서 사는 새로운 삶을 시작하게 될 것이다!

하나님의 사랑

내가 예수를 믿고 죽었던 영이 다시 태어났다고 해서, 꼬부라져서 죽어 가던 외모가 달라진 건 아무것도 없었다. 다시 세 평 남짓한 좁은 내 방으로 돌아왔지만, 변한 것은 아무것도 없었다. 빛바랜 벽지도, 할머니의 낡은 옷궤도, 며칠 전과 비교해서 달라진 것은 아무것도 없었다. 며칠 동안 비어 있던 윗목에, 다시 이부자리가 펼쳐지고 짐짝만도 못한 내 몸이 그 위에 눕혀졌다. 수년 동안 한 번도 변하지 않은 할머니 방의 풍경이었다.

그런데 나는 아버지가 근심할 정도로 전혀 다른 사람으로 바뀌어서 돌아왔다. 과연 며칠 만에 사람이 이렇게 극적인 변화가 가능한 것인가! 나조차도 꿈을 꾸는 것만 같았다. 그러나 조금만 깊이 생각하면 금방 깨달을 수 있었다. 하나님을 만난 사람과 못 만난 사람은 하늘과 땅만큼 차이가 크다는 것을! 지금도 기독교 신앙공동체 안에 속해 있어도, 여전히 세상과 짝하며 절망과 고통 속에서 삶을 비관하고 있다면, 분명히 말하지만, 하나님을 알지도 못하고 만난 적도 없다는 증거이다. 이렇게 속사람이 하나님의 생명으로 다시 태어났기 때문이다.

좁디좁은 할머니 방에 얹혀살아도, 빛바랜 벽지의 꽃무늬도, 예수 안에 있는 기쁨과 평안을 방해하지 못했다. 이제 내 시야는 좁은 방 안을 넘어서, 거대한 우주공간을 넘어서, 주님의 보좌가 있는 하나님 나라를 향하고 있었다. 절망과 두려움 속에서 자살을 계획하고, 죽음의 정체를 알기 위해서 존재 근원을 찾아 헤매던 며칠 전의 나는 이미 사라져 버렸다. 나는 하나님의 영으로 다시 태어난 새사람이었다.

> 그런즉 누구든지 그리스도 안에 있으면 새로운 피조물이라. 이전 것은 지나갔
> 으니, 보라 새것이 되었도다 - 고후 5:16

성경이 증거하는 대로 나는 예수 그리스도 안에서 다시 태어난 새로운 피조물이었다. 그것도 거대한 비용을 지불하고 획득한 것이 아니라, 하나님의 은혜로 값없이 거저 받은 선물이었다. 굳이 내가 드린 대가가 있다면, 고모의 전도를 듣고, 통증으로 범벅이 된 꼬부라진 몸뚱어리임에도 불구하고, 감히 그런 몸을 고쳐 보려고 집회 장소를 찾아갔고, 거기서 설교 말씀을 듣고, 성령의 일하심을 보고, 하나님께 마음을 활짝 열고 다가갔을 뿐이다. 그리스도 안에서 하나님이 주시는 모든 선물은 값없이 거저 주신다는 걸 친히 경험했다.

당시엔 자동차가 많지 않던 시절이라 여전히 교회를 다닐 수 없었다. 교회 생활 경험이 전혀 없던 터라 예배는 어떻게 드리는지, 기도는 어떻게 하는지, 찬송가는 부흥 집회에서 들어 본 것이 처음이었으니, 도무지 혼자서는 예배와 관련된 어떤 행위도 할 수가 없었다.

이렇게 교회를 다니면서 예배와 신앙생활을 배우지 못하고, 또다시 홀로 지내는 방 안 생활이 지속되다 보니, 기쁨에 들떴던 마음도 점점 시들어 갔다. 그때 담임목사가 오더니 멀지 않은 곳에 있다는 기도원에 가라고 강력하게 권면했다. 기도원이 무얼 하는 곳인지도 모르는 내가, 아버

지를 설득해서 담임목사의 권면을 따라서 기도원에 갔다. 핍박의 대상이던 담임목사가 이제는 가장 신뢰하고 따르는 분으로 바뀌었다. 갑작스럽게 전개되는 일련의 사태들을 아버지는 못마땅하게 생각했지만, 혹시 병 고치는 기회가 될지도 모른다는 생각으로 나를 기도원으로 보냈다.

난생처음 찾아간 기도원은 특별히 하나님의 병 고치는 능력이 강하게 나타나는 곳이었다. 거기서도 하나님의 살아 계심과 강한 성령의 치유 은사가 나타나서 치료받았다는 간증자들을 만날 수 있었다. 이미 부흥 집회에서 경험했던 병 고치는 일이었고, 하나님이 살아 계시기 때문에, 그분이 병 고치는 건 너무나 당연하다고 생각했다. 그곳에 머무는 동안 믿음으로 기도하는 걸 배웠고, 열정적으로 예배드리는 게 어떤 건지도 배우게 되었고, 수많은 찬송가와 복음성가도 따라 부르면서 배우게 되었다. 주말이면 거기를 찾아오는 사람들로부터 하나님의 능력으로 치료받은 귀중한 간증들을 직접 당사자 입을 통해서 듣게 되었다. 하나님의 은혜로 치료받은 사람들을 친히 만나면서 내 믿음은 한량없이 커지게 되었다.

비로소 믿음과 관련하여 회개(悔改)를 깊이 있게 할 수 있는 기회가 되었다. 어떤 비도덕적인 범죄뿐만 아니라, 그동안 하나님의 존재를 무시하고 인정하지 않았던 행위들까지 모두 참회하게 되었다. 질병은 물론이지만 모든 문제를 일으키는 배후에는 하나님께 고백하지 않은 자신의 죄(罪)와 깊은 관련이 있다는 것도 깨닫게 되었다. 죄는 죄인과 무관하지 않아서, 우리의 신분이 죄인이었다는 것도 깨달았다. 그런 우리가 예수를 구주로 영접하는 순간에 하나님의 자녀로 거듭 태어났다. 이런 믿음이 뜨거운 현장에선 자연스럽게 질병 치료가 동반되었다. 질병은 죄와 관련되었기 때문이었다. 그래서 죄를 해결하는 진실한 회개는 반드시 치료를 동반하는 이유였다. 우리가 겪는 질병과 고통은 죄라고 생각하는 우리의 행위를 통하여 벌어진 일이라는 걸 알게 되었다. 그것은 결과적으로 질병의 배후로 지목되는 사단과의 연합이었기 때문이다. 이 문제를 처리하는 수단이 죄를 고백하는 회개였다는 것을 알게 되었다.

이것은 결국 죄(마귀)의 종살이에서 해방되어 예수의 생명으로 다시 태어났다는 것을 의미한다. 그러니까 하나님을 모르고 살았던 시절엔 나도 모르는 사이에 죄(마귀)의 종노릇을 했다. 이것을 알게 하신 분이 하나님이셨다. 무엇이든지 죄는 마귀로부터 비롯된 것이었다. 그러므로 질병도 대개는 죄와 상관된 것이었다. 그러니까 죄가 사해지면 자연스럽게 질병이 떠나는 것이다.

> 침상에 누운 중풍 병자를 사람들이 데리고 오거늘, 예수께서 그들의 믿음을 보시고 중풍 병자에게 이르시되, 작은 자야 안심하라. 네 죄 사함을 받았으니
> - 마 8:2

이 구절에서도 죄 사함을 받자마자 병이 떠나가는 장면이 기록되었다. 죄를 사하시는 권세가 있으신 예수님이 가시는 곳곳마다 병이 치료되는 이유는 너무나 명료했다. 그래서 사람들이 하나님의 자녀로 거듭나면 당연히 따라오는 것이 회개였다. 회개는 그동안 하나님을 무시하고 조롱하고 깔보고 말씀을 대적했던 행위들을 고백하고 참회하는 행위였다. 이런 행위는 반드시 치료와 연결된다는 점이었다. 예수님이 가시는 곳곳마다 질병이 치료되는 이유를 알게 되었다. 사람이 하나님의 아들로 거듭나면 자연스럽게 회개가 나오는 이유도 알게 되었다. 하나님과 영적으로 관계

가 단절되었던 우리에게 그리스도를 통하여 관계가 회복되면서, 우리가 죄인이었다는 걸 깨달으면서, 죄가 드러나기도 하고 떠나기도 하면서 치유되고 회복된다는 것을 알게 되었다.

> 내 이름을 경외하는 너희에게는 공의로운 해가 떠올라서 치료하는 광선을 비추리니, 너희가 나가서 외양간에서 나온 송아지 같이 뛰리라 - 말 4:2

그야말로 눈물, 콧물을 쏟아내면서 죄를 자백하다가 질병이 떠났다는 간증들이 생기는 이유도 알게 되었다. 질병은 죄나 사망과 관련된 문제였지, 하나님의 생명과 관련된 문제가 아니었다. 그래서 회개는 반성이 아니라 죄로부터 완전히 돌아서서 하나님께로 돌아가는 행위였으며, 하나님의 말씀에 순복하는 믿음의 반응이기 때문에, 죄(질병)가 저절로 사라지면서 질병도 덩달아 사라지는 것이었다.

이런 치료의 원리를 깨달으면서 죄(罪)라고 생각되는 모든 기억을 하나님께 낱낱이 털어놓고 눈물과 콧물까지 쏟으면서 회개했다. 질병의 원인이 죄라는 걸 알았고, 죄를 해결하는 수단이 회개라는 것도 알았다. 그러니 중환자로서 회개에 집중하지 않을 수 없었다. 마귀는 죄의 제공자이기에 죄악을 행하도록 충동질했지만, 하나님은 죄악을 멀리하도록 이끄시는 분이었다. 나는 하나님을 경험하고 싶은 열망이 뜨겁게 일어났다.

> 여호와께서 말씀하시되 오라. 우리가 서로 변론하자. 너희의 죄가 주홍 같을지라도 눈과 같이 희어질 것이요. 진홍같이 붉을지라도 양털같이 희게 되리라 - 사 1:18

회개 없이는 기도도 찬양도 예배도 무의미하다는 것을 확실하게 깨달았다. 환자들은 질병 때문에 겪는 수많은 상처에 시달리는 사람들이다. 질병으로 인한 고통과 절망도 그렇지만, 병들었다고 구박하고 버리는 가족들과 친척들, 건강에 치명적인 해를 끼친 사람들, 세상에서 외면당한 채 홀로 살아갈 때, 고독과 외로움은 환자들의 인격을 완전히 망가뜨린다. 그래서 환자들의 가슴은 한과 분노와 원망으로 가득 차 있는 경우가 태반이다.

나도 가슴에 쌓였던 한과 울분을 하나하나 고백하면서 눈물로 회개했다. 그러자 상처와 아픔과 분노가 말끔하게 사라지면서 회개의 열매가 나타났다. 마음에 무한한 평안과 용서하는 마음이 거세게 일어났다. 하나님의 은혜를 생각하면 세상에서 용서 못 할 사람이란 존재하지 않았다. 마음이 날아갈 듯이 가볍게 느껴졌다. 용서하는 자의 마음에 찾아오는 행복과 평안을 무엇에 비교할 수 있었으랴! 힘에 부치도록 품고 있던 엄청난 미움과 원한과 울분의 덩어리를 내던져 버린 홀가분함은 경험한 자만이 알게 된다.

너무나 자유롭고 행복해서 날마다 살맛이 샘솟았다. 그때부터 세상은 원망과 설움의 장소가 아니라, 너무나 아름다운 장소로 보이기 시작했다. 나를 아프게 했던 누구라도 무한히 사랑할 수 있을 것만 같았다. 결국 그들이 지금의 나를 만들어 준 장본인들이니, 어찌 감사하지 않을 수 있으랴! 그러니까 나를 아프게 했던 모든 이들이, 오히려 주님을 만나게 해 준 축복의 통로를 제공한 당사자들이었으니 말이다! 이런 절망이 없었더라면, 이런 울분이 없었더라면, 이런 상처와 아픔이 없었더라면, 이런 고독과 외로움이 없었더라면, 나 같은 사람은 죽었다 깨어나도 하나님을 찾거나 만난다는 건 불가능에 가까울 것이다. 하나님은 이렇게 모든 절망과 아픔을 선으로 바꾸시는 놀라운 분이었다.

이렇게 모든 이들을 용서하는 마음을 품으니, 마음과 생각에 거칠 것이 없었다. 용서는 진실로 믿고 회개하면 나타나는 자연스러운 열매였다. 조물주가 당신이 창조한 사람들의 죄를 처리하려고, 사람들에게 겪으신 멸시와 천대와 수모에 비한다면, 우리가 겪은 최악의 상처나 아픔은 당연했을지도 모른다. 하나님은 사랑이셨다. 그분의 사랑에 힘입어 우리도 사랑과 회개와 용서를 할 수 있었다. 회개와 용서는 사랑의 행위이지, 옳으냐 그르냐를 따지는 정의나 공정에 관련된 행위가 아니었다.

주말에 자매 청년들이 기도원에 올라와서, 뒷동산에 올라가서 열심히 기도했는데, 한번은 한 자매가 나한테 와서 환상 중에 내가 벌떡 일어나는 모습을 보았다고 전해 주었다. 또 다른 사람도 내가 일어나는 모습을 꿈에서 보았다고 전해 주었다. 나도 눈을 감고 기도하는 중이었다. 해가 서쪽으로 넘어가면서 어둑어둑해지기 시작했다. 그때 서쪽 하늘에 붉은 노을이 피어오르기 시작했다. 작은 언덕 같은 실루엣이 보였다. 그 아래로 너른 평지가 보였는데, 그곳에 군중들이 빽빽이 모여 있는 실루엣도 보였다. 어둠이 서서 밀려오고 사람들이 무리 지어 서 있는 모습이었다. 작은 언덕 앞쪽에는 십자가가 서 있었고, 십자가 바로 아래쪽으로 약간 높은 위치에 서 있는 한 사람이 있었는데, 그가 군중을 향해서 열심히 연설하는 것 같았다. 그런데 내 속에서 그게 나라고 생각되었다. 그런 모습을 몇 번 더 보게 되었다. 처음으로 보게 되는 그런 것들이 무엇인지는 알 수 없었으나, 나도 신령한 경험을 접한다고 생각하면서 눈물로 기도할 때는, 인격적인 주님의 간섭이 느껴지기도 했다.

비로소 부흥 집회에서 성령을 받은 일이 얼마나 중요했는지 깨닫게 되었다. 어쩌면 성령의 도움이 없었다면, 불신앙으로 다시 돌아갔을지도 모른다. 어떤 상황이 닥치더라도 성령께서 하시는 일이 무엇인지 안다면, 누구라도 그분을 모시려고 사모하고 또 사모할 것이다. 병 고치는 것보다, 성령을 모시는 일이 훨씬 더 급하고 중요하다는 걸 넉넉히 경험하게 되었다. 내가 이렇게 말하는 이유를 이제부터 깨닫게 될 것이다. 이때부터는 성령의 인도하심을 따르게 되었고, 성령의 도움이 없었다면, 이런 기록도 불가능하다는 걸 안다.

> 보혜사 곧 아버지께서 내 이름으로 보내실 성령, 그가 너희에게 모든 것을 가르치고 내가 너희에게 말한 모든 것을 생각나게 하리라 - 요 14:26
> 그러나 진리의 성령이 오시면 그가 너희를 모든 진리 가운데로 인도하시리니, 그가 스스로 말하지 않고 오직 들은 것을 말하며 장래 일을 너희에게 알리시리라 - 요 16:13

한 달 반 동안 머물렀던 기도원에서 영적인 깊은 경험과 예배의 내용이 말씀과 기도와 찬양이라는 것을 배우게 되었다. 이것이 교회를 다니면서 하나님을 섬기는 예배에 대해서 배울 수 없었던 나한테는 너무나 중요한 기회였고, 꼭 필요했던 경험이었다.

말씀으로 이끄시는 성령

　이제 나는 하나님 아버지가 말씀하신 말씀과 그분이 보내신 성령을 따라서 행동하기 시작했다. 부모님의 사랑보다 더 크고 절실했던, 나를 이 세상에 나로 존재하게 하신 아버지의 사랑이 얼마나 그리웠는가! 불치병으로 처절하게 죽어 갔지만, 최첨단의 의술을 자랑하는 의학도, 나를 출생한 부모님도 무기력할 뿐이었다. 이 우주 만물 속에서 아무것도 의지할 수 없었던 처절한 고독과 내 안의 깊은 곳에서 올라오는 외로움이, 결국 나를 존재시킨 하나님의 사랑을 그리워하는 그리움의 감정이었다. 아무것도 의지할 수 없는 내면의 깊은 외로움이, 아버지의 사랑을 찾아서 달려오라는 신호였다는 걸 깨닫게 되었다.

　하나님은 사랑이었다(요일 4:16). 하나님이 창조한 피조물은 그분의 사랑 안에서 기쁨과 감사와 행복과 평화를 누리며 살도록 창조하셨다. 그런데 우리는 날마다 불행했고, 날마다 두려웠고, 날마다 슬픔과 절망에 시달렸다. 왜 그랬을까? 그분의 사랑을 떠나서 죄와 연합하여 살고 있었기 때문이다. 지금 나는 하나님 안에서 기쁨과 감사와 행복과 평화를 누리게 되었다. 처절한 육신의 상황과 여건이 달라진 건 아무것도 없다. 절망하던 내 상황이 변한 건 아무것도 없다. 죽음으로 향하던 내 육신에 굉장한 변화가 생긴 것도 아니다. 그러나 내 마음이 하늘과 땅만큼의 커다란 변화가 생겼다. 하나님이 나의 아버지가 되셨고, 예수께서 나를 구출하시는 구세주가 되셨다. 이런 변화는 오로지 하나님을 믿는 믿음으로 받은 그분의 선물이었다. 나는 하나님의 생명으로 다시 태어난 하나님의 자녀였고, 이제는 하늘나라에 속한 신분이 되었다. 이 세상에 묶여 옴짝달싹하지 못할 이유가 없었고, 꼬부라진 육신에 묶여 절망하고 탄식할 이유가 없게 되었다.

그럼에도 불구하고 꼬부라진 앉은뱅이로, 이전처럼 똑같이 홀로 방치된 채로 살아가는 나를 담임목사가 심방을 왔다. 그리고 성경책을 읽어야 한다고 간곡하게 권했다. 그때까지도 성경책이라는 말도 어색한 상황이었다. 그러나 기도원에서 돌아온 뒤부터 성경을 읽기 시작했다. 성경을 읽어야만 하나님이 어떤 분인지 알 수가 있었고, 예수님이 어떤 분인지 알 수 있었기 때문이었다. 하나님의 도움을 받으려면 그분에 대해서 자세하게 기록한 성경책을 읽는 것이 옳다고 생각했다. 물론 내 판단은 아주 정확했다. 이런 과정에서 담임 목사의 권면도 중요한 역할을 했다.

"성경을 읽으세요. 하나님의 관심을 끌려면 하나님이 어떤 분인지 알아야 합니다. 하나님을 알려면 성경을 읽는 길밖에 없어요! 어떤 성경 주석이나 해설서도 성경보다 앞서지 않습니다. 아무것도 보지 말고 무조건 성경책만 읽으세요. 성경을 읽으면서 따지거나 분석하려 들지 말고, 모르면 모르는 채로 그냥 넘어가면서 읽기만 하세요. 단, 성령님께 영감을 구하세요. 성경은 성령의 감동으로 하나님의 영감을 받아 기록한 책이기 때문에, 성령의 도우심이 없이는 깨달을 수 없습니다. 오히려 인간들의 지식적 체계로 성경을 연구하고 해석해 놓은 바람에, 오히려 엄청난 오류가 발생하는 것이 현실이니까요!"

> 먼저 알 것은 성경의 모든 예언은 사사로이 풀 것이 아니니, 예언은 언제든지 사람의 뜻으로 낸 것이 아니요. 오직 성령의 감동하심을 받은 사람들이 하나님께 받아 말한 것임이라 - 벧후 1:20~21

이렇게 성경 기록에도 담임목사의 말을 뒷받침하고 있었다. 하나님을 알려면 당연히 성경을 읽어야 한다. 더군다나 교회를 다니면서 설교를 들을 기회가 없는 나로서는 불가피한 일이기도 했다. 큰동생이 두꺼운 성경책을 사다 주었다. 그때부터 성경 읽기에 빠져들기 시작했다. 어머니는 내가 누워 있는 자세에 맞도록 베개로 성경책을 받쳐 놓고 보도록 했다. 그리고 어머니가 한 장씩 넘겨 주는 대로 읽는데도, 몇 장을 넘어가지 못하고 눈알이 빠질 듯이 아파서 중단해야만 했다. 성경 읽기는 아픈 몸에 고통을 더 추가하는 일이었다. 하지만 대충 읽어 보다가 그럭저럭 포기할 내가 결단코 아니었다. 너무나 고통이 심하면 중단했다가 상태가 조금 수월해지면 다시 읽기를 계속했다.

성경에 등장하는 역사적 인물들은 자신이 깨달았거나 배우고 익혔다는 지식을 전달하는 곳은 단 한 군데도 없었다. 하나님을 만난 경험과 그분에게서 들은 감동이나 말씀들이 기록되어 있었다. 복잡한 세상에서 이처럼 적나라하게 영적 세계를 기록해 놓은 책이 존재한다는 것이 신기할 뿐이었다. 이런 세계를 모르고 살아온 지난 세월이 한없이 후회스러웠다.

가을에 시작한 성경 읽기는, 겨울까지 3번 정독했다. 기적 같은 일이 벌어졌다. 방 안에 갇혀 꼬부라진 몸으로 지내는 동안에, 창세기부터 요한계시록까지 23번 정독했다. 그 이후에 읽은 것까지 합쳐 보면 적어도 40번 이상 정독했다고 기억한다. 물론 필요에 따라 그때그때 수시로 읽었던 신약성경은 아마도 100독은 족히 했을 것으로 기억한다.

 우주 만물과 인간은 우연한 기회에 생겨났거나 어떤 종(種)이 진화해서 생긴 존재가 아니었다. 우주 만물은 하나님이 계획적으로 창조하셨고, 인간도 그렇게 창조하셨다. 인간은 다른 동물들에 비하여 월등하게 하나님의 형상과 모양을 따서 만들었다. 그러니까 사람이 이런 모습인 건 하나님의 모습이 이렇다는 말이다. 외양만이 아니라, 성품과 속성과 자유의지까지도 하나님을 닮았다. 그래서 하나님과 자유롭게 교제하며 사랑하며 순종할 수 있었다. 인간은 하나님을 꼭 닮은 그분의 자녀였다. 하나님이 영적 존재이듯이 사람도 영원히 사는 존재였다. 자식이 부모를 닮듯이 말이다. 하나님은 당신을 꼭 닮은 인간에게 이 세상을 지배하고 다스릴 수 있는 권위를 부여해 주었다. 하나님의 형상을 닮은 인간에게 아까운 게 아무것도 없었으리라! 사람도 자식에게 그렇듯이 말이다.

 이렇게 사람은 신령한 생활(창 2:7)과 육신의 생활(창 1:29)을 동시에 누릴 수 있는 존재로 창조하셨다. 그러니까 육체를 위하여 식물이 필요했고(창 1:29), 영을 위해서는 말씀이 필요했다(창 2:17). 육체는 식물을 먹어야 죽지 않고 살게 하셨고, 영은 말씀에 순종하여 살도록 하셨다. 여기서 중요한 건 영혼이었다. 왜냐하면 하나님은 영(프뉴마)이시기에, 사람과의 교제도 육신이 아닌 영이었다. 영이 하나님의 생명 안에서 살려면 말씀에 순종하면 된다.

  하나님은 영이시니 예배하는 자가 영과 진리로 예배할지니라 - 요 4:24

 놀라운 일은 누워서 읽던 성경을 앉아서 읽게 되었다는 점이다. 뼈가 맞

닿는 엉덩이와 복사뼈의 욕창이 심했기 때문에, 꼬부라져서 굳어 버린 다리 때문에, 오래 앉아 있는 것은 불가능했다. 그럼에도 불구하고 성경을 읽는 동안에는 아픈 것도 잊어버릴 정도였다. 성경 말씀이 꿀처럼 달다는 말은 진실이었다. 비교할 것이 없어서 꿀이라고 했겠지만, 사실은 꿀하고는 비교될 수 없는 행복감이 온통 나를 휘감았다. 그분에게 내 사랑을 다 내어 드려도 억울하지 않을 만큼, 하나님을 향한 사랑이 내 안에서 샘솟기 시작했다. 세상에서 가장 추한 모습으로 살아가는 내가, 어찌 이런 행복한 경험이 가당키나 한 일이던가! 내 안에서 하나님에 대한 사랑이 샘물처럼 솟구쳤다.

영의 나라에서 벌어지는 놀라운 일들이 성경에는 가득하게 기록되어 있었다. 성경은 보이지 않는 하나님을 경험한 사람들의 기록으로 가득했다. 어떤 철학이나 특정인이 터득한 도(道)를 기록한 것이 아니라, 하나님이 당신의 뜻을 위하여 부르시고, 부름에 순종하는 사람들에 대한 기록들로 가득했다. 그러니까 성경은 처음부터 끝까지 하나님이라는 창조주와 구세주인 예수 그리스도와 지금도 성경에 기록된 말씀을 보증하시는 성령의 역사와 그를 의지하고 그에게 쓰임 받은 사람들이 하나님을 어떻게 경험했는지를 기록한 책이었다. 지금 나도 하나님을 경험한 것들을 기록하고 있다.

보이지 않는 영적 세계를 이토록 적나라하게 기록한 책이, 세상에 있다는 것이 신기할 뿐이었다. 우리가 놓치지 말아야 할 것은, 하나님이 원하는 뜻에 따라서 사람을 창조하셨고, 그분의 뜻대로 여기서 살고 있다는 점이다. 나는 미친 듯이 성경에 빠져들었다.

지금까지 나를 창조하신 아버지가 누군지 몰랐던 건, 하나님은 눈으로 볼 수 없는 영(靈)이시기 때문이었다. 더군다나 하나님은 그리스도 안에서만 계시하시기 때문이었다. 그래서 그리스도 밖에 있었던 내가, 그리스도 밖에서 하나님을 찾으려고 해도 전혀 찾을 수 없었던 이유였다.

> 하나님의 지혜에 있어서는, 이 세상이 자기 지혜로 하나님을 알지 못하므로, 하나님께서 전도의 미련한 것으로, 믿는 자들을 구원하시기를 기뻐하셨도다
> - 고전 1:21

하나님은 오직 그리스도 안에서만 계시하셨다. 영의 세계에 대한 실상을 알려면 그리스도를 구원의 주로 영접해야 하는 이유이다. 사람은 영의 세계를 보지도 못하고 알지도 못한다. 하나님은 물질을 초월해서 존재하는 신령한 존재이시다.

하나님은 인간을 고아처럼 내버려두지 않으시고, 그리스도를 통해서 인류를 향한 자신의 사랑을 완전히 드러내셨다. 게다가 생명의 근원이신 당신을 믿고 의지하라는 말씀들이 성경 전체를 이끌어 가고 있었다. 고난으로 점철된 이 세상에서 진리(眞理)는, 성경책이라는 물리적인 그릇에도 기록하여 지금까지도 하나님을 믿고 의지하라고 말씀하고 계셨다.

하나님을 믿고 따르는 자를 통하여 인류 역사에도 개입하셔서 친히 행동하셨다. 사람들이 어떤 스타일의 신을 좋아하느냐 하는 것은 전혀 상관없는 일이었다. 우주 만물과 사람은 우리의 뜻에 따라서 창조된 것이 아니라, 하나님의 뜻에 따라서 창조되었다. 우리가 하나님의 뜻을 따라야지, 하나님이 우리의 뜻을 따르지 않는다는 말이다. 우리는 무엇을 어떻게 행할지를 알지 못하기 때문이다.

그동안에는 온종일 누워서 모든 생각과 마음과 감정들을 오로지 죽음과 통증과 절망과 슬픔에만 집중했던 내가, 이제는 성경 말씀에만 집중하다 보니 하루의 시간이 너무나 짧기만 했다.

한번은 꿈에서 보니, 내가 책상 앞에 앉아서 열심히 성경책을 읽고 있을 때였다. 허름한 옷을 입은 청년 남자가 내 옆으로 다가왔다. 내가 고개를 들고 바라보는 순간 예수님이라는 걸 알았다. 그분은 내가 읽고 있는 성경 구절들을 손가락으로 일일이 짚어 가면서 하나씩 하나씩 설명해 주셨는데, 얼마나 자상하고 다정하게 말씀하시던지, 마음이 뜨거워지고 후끈거렸다. 성경을 통해서 꿈과 환상은 하나님께서 계시의 통로로 사용하시는 걸 알게 되었다. 꿈은 우리의 의식이 잠들었을 때 나타나지만, 환상은 우리의 의식이 깨어 있을 때나 비몽사몽간에 나타난다는 것도 알았다.

> 그들이 떠난 후에 주의 사자가 요셉에게 현몽하여 이르되 - 마 2:13
>
> 꿈에 지시하심을 받아 갈릴리 지방으로 떠나가 - 마 2:22

나도 꿈을 통해서 신령한 것들을 보여 주시기 시작했다. 그 후에도 몇 번이나 더 예수님이 꿈으로 나타나셔서 말씀을 일일이 설명하시면서 가르쳐 주셨다. 그때는 말씀을 읽는 도중에도 신령한 감동에 휩싸일 때가 많았다. 또한 난해했던 말씀들이 순식간에 깨달아지는 놀라운 경험도 많았다. 그럴수록 말씀에 대한 궁금증은 더욱더 증폭되었다. 그런데도 궁금증을 해결할 수 있는 길이 없었다. 그래서 성경을 읽고 또 읽을 수밖에 없었던 저간의 사정이, 얼마나 중요했는지를 깨달은 건 오랜 시간이 흐른 뒤였다.

나는 살기 위해서 기록된 말씀에 주목하기 시작했다. 주님이 약속하신 말씀들은, 어쩌면 그렇게도 우리의 사정을 소상하게 아시는지! 말씀에 빠져들지 않을 수 없었다. 말씀만 읽으면 행복과 평화가 가슴이 벅차도록 차고도 넘쳤다. 말씀이 생명이기 때문이었다. 하나님은 우리를 행복과 평안으로 초대하고 싶어서 애타게 부르셨다는 걸 깨달았다. 칠흑 같던 어둠 속에서 절망과 고통으로 찌든 나를, 하나님은 너무너무 행복하게 만들어 주셨다. 천장만 쳐다보면서 절망하던 나를 기쁨이 차고 넘치도록 만들었다. 사람들이 망하는 것은 단순히 죄 때문이 아니라는 걸 깨닫게 되었다. 우리가 망하는 건 하나님을 아는 지식(경험을 의미)이 없었기 때문이었다.

내 백성이 지식이 없으므로 망하는 도다. 네가 지식을 버렸으니 나도 너를 버려 내 제사장이 되지 못하게 할 것이요. 네가 네 하나님의 율법을 잊었으니, 나도 네 자녀들을 잊어버리리라 - 호 4:6

언젠가 질병에 깊은 관심을 가졌던 분으로부터 마음을 편안하게 가져야 치료된다는 권면을 받은 적이 있었다. 또한 병을 이기고 말겠다는 강한 신념을 가지라는 권면도 잊지 않았다. 그러나 불치병 환자라면 누구나 다 알겠지만, 병이 고쳐지지 않는 동안에는 아무리 노력해도 불안이나 두려움이 떠나지 않는다. 그것들은 우리의 노력으로 떠나는 게 아니라는 걸 깨달았다. 믿음과 확신은 노력으로 얻어지는 게 아니었다. 그런데 예수님은 이렇게 약속하셨다.

구하라, 그러면 너희에게 주실 것이요, 찾으라, 그러면 찾을 것이요. 문을 두

드리라, 그러면 너희에게 열릴 것이니 - 마 7:7

내 이름으로 무엇을 구하든지 내가 시행하리니… 내 이름으로 무엇이든지 내게 구하면 내가 시행하리라 - 요 14:13~14

예수님의 약속은 마음을 뜨겁게 움직였다. 예수님의 약속에 마음이 움직이지 않는다면 믿음이 없기 때문이다. 믿음은 기도나 슬슬 한번 해 보자는 식의 생각이 결단코 아니었다. 내 마음이 녹았다. 이 약속 앞에 구구절절한 아픈 사연들이 무슨 의미가 있겠는가! 말씀을 믿고 구하라는 것뿐이었다. 세상에서 이렇게 쉬운 요구조건도 존재한단 말인가?

나는 성경책을 읽다가 궁금한 것들을 생각해 두었다가 담임목사님이 심방을 오면 물어보았다. 그런 기회조차도 담임목사가 타지로 떠나는 바람에 사라져 버렸다. 몇 번의 심방의 기회가 주어졌을 때마다 내 질문에 대답하느라 하루를 보내기도 했다. 그래도 담임목사님은 짜증은커녕 굉장히 놀라워하면서 기쁨을 감추지 못했다.

"어쩌면 그렇게 성경을 속히 깨달을 수가 있습니까?"

"성경을 쉬지 않고 읽어서 그런 모양이에요!"

"그래도 그렇지, 너무나 속히 깨닫는군요!"

물론 말씀을 읽도록 감동하신 분도 성령이셨고, 말씀을 깨닫게 하신 분도 성령이셨다. 성령을 모시는 일이 가장 급하고 중요하다는 것을 이해할 수 있을 것이다. 내게 나타나는 신령한 현상들은 모두 성령께서 하시는 일이었다. 그렇지 않다면 내가 무슨 재주로 혼자서 하나님의 말씀을 속히 깨달을 수 있었겠는가!

보혜사 곧 아버지께서 내 이름으로 보내실 성령 그가 너희에게 모든 것을 가르치고 내가 너희에게 말한 모든 것을 생각나게 하시리라 - 요 14:26

담임목사는 말씀을 계속해서 읽으라고 권면했다. 나는 성경을 수십 번 읽으면서 빨리 읽으려고 노력하지 않았다. 필요할 때마다 성경 구절을 따라다니면서 비교하고 연구하면서 꼼꼼하게 정독했다. 그러다 보니 하나님의 뜻을 점점 더 많이 깨달아 가기 시작했다.

담임목사를 욕했던 내가 사지가 꼬부라져 지내는 동안에 성경책을 23번 정독했다. 성경의 책마다 비슷한 내용이나 서로 연관된 구절마다 찾아다니면서 확인하고 검토하고 비교하면서 천천히 읽었는데도 말이다. 여러 가지 흐름을 잡아가면서 성경을 읽고 또 읽었다. 이렇게 누구의 도움도 받지 않으면서 성경을 독학할 수 있도록 지혜를 주신 분은 말하나 마나 성령이셨다.

나는 영(靈)의 세계를 현실 세계보다 더 실감이 나도록 믿어졌다. 그때부터 주님 나라에 가고 싶은 그리움이 생기기 시작했다. 여전히 통증으로 시달리는 꼬부라진 이 육신을 떠나서 편안히 쉬고 싶었다.

이제는 마음을 푹 놓고 이 세상을 떠날 수 있게 되었다. 이 땅에 나를 보내신 하나님을 만났고, 인간들의 고통과 절망의 이유도 알았다. 내가 죽음이 두려웠던 건, 죽으면 끝나는 게 아니고, 전혀 예상하지 못했던 어떤 세상이 존재할지도 모르기 때문이었다. 그런데 정말 죽으면 우리의 삶이 끝나는 게 아니었다. 그대로 죽었더라면 내 운명이 어떻게 되었을지 상상하는 것조차 거부한다. 지금도 여전히 죽으면 그만이라고 큰소리치던 사람들도, 죽음이 임박하면 두려워서 벌벌 떠는 모습을 여러 번 보았다. 더군다나 좋은 곳으로 가서 편히 쉬라고 마지막 인사를 나누던 사람도, 정작 자기는 좋은 곳으로 떠나기를 두려워한다는 걸 잘 안다.

그러나 나는 확실히 알게 되었다. 몸이 죽으면 흙으로 돌아가지만, 하나님의 생명으로 태어난 내 영혼은 영원한 천국(天國)으로 간다는 것을 확실하게 알았다. 그곳에서 나를 살게 하려고, 십자가에서 죽으셨다가 부활하신 우리 주님이 기다리고 계신다는 것도 잘 알았다. 나는 주님을 너무나 사랑한다. 나를 나보다 더 잘 아시는 그분이 보고 싶었다. 나를 사랑하는 주님이 계신 곳으로 가고 싶었다. 이젠 죽음이 전혀 두렵지 않았다. 그래서 당당하게 죽을 수 있었다. 나를 창조하신 하나님 아버지를 만났고, 그분의 뜨거운 사랑도 경험했으니, 이제는 무엇이 더 아쉬운 것이 있으랴! 정말 아버지가 계신 하늘나라에 가서 평안히 쉬고 싶었다. 이제는 내가 스스로 죽으려고 수고할 필요도 없이, 주님께 나를 불러 달라고 요청할 수 있으니 얼마나 좋았겠는가!

그곳에 가서 편안히 쉬고 싶었다. 그곳은 아픔이 없고, 눈물이 없고, 생이별이 없고, 절망이 없고, 고독이 없고, 생명과 평화가 넘치는 곳이라는 것을 조금도 의심하지 않았다. 이제는 확실히 알았다. 육신의 죽음은 영의 아버지가 계신 곳으로 가는 과정이라는 것을! 죽음은 고난을 지고 있던 육신을 벗어내는 탈피의 과정이라는 것을. 아픔으로부터 탈피였고, 절망으로부터 탈피였고, 고독으로부터 탈피였고, 이별로부터 탈피였고, 고난의 도구인 육체로부터의 탈피의 과정이라는 것을. 죽음은 육신으로 살아가던 삶이 끝나고, 신령한 나라에서 살아가는 삶의 시작이라는 것을!

여기서 중요한 것은, 이 세상에서 하나님의 생명을 소유했느냐에 따라서 저세상에서 사는 운명이 결정된다는 점이다. 흙으로 돌아가는 육신의 삶이 도덕적으로 흠결 없이 착하게 살았느냐가 아니라, 영혼이 그리스도의 생명으로 다시 태어났느냐 하는 문제로 결정되었다. 죽은 영을 살리는 생명(生命)은 오직 예수 그리스도뿐이었다. 하늘나라는 그리스도의 생명을 소유한 자만 들어가는 곳이었다. 이 생명은 육신으로 사는 동안에 오직 믿음을 통하여 소유할 수 있도록 하셨다.

> 예수께서 이르시되 내가 곧 길이요 진리요 생명이니, 나로 말미암지 않고는 아버지께로 올 자가 없느니라 - 요 14:6

내 영혼을 불러 주소서

나는 예수를 소유했다. 그러므로 생명을 소유했다. 죽었던 내 영이 예수 그리스도를 믿음으로 다시 태어났다. 이런 증거를 성령이 내주하셔서 인(印)치기까지 하셨다. 이제는 죽음도 나를 두렵게 하지 못했다. 이 세상에서 아무것도 두려운 게 없게 되었다!

> 내가 내 친구 너희에게 말하노니, 몸을 죽이고 그 후에는 능히 더 못하는 자들을 두려워하지 말라. 마땅히 두려워할 자를 내가 너희에게 보이리니, 곧 죽인 후에 또한 지옥에 던져 넣는 권세 있는 그를 두려워하라. 내가 참으로 너희에게 이르노니 그를 두려워하라 - 눅 12:4~5

믿음을 행동으로 옮기면서 하루하루 바쁘게 보내는 동안에 마음속에서 별다른 욕구가 생기기 시작했다. 하나님을 만나기 전부터 작정한 일이었다. 이제는 죽음이 두렵지 않게 되었다. 오히려 주님이 계신 천국으로 가고 싶은 간절한 마음이 생겼다. 얼마나 가고 싶은 곳인가! 나한테 천국은 환상 그 이상이었다. 여전히 아픔에 짓눌려 사는 고통스러운 육체를 벗어 던지고, 주님이 계신 나라로 가고 싶었다. 게다가 창조주 내 아버지를 만났는데 무슨 여한이 남았으랴! 이제는 내가 힘들여 죽음을 자행할 필요가 없었다. 주님께 요청하면 되기 때문이다. 이제는 죽어서 주님 나라로 가는 걸 아는데, 당당하게 죽을 수 있게 되었다. 가리라, 주님 나라로! 아프고 꼬부라진 몸을 훌훌 벗어던지고 거기로 가서 편안히 쉬리라! 아픔이 없고, 눈물이 없고, 이별이 없고, 절망이 없고, 고독이 없고, 생명이 넘치는 주님이 계신 곳으로 가서 편안히 쉬리라!

> 모든 눈물을 그 눈에서 닦아 주시니, 다시는 사망이 없고, 애통하는 것이나 곡하는 것이나 아픈 것이 다시 있지 아니하리니, 처음 것들이 다 지나갔음이러라 - 계 21:4

"아버지 하나님! 내 영이 생명으로 다시 태어나게 하심을 감사드립니다. 이제는 내가 누군지도 알았고, 하나님이 이 세상에서 어떤 분인지도 알았습니다! 아버지의 뜻이 무엇인지도 알았습니다! 그리고 죽으면 천국에 가는 것도 믿게 되었습니다. 아버지 하나님! 내 영혼을 거두어 주소서! 이만해도 족하니 내 영혼을 불러 주소서! 이제는 주님 나라로 가서 안식하고 싶습니다! 내 영혼을 거두어 주소서!"

이런 기도를 하면서 많은 눈물을 흘렸다. 기도할 때마다 화장지가 수북수북 쌓일 정도로 울었다. 젊은 나이에 죽어야 하는 서러움도 있었으리라. 꼬부라진 몸으로 방 안에 갇혀 살았던 처절한 고독감도 있었으리라! 슬픈 마음과 서러운 감정을 마음대로 표현할 수 있는 주님께 어리광도 부렸으리라! 그러나 나를 사랑하시고 지켜보시는 주님이 좋아서 더 많은 눈물을 흘렸다. 하나님은 고통당하는 사람들과 함께하시는 분이어서 더욱 감사해서 울었다. 가장 추하고 냄새나던 앉은뱅이 때는, 하나님의 사랑을 분에 넘치도록 받았다.

> 네가 부를 때에는 나 여호와가 응답하겠고, 네가 부르짖을 때에는 내가 여기
> 있다 하리라 - 사 58:9

마음 놓고 영혼을 불러 달라고 요청할 수 있는 아버지가 있다는 게 너무나 행복했다. 이것은 위선이었거나 삶이 지겨워서 생떼를 쓰는 것이 아니었다. 인생의 절망과 육체의 고통을 아는 자만이 요구할 수 있는, 처절하지만 진실이었다. 정확하게 며칠 동안이나 그런 요청을 했는지는 잘 기억나지 않지만, 아마도 일주일 정도라고 기억한다. 그날도 울면서 주님 나라로 불러 달라고 간청할 때였다. 내 기도의 말이 한쪽으로 확 밀쳐지더니, 감정까지 섬세하게 느껴지는 난감한 질문이 섬광처럼 번쩍 하고 들어왔다.

"네가 벌거벗은 몸으로 올래?"

머리를 강타하듯이 밀려들어온 이해할 수 없는, 이 질문 때문에 기도가 중단되었다. 나는 곰곰이 생각하지 않을 수 없었다. '벌거벗은 몸'이 뭐지? 난생처음 들어 보는 이상한 내용의 질문이었다. 그때였다. 또다시 말씀이 들렸다.

"네 몸 하나 구원받고 천국에 오는 게 벌거벗은 몸으로 오는 거다!"

그게 무슨 문제인가 싶어서, 여전히 어리둥절한 상태를 벗어나지 못했는데, 계속해서 말씀하셨다.

"네가 고통 중에도 나를 만나서 영혼이 구원받고 기뻐하는 것처럼, 너처럼 소외되고 외롭고 고통당하는 사람들에게도, 이 소식을 전해서 함께 와

야 하지 않겠느냐?"

 그러니까 천국에는 자기만 구원받고, 그야말로 터덜터덜 혼자서 가는 사람이 벌거벗은 것처럼, 가장 부끄러운 모양이었다. 그렇다! 내가 고모를 비롯한 담임 목사와 교인들에게서 전도를 받지 못했더라면 주님은 만날 수 없었다. 그러니 나도 병들고 소외되고 절망하는 이들에게 전도해서, 그들과 함께 천국으로 오라는 말씀이었다. 너무나 지당한 말씀이었다. 내가 극심한 고통과 절망 중에 주님을 만나서 생명과 평안을 얻은 것처럼, 나처럼 고통스럽게 사는 사람들에게도, 이 소식을 전해서 평안을 누리다가 천국에 함께 가는 건 너무나 당연했다. 그것이 주님께 받은 은혜에 보답하는 길이라고 생각했다. 그것이 곧 주님이 믿는 자를 통해서 하시는 그분의 사역이었다. 그것이 곧 목회 사역이었다. 하나님의 심정(뜻)은 사망의 영에 짓눌려 압제당하고 고통당하는 인류를 구원하는 것이었다. 그런 주님의 뜻에 동참하는 건 은혜받은 자가 당연한 해야 할 일이라고 생각했다. 즉시 기도내용을 수정했다.

 "맞습니다, 주님! 제가 평생 사지가 꼬부라진 앉은뱅이로 살아간다고 해도 몇십 년밖에 더 되겠어요? 아픔을 피하지 않고 승리하여 주님이 기뻐하시는 일을 하다가, 주께서 부르실 때, 주님 나라에 가서 칭찬받고 싶습니다! 벌거벗은 몸으로 주님을 만날 수는 없습니다! 비록 꼬부라져 누워서 사는 몸이지만, 주님이 전도하라고 하시면 하겠나이다! 주님이 도와주시면 할 수 있나이다! 내 평생 앉은뱅이로 누워서 살더라도 전도하라고 하시면 하겠나이다!"

 전도는 하나님의 아들이 이 세상에 오셔서 십자가에 죽으면서까지 이루고자 하신 아버지의 뜻이었다. 하나님 아들이 나타나신 건 마귀 일을 멸하시고 인류를 구원하시려는 게 목적이었다. 예수 믿고 복 받아서 남편과 자식들이 성공하고 출세하여 떵떵거리면서 잘살다가 천국에 가는 것만이 목적이 아니었다. 네 이웃을 네 몸처럼 사랑하라는 말씀은, 내가 천국으로 가길 소망했던 것처럼, 우리 이웃에게도 생명을 전달해야 하는 게 믿는 자들이 해야 하는 지상 최고의 목적이었다. 그래서 예수님도 전도하시러 오셨고(막 1:38), 제자들도 전도하시다가 주님께로 가셨다. 예수님이 십자가에 못 박히신 건, 믿는 사람들을 어찌하든지 믿지 않는 사람들보다, 세상에서 더 잘 먹고 더 잘살게 해 주려는 눈물겨운 투쟁이 아니었다. 하나님의 최종목적은 지옥으로 갈 수밖에 없는 인류를 구출하는 일이었다. 하나님이 아들을 십자가에 못 박혀 죽이시기까지, 인류를 향한 당신의 사랑을 확증한 결과였다.

> 그런즉 그들이 믿지 아니하는 이를 어찌 부르리요. 듣지도 못한 이를 어찌 믿으리요. 전파하는 자가 없이 어찌 들으리요 - 롬 10:13

내가 비록 활동하지 못하고 방 안에 꼬부리고 앉아서 살지만, 전도해야 한다고 생각했다. 어찌하든지 한 영혼이라도 구원받게 해야 한다고 생각했다. 처음에는 동네 마실꾼들을 상대로 전도하기 시작했다. 동네 사람들이 마실 오면, 예수가 누구신지를 설명하기 시작했다. 그때도 동네 사람들은 어떤 식으로든 나한테 위로의 말을 해 주려고 애썼다. 그것에 익숙했던 나도 고통과 절망의 심정을 자연스럽게 맞장구치면서 드러낼 때가 많았다. 그러나 나는 얼마 전에 알고 있던 내가 전혀 아니었다.

"방에서 혼자 지내기가 얼마나 힘들어?"

"조금도 힘들지 않아요! 아주머니도 예수 믿으세요. 내가 이렇게 고생하는 게 아무리 힘들어도 몇십 년밖에 더 되겠어요! 하지만 세상에서 아무리 호강스럽게 살아도 예수 믿지 않고 죽으면 영원히 고통 속에서 살아야 해요. 그러니까 예수 믿고 함께 천국으로 가자고요!"

"……."

이제 나는 위로받아야 할 이유가 없었다. 오히려 염려와 걱정되는 주체는 내가 아니라 동네 분들이었다. 동네 사람들이 어처구니없는 내 말에 얼마나 당황했을지 짐작할 것이다! 꼬부라져서 앉은뱅이로 살아가는 내가, 동정과 위로의 대상이었던 나한테서, 예수 믿고 천국 가자는 전도를 듣고 있으려니, 심사가 꼬이고 뒤틀리지 않을 수 없었을 것이다. 혼자 외롭게 지내는 나를 위로해 줄 겸해서, 일부러라도 가끔 찾아 주던 동네 사람들의 발길이 뚝 끊어졌다.

"너는 무엇을 해도 미련스럽게 하더라! 냄새나는 방에 오고 싶지 않아도, 네가 혼자 지내는 걸 생각해서 동네 사람들이 큰맘 먹고 마실 오면, 조심스럽게 생각하고 전도해도 요령껏 해야지, 방에 들어와서 엉덩이를 방바닥에 붙이기도 전부터 예수 얘기를 시작하면 누가 좋다고 하겠냐? 예수 소리 듣기 싫어서 마실 못 오겠다고 하더라!"

어머니의 충고는 내가 생각해도 당연한 말이었다. 나도 예수꾼들이 가장 싫었으니까! 어머니의 충고가 강하게 긍정되어서, 전도 상대를 개인적으로 찍어서 기도하기 시작했다. 그리고 세심한 주의를 기울이면서 동네 마실꾼들에게 전도하기 시작했다. 전도 대상을 기도하면서 감동이 오면 아버지나 어머니를 그분들에게 보내기도 했다.

"나는 전도 못 하겠다! 내가 나쁜 소리 하는 것도 아니고, 교회 나가자는 말을 한마디 했다고 펄펄 뛰면서 난리를 칠 일이냐? 그동안 내가 저한테 어떻게 해 줬는디, 말을 함부로 하면 안 되지! 별꼴 다 보겠다! 다시는 전도 못 하겠다!"

내 권면 때문에 친하게 지내던 동네 아저씨한테 전도하러 나갔던 아버지가 섭섭한 말을 들었는지 분을 삭이지 못하고 돌아와서 하는 말이었다. 아무리 그럴지라도 내 기도는 중단되지 않았다. 후에 그 아저씨도 아버지와 단짝이 되어 교회를 다니게 되었다. 그때 기도했던 분들이 지금은 열심히 신앙생활 하는 걸 보면 너무나 감사하다. 나중에 깨달은 것이지만, 전도는 요령이나 방법과 수단을 쓰는 것이 아니라, 기도하면서 성령께서 감동하실 때 행동해야 하는 일이었다. 그래서 홀로 방에서 지내면서도 전도와 관련된 몇 가지 간증들이 더 생겨날 수 있었다.

원수들이 줄행랑을 쳐 버렸다

믿음과 확신은 노력해서 얻는 것이 아니다. 예수님은 이렇게 약속하셨다.

> 내 이름으로 무엇을 구하든지 내가 시행하리니, 이는 아버지로 하여금 아들로 말미암아 영광을 받으시게 하려 함이라. 내 이름으로 무엇이든지 내게 구하면 내가 시행하리라 - 요 14:13~14

세상에서 이렇게 약속하신 분이 있다면 나와 보라고 말하고 싶다! 예수님의 이런 약속 앞에 무슨 말이 더 필요하겠는가? 마음이 뜨겁게 움직였다. 성경은 읽을수록 마음이 녹아들었다. 지금 나한테 필요한 약속들이 모두 기록되었기 때문이다. 이렇게 말씀과 기도와 찬양과 더불어 성령의 인도하심을 따라 행하면서, 마음에는 기쁨과 감사와 평화가 차고 넘치기 시작했다. 이것 없이는 병을 고칠 수가 없고, 이것 없이는 아무리 작은 문제라도 해결하기 어렵다는 걸 나중에 깨닫게 되었다.

예수를 영접하고 수개월이 지났을 무렵일 것이다. 날마다 말씀과 기도와 찬양에 매달리고 있을 때였다. 난데없이 식욕이 몰려왔다. 그것도 주체할 수 없을 정도로 왕성하게 밀어닥쳤다. 통증 다음으로 괴로운 문제가 식사였다. 동네에 잔치가 벌어진 날은, 아주머니들이 진수성찬이 가득 차려진 상을, 고대로 들어다가 누워 있는 내 앞에 갖다 놓았다. 하지만 먹고 싶은 게 단 한 가지도 없었다. 정말이지 온종일 굶어도 밥 한 톨도 입에 넣고 싶지 않았다. 아무리 맛있는 음식이라도 내 입에만 들어가면 모래알처럼 이리저리 굴러다녔다.

그랬던 식욕이었는데, 먹고 싶은 욕구가 쓰나미처럼 무더기로 덮쳤다. 징글징글하게 달라붙어서 죽이려고 했던 불치병이 인사도 없이 다급하게 줄행랑을 쳤다는 증거였다. 류머티스 관절염하고는 죽어야 이별할 줄 알았는데, 예수님을 믿었더니 내가 죽지 않고도 죽일 놈의 원수 불치병이 쥐도 새도 모르게 줄행랑을 쳐 버렸다. 그 죽일 놈의 원수들과 이렇게 허망하게 이별하게 될 줄이야! 그동안 죽기까지 괴롭혀서 미안하다는 인사 한마디 없이 삼십육계 줄행랑을 쳐 버렸다.

> 예수를 죽은 자 가운데서 살리신 이의 영이 너희 안에 거하시면, 그리스도 예수를 죽은 자 가운데서 살리신 이가, 너희 안에 거하시는 그의 영으로 말미암아 너희 죽을 몸도 살리시리라 - 롬 8:11

내 안에 살리는 말씀과 생명의 성령이 거하시니, 사망의 죽일 놈들이 끽소리도 못 하고 도망쳐 버렸다. 그놈들이 떠났다는 증거는 즉각적으로 나타났다. 죽어 가던 몸을 다시 살리려고 식욕이 솟구쳤다. 이때부터 식욕이 너무나 왕성해서 문제가 터지기 시작했다. 그동안 소화해야 할 음식물이 들어오지 않아서 빈둥빈둥 놀기만 하던 위장이, 많은 양의 음식물이 한꺼번에 들이닥치는 바람에 온종일 소화불량을 일으켰다. 그동안에는 내부의 모든 장기들이 죽어 가기 때문에, 음식물이 필요 없었지만, 이제는 몸의 모든 장기들이 살아나면서 영양소를 들여보내라고 아우성쳤기 때문이다. 수년 동안 거의 활동이 없었던 위장에, 갑자기 많은 양의 음식물이 들어왔으니 사태가 어떠했을지 짐작될 것이다. 불치병이 떠났다는 증거였고, 죽어 가던 몸이 다시 살아난다는 증거였다. 주님이 생명의 영이라는 증거이고, 죽어 가는 모든 걸 살리는 영이라는 증거였다.

먹기 싫은 음식을 먹어야 하는 것도 고역이지만, 먹고 싶은 음식을 참아야 하는 건 더 힘들었다. 이제는 과식해서 힘겨운 나날을 보내게 되었다. 아무리 배가 불러도 먹고 싶은 욕구가 조금도 줄어들지 않았다. 잠든 시간을 빼고는, 눈만 뜨면 먹고 싶은 생각뿐이었다. 죽어 가던 몸이 살아나면서 에너지가 필요하게 되었다는 증거였다. 놀라운 현상이었다. 어머니도 환자가 몸이 회복되면서 몰려드는 식욕을 억제하지 못하고 과식하다가 죽은 사람도 있다면서 걱정했다.

나는 식욕을 절제할 수 있게 해 달라고, 주님께 도움을 요청했을 정도로 힘든 고비였지만 무사히 넘겼다. 질병이 떠났다는 최초의 징조가 식욕이라는 걸 친히 경험했다. 그때부터 죽어 가던 기력이 다시 살아나기 시작했다. 그래서 더욱 성경 읽기에 심취했다. 더하여 전도와 예배와 기도와 찬양과 말씀에 힘쓰면서 바쁜 나날을 보냈다. 아픈 몸에 대해선 생각할 겨를조차 없었다. 36kg을 상회하던 몸무게도 점점 늘어났다. 자주 발생하던 현기증도 사라졌다. 병색으로 누렇던 얼굴도 화색이 돌아오기 시작했다. 그럴수록 더욱더 영적 생활에만 집중하기로 작정했다.

그동안 건강식이라고 생각하면서 실천했던 자연 식이요법, 생수 요법, 생식 요법들을 중단했다. 이것들이 자연 친화적인 건강한 식사법이기에 굳이 중단할 필요가 없다고 생각할 수 있었으나, 사실은 병을 고치려고 시작한 것들이기에, 지속하고 싶지 않았다. 또다시 약이나 음식물과 같이 물리적인 수단이나 방법으로 병을 고치려는 노력에서 완전히 벗어나고 싶었다. 이제는 병을 고치려고 육신적인 수단과 방법에 마음을 뺏기고 싶지 않았다.

복음서는 질병의 배후에 타락한 영들이 있다는 걸 가르치고 있다. 어차피 축복의 근원이신 하나님도 영이시고, 저주의 근원인 마귀(귀신)도 신령한 존재이다. 지금까지 질병의 배후에서 더러운 영들의 활약이 있었다는 걸 주님께 배웠다. 그것들이 가장 두려워하는 분이 예수라는 걸 알았다. 그러므로 말씀과 기도와 찬양에 힘쓰다 보면 질병은 저절로 사라지는 걸 친히 경험하고 있다. 영들은 신령한 예수님을 두려워하지, 이 세상의 과학이나 의학이나 민간요법처럼, 세상의 치료하는 방법을 전혀 두려워하지 않는다. 이렇게 질병의 근원을 밝혀 주신 하나님께서 우리의 치료자가 되시는 것은 당연했다. 누구라도 이런 이치를 깨닫지 못한다면, 죽을 때까지 세상 치료에만 매달리다가 의사이신 예수님의 치료를 경험하지 못할 것이다.

> 내 이름을 경외하는 너희에게는 공의로운 해가 떠올라서 치료하는 광선을 비추리니, 너희가 나가서 외양간에서 나온 송아지 같이 뛰리라 - 말 4:2
>
> 하나님이 나사렛 예수에게 성령과 능력을 기름 붓듯 하셨으매, 그가 두루 다니시며 선한 일을 행하시고, 마귀에게 눌린 모든 자를 고치셨으니, 이는 하나님이 함께 하셨음이라 - 행 10:38

4부

성령을 따라서

무엇이든지 구하라

하나님의 존재를 사람이 경험하는 건 우리의 노력이 아니라 그분의 계시(啓示)이고 역사(役事)였다. 보이지 않는 신령한 세계는 너무나 분명하게 존재했다. 인류 역사에서 이것보다 더 중대하고 절박한 문제는 존재하지 않을 것이다. 우리가 보는 세상 말고, 보이지 않은 세상이 존재한다는 건 기절초풍할 일이다. 신령한 존재들과 공존하면서도, 우리는 그들을 전혀 보지도 못하고, 알지도 못한다는 건 너무나 끔찍한 일이다. 더군다나 그들이 우리의 생각을 지배하여, 자기들이 원하는 행동을 하도록 역사한다는 걸 믿는다면, 아마도 미치고 환장할 일이다. 그래서 더더욱 영의 세계를 인정하고 싶지 않을 것이다. 영의 나라에 대한 예수님의 가르침은 유대인들조차도 너무나 충격적이었다!

> 다 서로 물어 이르되 이는 어찜이냐. 권위 있는 새 교훈이로다. 더러운 귀신들에게 명하즉 순종하는도다 하더라 - 막 1:27

이 땅에서 풍족하고 건강하게 살면서 도덕적(율법)으로 흠결이 없는 생활이 하나님의 축복이라고 믿었던 유대인들에게, 예수께서 '네 소유를 팔아 가난한 자들에게 주고 나를 따르라(마 19:21)'고 하셨고, 예수님의 능력으로 보아서 세상 권세를 잡을 것이 분명했기에, 좌편과 우편에 앉혀 달라고 요청하는 제자들에게 '누구든지 크고자 하는 자는 너희를 섬기는 자가 되고, 너희 중에 누구든지 으뜸이 되고자 하는 자는 너희의 종이 되어야 하리라(마 20:26~27)'고 하셨으니, 누가 예수님을 하나님의 아들로 믿고 섬길 수 있었겠는가!

> 예수께서 이르시되 너희는 아래에서 났고 나는 위에서 났으니, 너희는 이 세상에 속하였고 나는 이 세상에 속하지 아니하였느니라 - 요 8:23
> 예수께서 대답하시되 내 나라는 이 세상에 속한 것이 아니니라. 내 나라가 이 세상에 속한 것이었더라면, 내 종들이 싸워 나로 유대인들에게 넘겨지지 않게 하였으리라. 이제 내 나라는 여기에 속한 것이 아니니라 - 요 18:36

이 세상에 속하지 않은 하늘나라가 있다고 하셨고, 그곳이 하나님 나라라고 하셨다. 그곳은 육신이 갈 수 없고 영혼이 가는 신령한 나라였다.

> 형제들아. 내가 이것을 말하노니 혈과 육은 하나님 나라를 이어받을 수 없고, 또한 썩는 것은 썩지 아니하는 것을 유업으로 받지 못하느니라 - 고전 15:50

그렇다면 인간들의 고통과 절망을 보상해 줄 세계가 따로 존재한다는 얘기이기도 했다. 그러니 어릴 때부터 이 세상에서 길들어진 대로 살아선 안 될 일이었다. 세상의 풍속과 관습과 규례를 따라서, 마음 편하게 즐기면서 살다가는, 죽어서 원하지 않는 나라로 가야 할 형편이었다. 하나님이 계신 하늘나라는 이 세상 풍속과 전혀 조화를 이룰 수 없는 거룩한 나라였다.

　이 세상 풍속을 지배하고 다스리는 신령한 존재가 마귀라고 하셨다. 마귀는 에덴동산에도 나타났고, 예수께서 공생애를 시작할 때도 나타나서 시험하고 유혹했다. 이들은 내가 발병하기 전에 무서움에 시달리게 만든 장본인들이기도 했다. 두렵거나 무서움은 결단코 하나님 역사가 아니었다. 물 위로 걸어오시는 예수님을 보고 유령이라고 놀라는 제자들에게 '즉시 일러 가라사대 안심하라 내니 두려워하지 말라(마 14:27)'고 하셨다. 예수님은 가시는 곳마다 '딸아 안심하라(마 9:22), 소자야 안심하라(마 9:2)'라고 평안을 말씀하셨다. 그러나 마귀는 지금도 두려움과 공포심을 불러일으키는 사망의 영들이다. 그래서 두려워 떨거나 무서워서 벌벌 떠는 곳에서는 하나님이 일하실 수 없다.

> 그 때에 너희는 그 가운데서 행하여 이 세상 풍조를 따르고 공중의 권세 잡은 자를 따랐으니, 곧 불순종의 아들들 가운데서 역사하는 영이라. 전에는 우리도 다 그 가운데서 우리 육체의 욕심을 따라 지내며, 육체와 마음의 원하는 것을 하여 다른 이들과 같이 본질상 진노의 자녀이었더니 - 엡 2:2~3

　이 세상의 타락하고 음란하고 쾌락적이고 폭력적인 풍속은, 하나님이 지배하시지 않고 마귀가 지배한다는 걸 증명하는 것이다. 말씀도 이 세상의 더럽고 추악한 풍속을 만들고 지배하는 존재가 마귀라고 밝혔다. 마귀가 임금 노릇을 하는 이 세상에 하나님 아들이 나타난 건 천지가 개벽할 사건이었다. 하늘나라가 우주를 뚫고 세상으로 쳐들어왔다는 의미이다. 생명의 나라에서 음부의 권세가 지배하는 이 세상에 하나님 아들을 파

송시킨 것이다. 영계를 보지 못하고 알지도 못하는 사람들은, 감히 하나님의 아들을 조롱하고 비웃고 무시하고 깔보고, 도무지 눈 뜨고 볼 수가 없는 일들을 자행했다. 그런 상황은 지금도 여전하다. 예수님은 마귀가 임금 노릇을 하는 이 세상에서 천국 복음을 전파하면서, 신령한 나라에서 벌어지는 진실을 이 세상에 드러내기 시작하셨다. 물론 마귀의 반격은 즉각적이었다.

> 너희는 너희 아비 마귀에게서 났으니, 너희 아비의 욕심대로 너희도 행하고자 하느니라. 그는 처음부터 살인한 자요. 진리가 그 속에 없으므로 진리에 서지 못하고, 거짓을 말할 때마다 제 것으로 말하나니, 이는 그가 거짓말쟁이요. 거짓의 아비가 되었음이더라 - 요 8:44

예수님은 절망과 슬픔으로 가득 찬 이 세상에 사는 인류를 구출해서 천국으로 데려가려고 오셨다. 이렇게 능력 있는 하나님 아들에게 내 사정을 마음 터놓고 아뢰는 것은 너무나 당연했다. 우리는 창조주 아버지께 속사정을 다 말해도 된다는 특권을 부여받았다. 예수님이 전파하신 하나님의 복음이었다. 인간들의 지혜로는 영원히 판독되지 않는 그런 말씀을 명받았다.

나는 성경에 약속하신 말씀에만 심취했다. 세상 지식을 외면해 버렸다. 이젠 전지전능하신 아버지를 만났다. 예수는 생명이 없는 죄인들에게 생명을 주려고 오신 분이었다. 아들까지도 아낌없이 내어주신 하나님께 우리의 사정을 마음 터놓고 아뢰는 건 너무나 자연스러운 일이었다. 우리는 창조주 아버지의 자식으로서 무엇이든지 믿고 구하면 주신다고 약속하셨다.

나는 성경에서 약속하신 말씀에만 집중했다. 그때부터 세상에서 말하는 어떤 것에도 귀를 기울이지 않았다. 영의 아버지는 못 하는 것이 없으신 전지전능하신 분이었다. 그분에게 기도로 소원을 말하기 시작했다. 물론 예수께서 말씀하신 마태복음 7장 7절에 기록한 약속을 붙잡았다.

구하라. 그러면 너희에게 주실 것이요. 찾으라, 그러면 찾을 것이요. 문을 두드리라. 그러면 너희에게 열릴 것이니, 구하는 이마다 얻을 것이요. 찾는 이가 찾을 것이요. 두드리는 이에게 열릴 것이니라 - 마 7:7~8

하나님은 전지전능한 분이시지만 기도로 요청해야만 주신다고 말씀하셨다. 이 말씀이 바로 생명이었다. 이 말씀에 순종하면 죽었던 영혼이 살아난다. 하나님 말씀이 생명이기 때문이다. 또한 예수님의 말씀이었다.

살리는 것은 영이니 육은 무익하니라. 내가 너희에게 이른 말(약속하신 말씀)은 영이요. 생명이라 - 요 6:63

구하라고 약속하신 말씀은, 우리가 요구하는 것은 무엇이든지 주실 수 있는 능력 있는 분이라는 의미이며, 주시려는 확실한 의지를 가지신 분이라는 걸 보여 주는 말씀이기도 했다. 또한 무엇을 어떤 심정으로 어떻게 구하는 우리의 태도를 주의 깊게 살펴보시겠다는 말씀이기도 했다. 이것은 하나님의 뜻과 관련된 문제였다. 어쨌거나 우리가 필요한 것은 반드시 기도해야만 받을 수 있다는 점이다. 아무리 사정이 급해도 기도하지 않으면 주시지 않는다. 이것이 하나님의 뜻(약속)이다. 이 약속을 믿은 나도 꼬부라진 몸이 고쳐지기를 갈망하는 소원을, 뻔히 알고 계신 하나님께 기도하기 시작했다. 눈 뜨기를 갈망하는 시각장애인들의 마음을 훤히 아시면서 예수님께서 물으셨듯이.

> 예수께서 머물러 서서 그들을 불러 이르시되 너희에게 무엇을 하여 주기를 원하느냐. 이르되 주여, 우리의 눈 뜨기를 원하나이다. 예수께서 불쌍히 여기사 그들의 눈을 만지시니, 곧 보게 되어 그들이 예수를 따르니라 - 마 20:32~34
> 내 이름으로 무엇이든지 내게 구하면 내가 시행하리라 - 요 14:14

구하라는 약속만으로는 부족하셨는지 '무엇이든지' 구하라고 말씀하셨다. 예수님이 구하라고 약속하신 범위는 무한정이었다. 이 말씀을 믿는데도 아직도 여전히 아쉬운 게 남아 있는가? 나는 아쉬운 것이 하나도 없었다. 기도하지 못하는 것만 아쉬울 뿐이었다. 무엇이든지 구하라는 약속에는 영계나 물질계나 육신의 문제나 영의 문제나 무엇이거나 간에 우리가 생각하고 경험하는 모든 것이었다.

> 너희가 기도할 때에 무엇이든지 믿고 구하는 것은 다 받으리라 하시니라 - 마 21:22
> 그러므로 내가 너희에게 말하노니 무엇이든지 기도하고 구하는 것은 받은 줄로 믿으라. 그리하면 너희에게 그대로 되리라 - 막 11:24

이렇듯 주님이 기도하는 것에 대해서 약속하신 말씀은 무궁무진하다. 하지만 분명한 조건이 붙어 있다. 믿음으로 구하라는 것이고, 정욕에 쓰려고 구하지 말라는 것이었다. 보이지 않는 분이기에 믿음을 요구하는 건 당연했고, 마귀의 생각에서 비롯된 세속적인 욕망은 기도해도 듣지 않으셔야 마땅하다.

> 오직 믿음으로 구하고 조금도 의심하지 말라. 의심하는 자는 마치 바람에 밀려 요동하는 바다 물결 같으니, 이런 사람은 무엇이든지 주께 얻기를 생각하지 말라 - 약 1:6~7
> 너희가 얻지 못함은 구하지 아니하기 때문이요. 구하여도 받지 못함은 정욕으로 쓰려고 잘못 구하기 때문이라 - 약 4:2~3

나는 주춤거리지 않았다. 기도에 적극적이었다. 무엇이든지 믿고 구하면 주신다는 약속을 알면서도 기도할 마음이 안 생긴다면 아무것도 기대하지 않는다는 말이다. 내 마음은 저절로 움직였다. 믿기만 하면 주신다는데, 세상에서 이렇게 쉬운 약속이 어디 있는가!

"주님! 나를 일으켜 주소서! 다시 한번 걸을 수 있게 하소서!"

죽음을 준비하던 사람이, 다시 걷게 해 달라고 기도하는 게 기적이 아니면 무엇이겠는가! 응답을 기다리는 나날이 신명이 났고, 날마다 행복하기만 했다. 날마다 쉬지 않고 기도했다. 날마다 하나님의 응답을 기다렸다. 시간이 갈수록 자신감이 커졌지만 반대로 염려가 생길 때도 있었다. 그때마다 내게 힘주시는 것은 역시 말씀(생명)이었다.

> 그러므로 내일 일을 이하여 염려하지 말라. 내일 일은 내일이 염려할 것이요. 한 날의 괴로움은 그날로 족하니라 - 마 6:34

얼마나 감사한가? 하나님께서 염려하지 말라고 하셨는데, 무슨 염려가 있으랴! 두려움과 염려와 의심은 쥐약보다 더 위험천만한 놈들이었다. 하나님은 우리 눈에 보이지 않기 때문에 믿음이 필요하다. 천국에 가면 믿음이 필요하지 않을 것이다. 그러나 이 땅에선 실존이신 그분을 의심하면 치명적인 실수를 범하는 것이다. 인간은 영의 존재를 볼 수 없는 치명적인 약점을 가졌다. 그래서 하나님을 대적하는 영적 존재들에게 당할 수밖에 없었고, 그 바람에 우리는 겁도 없이 하나님을 대적했던 사람들이었다. 그걸 바로 잡으려고 예수께서 오셨다.

> 오직 그에게만 죽지 아니함이 있고, 가까이 가지 못할 빛에 거하시고, 어떤 사람도 보지 못하였고, 또 볼 수 없는 이시니, 그에게 존귀와 영원한 권능을 돌릴지어다. 아멘 - 딤전 6:16

나는 이런 말씀들을 전혀 의심하지 않았다. 하나님이 약속하신 말씀이기 때문에 반드시 약속을 지키실 것이다. 나는 당당하게 응답을 시인하기 시작했다.
"나는 일어난다! 두고 보라!"
이런 고백(시인)은 믿음을 확정하는 표가 되었다. 물론 입으로 시인하여 구원에 이른다는 말씀을 붙잡은 것이다.

> 사람이 마음으로 믿어 의에 이르고, 입으로 시인하여 구원에 이르느니라 - 롬 10:10

영혼이 구원받는 건 물론이지만 건강을 되찾는 것 역시 질병으로부터 구원이었다. 이렇게 행동할 수 있었던 건 내 영혼에서 생명(말씀)이 역사하기 때문이었다. 다시 말하면 사망이 지배하던 육신을, 이제는 말씀으로 지배했기 때문이었다. 물론 이런 담력도 하나님의 약속을 믿는 믿음 때문이었다. 당시엔 정확하게 깨닫지 못했지만, 사실은 말씀을 믿고 행동하는 순간부터 병이 고쳐지기 시작했다. 환자에게서 병이 떠나는 즉시 식욕이 생기는 걸 여러 번 경험했다.

질병이나 어떤 문제의 배후에 마귀가 있었지만, 그가 질병을 통해서 우리를 지배할 수밖에 없었던 원인은, 영혼에 생명(말씀)이 없었기 때문이다. 영혼에 말씀(생명)이 들어와서 나를 명령하고 가르치고 순종하게 하셨으니, 죽어 가던 육체까지 영향을 입어 살아나는 건 당연한 결과였다. 화분에 있는 꽃나무가 시들었을 때 뿌리에 물을 주면, 차차로 이파리와 줄기까지 살아나듯이, 내 영혼에 생명(생수)이 뿌려지니 덩달아 육체도 살아나기 시작했다. 이처럼 영혼이 말씀과 믿음으로 살아나면 죽어 가던 육체는 저절로 살아난다.

그러니까 육신의 질병을 고치려고, 이 세상의 치료 방법에만 매달리면, 나처럼 불치병은 고치지 못한다. 말씀에 순종하면 영이 생명으로 강해져서 죽을 몸도 살아난다. 이것이 불치병을 치료하는 원리이고 치료하는 지름길이다. 말씀에 순종하면 병든 육신은 저절로 살아난다. 이런 믿음의 원리를 깨달으면 아무것도 염려되지 않는다. 말씀을 믿고 따르다 보면 아무것도 염려되지 않았다.

아직도 세상일에 관심이 많은가? 아직도 세상 치료에만 관심이 많은가? 그렇다면 여전히 하나님과는 무관한 것이다. 그러나 나는 하나님의 약속에 너무나 관심이 많다. 때가 되면 반드시 응답하실 것이기 때문이다.

하나님께 속한 건 병이 치료되는 것이며, 두려움이 아니라 평안이다. 이런 곳엔 죄가 머물 수 없고 질병이 머물지 못한다. 교회를 다니면서도 고통과 절망과 염려와 근심과 걱정 때문에 죽지 못해 살고 있다면, 분명하게 말하거니와 말씀을 믿지 않는 것이다. 다시 말하면 여전히 육신과 환경에 따라서 휘둘린다는 증거이다. 병을 치료받지 못한 그것이 믿음이 약하다는 걸 증명하고 있다. 우리가 교회공동체에 소속되어 있다는 것과 말씀을 믿고 따르는 건 전혀 다른 차원이다.

어쨌거나 인간들의 실수나 잘못된 선택에서 비롯된 결과라고 해도, 결국 모든 절망과 고통은 마귀에게 속한 것이지 하나님께 속한 것이 아니다. 그러므로 꼬부라진 내 몸도 결국은 마귀의 수작으로 인정하게 되었다. 하나님이 죄라고 말씀하실 때, 우리가 알고 있는 죄의 개념과는 차이가 있다는 걸 받아들여야 한다. 하나님이 죄인이라고 하는 건 당신과 바른 관계에 있지 않다는 것이고, 마귀와 세상과 친밀한 관계에 있다는 의미이다. 그러니까 도덕적인 문제만을 죄라고 한다면 죄를 유발하게 만든 근본 원인을 보지 못하고, 행동으로 드러난 증상만 보았다는 의미이다. 죄인이기 때문에 죄를 짓는 것이지, 죄를 지었기 때문에 비로소 죄인이 되었다는 의미가 아니라는 말이다. 인간의 본질은 영혼이며 육체는 영혼을 담은 그릇에 불과하다. 게다가 사람은 존재가 무(無)로 사라지는 사망이란 존재하지 않는다.

죄의 결과는 무섭다. 하나님과 친밀한 교제를 가졌던 영혼이 생명의 근원이신 하나님을 떠나 마귀의 손아귀에 잡혀서 그의 종이 되었다. 그렇게 마귀의 지배 아래에 놓인 인류는 마귀를 위하여 예비한 지옥에도 함께 갈 수밖에 없었다. 예수께서 이런 사람들을 구원하시려고 하나님 아들로 오셨고, 사망의 지배 아래에서 짓눌려 신음하는 인류의 죄를 대신 짊어지시고, 죄인처럼 십자가에서 돌아가셨다. 하나님의 아들이 죄인처럼 죽으신 대가로 인류를 마귀(죄)로부터 구출했다. 만약에 마귀가 실존하지 않는다면, 예수님은 십자가에 매달려 죽는 쇼맨십을 하신 것이다. 하지만 죄인처럼 죽으신 예수님의 은혜로 그를 믿는 자들이 하나님과 바른 관계에 있게 되어, 친밀한 교제가 가능해지고, '기도하라'는 말씀대로 순종할 수 있게 되었고, 하나님도 사랑으로 응답하셨다. 이것이 예수께서 십자가에서 돌아가신 공로로 획득한 신자들의 권리였다.

> 하나님이 세상을 이처럼 사랑하사 독생자를 주셨으니, 이는 그를 믿는 자마다 멸망하지 않고 영생을 얻게 하려 하심이라 - 요 3:16
> 그러므로 이제 그리스도 예수 안에 있는 자에게는 결코 정죄함이 없나니, 이는 그리스도 예수 안에 있는 생명의 성령의 법이 죄와 사망의 법에서 너를 해방하였음이라 - 롬 8:1~2

그러니까 불치병을 붙잡고 이 세상 수단과 방법으로 씨름할 이유가 없었다. 병은 그냥 내버려둬도 때가 되면 스스로 떠날 것이기 때문이다. 병은 하나님께 속한 것이 아니고, 치료가 하나님께 속한 것이기 때문이다. 하나님께 속한 것은 살리는 것이고, 회복시키는 것이고, 치료하는 것이다. 이제는 믿음으로 행동하면 되는 것이다. 병은 죄로부터 온 것이지만, 치료는 예수님으로부터 온 것이다. 마귀는 인류를 괴롭히고 멸망시키고 죽이는 권세를 가지고 활동하지만, 이제는 믿는 자들에게 그의 권세는 무용지물이 되었다. 그건 이미 아담에게 계시한 것이기도 했다(창 3:15). 또한 아담이 마귀에게 빼앗긴 권세였다.

> 예수께서 온 갈릴리에 두루 다니사 그들의 회당에서 가르치시며 천국 복음을 전파하시며, 백성 중의 모든 병과 모든 약한 것을 고치시니 - 마 4:12
> 이제 이 세상에 대한 심판이 이르렀으니, 이 세상의 임금(마귀)이 쫓겨나리라 - 요 12:31

이제 천국에서 오신 아들로 인하여 귀신이 축출되고 병이 떠나는 엄청난 상황이 벌어지게 되었다. 이 땅에 천국이 임했다는 증표였다. 사람들은 질병으로부터 해방되기 시작했다. 지금도 예수님의 역사는 믿는 자를 통해서 역사한다는 것을 믿는다. 비록 내 몸이 꼬부라졌어도, 그의 계획을 완전히 무산시킬 수 있는 권세가 내게도 있다는 걸 믿었다.

> 예수께서 안식일에 한 회당에서 가르치실 때에, 열여덟 해 동안이나 귀신 들려 앓으며 꼬부라져 조금도 펴지 못하는 한 여자가 있더라. 예수께서 보시고 불러 이르시되 여자여, 네가 네 병에서 놓였다, 하시고 안수하시니 여자가 곧 펴고 하나님께 영광을 돌리는지라… 그러면 열여덟 해 동안 사탄에게 매인 바 된 이 아브라함의 딸을 안식일에 이 매임에서 푸는 것이 합당하지 아니하냐? - 눅 13:10~16

나처럼 18년 동안 꼬부라져 조금도 펴지 못하던 여자의 배후에 사탄(마귀, 귀신)이 있다는 것을 분명하게 보여 주시는 구절이다. 18년 동안이나 여자 속에서 역사하여 꼬부라지게 만든 귀신도, 예수님 앞에서 순식간에 떠나 버리는 현상이 놀랍지 않은가? 내 몸이 꼬부라지게 만든 것도 악한 영의 작품이었다.

"주님! 역사하소서. 관절염이 떠나도록 역사하소서!"

나도 당당하게 병을 대적하면서 예수님처럼 떠나라고 선포했다.

"내 육체를 꼬부라지게 만든 더러운 병아! 예수 그리스도 이름으로 명하노니 떠날지어다! 내 몸에서 떠날지어다!"

밤이 깊도록 기도하던 그때도, 뒷동산에서 소쩍새가 구성지게 울었다. 수년 동안 들었던 울음소리였다. 저렇게 구성진 울음소리를 들을 때마다, 적막한 공간에 혼자 유폐되어 사는 신세가 더욱 처절해서, 소쩍새의 자유로움조차 부러워서 눈물을 흘릴 때도 많았다. 이제는 소쩍새의 구성진 울음소리를 감상할 여유가 없었다. 질병을 향해서 떠나라고 명령하기에도 바빴다.

생각해 보면 얼마나 어처구니없는 행동인가! 피를 타고 돌아다니는 독소가 관절마다 염증을 일으켜서 통증이 발생했다는데, 예수 이름을 부르면서 관절염아, 내 몸에서 떠나라고 명령하고 있었으니, 얼마나 해괴망측하고 이해할 수 없는 행동이었겠는가? 그런 입장으로 생각해 보면 예수님도 마찬가지였다. 그러거나 말거나 나는 예수님을 따라서 행동하는 것이 마냥 즐겁기만 할 뿐이었다. 죽을병이 들면 무슨 짓인들 못 할까마는, 이렇게 무식하게 행동할 줄 아는 내가 너무너무 좋았다. 이보다 더 천박하게 보일지라도 행복하기만 하다. 그래서 병이 떠나길 자꾸 기도하는 것이다. 그렇게 더러운 병을 향해서 떠나라고 명령하다 보면, 감정이 격해지고 목소리가 저절로 커지는 바람에 옆방에서 주무시던 어머니가 방문을 열 때도 있었다.

"한밤중에 무슨 난리냐? 귀신아, 떠나가라는 네 기도 소리 때문에, 도무지 잠을 잘 수가 없다!"

기도하다 보면 옆방에 부모님이 주무신다는 걸 깜빡 잊어버릴 때가 있었다. 방음장치하곤 일면식도 없는 시골의 재래식 주택이라, 옆방에서 주무시는 부모님께 송구스럽기도 했다. 대체로 나는 혼자 있는 시간에 조용하게 기도하는 편이었다. 그런데 병을 저주하면서 떠나라고 대적할 때는, 저절로 목소리가 커졌다. 감정과 의지적인 결단이 가능한 그들에게 품위를 갖추고 고상한 말로 '관절염아! 좋은 말할 때 떠나 주세요!'라고 할 수는 없었다. 내 삶을 완전히 망가뜨리기까지 절망과 고통을 가져다준 병만 생각하면 화가 머리끝까지 치밀고 미워져서 호통을 치게 된다. 귀신을 꾸짖어 내쫓았던 주님의 심정이 이러했을까? 악한 영들을 생각해도 전혀 미운 감정이 생기지 않는다면, 현재 자기의 소속이 어디에 속해 있는지 반드시 점검해 보아야 할 것이다. 내가 이런 담력을 가질 수 있던 것도 말씀 때문이다.

> 영접하는 자, 곧 그 이름을 믿는 자들에게는 하나님의 자녀가 되는 권세를 주셨으니 - 요 1:13
>
> 믿는 자들에게는 이런 표적이 따르리니, 곧 그들이 내 이름으로 귀신을 쫓아내며, 새 방언을 말하며 - 막 16:17
>
> 네가 하나님은 한 분이신 줄을 믿느냐? 잘하는 도다. 귀신들도 믿고 떠느니라 - 약 2:19

세상에선 하나님의 자녀라는 표식도 없고, 현실적으로 실감이 나게 경험하는 것도 없지만, 악한 영들은 우리의 신분이 하늘나라 소속인지 아닌지를 금방 알아본다는 것을 반드시 기억해야 한다. 이런 영의 실상도 모르면서, 주님의 이름은 부르지만, 오히려 하나님보다 그들을 더 두려워하면서 그들에게 시달리는 교인들이 많다는 건 너무나 가슴 아픈 일이다. 믿는 자의 신분은 악한 영들에게 훤히 노출되었다.

언젠가 꿈속에서 보니, 악한 영들에게 포위당했던 적이 있었다. 내가 주택 옥상 가운데 서 있었다. 그때 시꺼먼 두루마기 같은 옷을 입은 저승사자처럼 보이는 네 사람이, 옥상 모서리 쪽에서 동시에 나타나더니 나를 포위했다. 그들은 나를 데리러 온 저승사자라고 자기들의 신분을 소개했다. 그때 한 사람이 물고기를 잡는 그물 같은 어망으로 투망하듯이 나한테 휙 던졌다. 나를 생포하려는 수작이었다. 불행하게도 그가 던진 그물이 나를 완전히 덮어 버렸다. 그들이 그물 네 모서리를 쥐고 잡아당겨서 나를 생포하려는 순간, 한쪽 발로 그물을 일시에 걷어내면서 '예수 이름으로 명하노니 당장 물러가라!'고 명령하자 순식간에 사라져 버렸다. 이처럼 악한 영들은 우리의 소속(예수)이 어디인지 분명히 알고, 부여받은 권세를 당당하게 사용하는 사람들에겐 전혀 무기력한 존재들이었다.

하지만 세상 사람들에겐 믿는 우리가 무기력해 보인다. 예수님이 그러셨던 것처럼! 이 세상은 마귀가 왕으로 군림하는 장소이기 때문이다.

> 나는 너희에게 이르노니 너희 원수를 사랑하며 너희를 박해하는 자를 위하여 기도하라 - 마 5:44
> 아무에게도 악을 악으로 갚지 말고 모든 사람 앞에서 선한 일을 도모하라 - 롬 12:17

이제는 신자들의 생활방식이 이 세상과 전혀 다르다는 것을 알게 되었다. 우리를 구원하신 그분이 요청하신 말씀이었다. 이 말씀에 순종할 때 생명력이 있고, 이 말씀에 순종하는 사람들을 사망의 세력들이 두려워한다는 점이다. 이런 사람들은 하나님의 자녀로서 권세가 있다. 세상에선 소갈머리도 없고 대항할 줄도 모르는 사람처럼 무기력해 보이지만, 병을 저주하면서 떠나라고 대적하는 권세가 있다. 아무리 그럴지라도 우리의 배후에 성령(예수의 영)의 역사가 없다면, 악한 영들은 우리를 두려워하지 않는다는 것도 잊으면 안 된다.

> 그러나 내가 성령을 힘입어 귀신을 쫓아내는 것이면, 하나님의 나라가 이미 너희에게 임하였느니라 - 마 12:28

예수님의 배후에서도 누가 역사하셨는지 성경은 분명하게 밝히고 있다. 하나님은 자신의 정체를 숨기고 몰래 숨어서 일하시는 분이 아니었다. 그러므로 믿는 우리의 배후에서 누가 역사하시는지도 분명하게 밝히셨다. 병을 고치는 것보다 성령님을 영접하는 일이 더 급하고 중요하다고 했던 말을 기억할 것이다. 병을 치료하고 싶다면, 반드시 먼저 성령님을 영접해야 한다는 걸 다시 한번 기억해야 하는 이유이다! 마귀(귀신)나 질병이 두려워하는 건 내가 아니라 성령님이시기 때문이다.

어느 날은 꿈속에서 기도하는 나를 곁에서 돕는 천사를 보았다. 나를 해치려고 시커먼 장정들이 담장을 막 넘어오는 중이었다. 내가 무서워하면서 두 손을 부여잡고 주님께 도움을 요청할 때였다. 흰옷을 입은 청년이 내 곁에 서서 나보다도 더 열심히 허리를 구부렸다 폈다 하면서 기도하는 모습이 보였다. 내 기도를 지원하는 내용이었다. 그 순간에 기적이 일어났다. 낯선 청년들이 나타나서 담장을 넘어 들어오려는 그들과 격투를 벌이더니 쫓아 버렸다. 좁은 방에서 혼자 지내는 나는 결코 혼자가 아니었다. 구원받은 후사들을 돕는 천사들이 있다는 성경의 말씀은 진실이었다.

> 모든 천사들은 섬기는 영으로서 구원받을 상속자들을 위하여 섬기라고 보내심이 아니냐 - 히 1:14
> 천사가 하늘로부터 예수께 나타나 힘을 더하더라 - 눅 22:43
> 이에 베드로가 정신이 들어 이르되 이제야 참으로 주께서 그의 천사를 보내어 나를 헤롯의 손과 유대 백성의 모든 기대에서 벗어나게 하신 줄 알겠노라 하고 - 행 12:11

신령한 경험들은 기도에 대한 믿음과 자신감과 확신을 강하게 키워 주었다. 하루는 어머니가 배가 너무나 아프다면서 병원에 간다고 나갔는데, 읍내로 가는 버스를 간발의 차이로 놓치고 말았다면서 그냥 돌아왔다. 다음 배차시간까지는 한 시간도 더 기다려야 했기 때문이다. 아픈 배를 움켜쥐고 쩔쩔매는 어머니를 바라보는데, 갑자기 기도하고 싶은 마음이 생겼다. 그래서 어머니께 기도해 준다고 했더니 매우 반가워하면서 내 옆으로 와서 누웠다. 나는 말씀을 생각하면서 조심스럽게 어머니 배 위에 손을 얹었다. 나는 안수기도가 뭔지도 모르던 사람이었다.

"병든 자에게 손을 얹으라는 주님 말씀에 순종하여 아픈 곳에 손을 얹었습니다! 치료해 주소서! 어머니의 아픈 배를 치료해 주소서!"

그때 어머니가 눈을 번쩍 뜨더니 굉장히 놀라워하는 표정이었다.

"네가 기도하는데, 배에서 뭐가 뚝 떨어져 나가는 것 같더니, 아픈 게 깨끗이 사라졌다!"

깜짝 놀란 건 어머니보다 내가 더했다. 다른 사람의 몸에 손을 얹고 기도한 것이 처음이었기 때문이다. 그러니 내가 얼마나 놀랐겠는가!

"병원에 갈 필요가 없네!"

예수 이름의 위력이 이처럼 대단했다. 우리의 기도를 듣고 순종하는 존재들이 있다는 게 얼마나 신기하고 놀랍던지! 성경에서 읽은 말씀을 믿고 행동했더니 약속한 말씀대로 역사가 나타났다. 내가 어떤 사람인가? 아직도 방에 누워서 지내는 꼬부라진 앉은뱅이가 아닌가! 하나님은 건강한 몸 상태를 보고 응답하시는 분이 아니었다. 또한 악한 영들도 건강한 몸 상태를 보고 떠나는 것이 아니었다. 하나님도 내 믿음을 보고 응답하셨으며, 악한 영들로 내 믿음 때문에 떠났다. 하나님도 믿음에 반응하셨지만, 마귀도 믿음을 보고 반응했다.

그래서 예수께서 그토록 믿음을 강조하셨고, 믿음에 동반되는 것이 이적과 표적이었다. 믿음은 우리의 마음 안에 자유의지가 선택한 결과로서 행동을 결정짓는 주체였다. 우리의 선택과 결정이 현재의 결과를 만들어낸 것이다. 나는 말씀에 따라 행동했다. 그것은 허공에다 외친 것이 아니었다. 나의 이런 행동을 하나님도 보고 계셨으며, 천사도 보고 있었고, 악한 영도 보고 있었다. 우리의 기도를 듣고 계신 분이 있다는 것! 짜릿한 전율마저 느껴지지 않는가! 어쩌면 그렇게 속히 응답하실 수 있으신지! 이런 경험은 믿음을 더욱 강하고 담대하게 성장시켰다.

한번은 이런 일도 있었다. 영적으로 궁금한 문제가 생겨서 영감 있는 사람을 보내 달라고 간절히 기도하던 때였다. 하루는 낯선 남자에게서 전화가 걸려 왔다.

"거기 아프신 분 좀 바꿔 주세요."

청년 남자의 목소리였다.

"제가 아픈 사람인데, 실례지만 누구신가요?"

"잠시 일이 생겨서 이곳에 내려왔다가, 건너편에 있는 교회로 들어가서 잠시 기도하던 중이었습니다. 그런데 기도 중에 아프신 분한테 전화를 걸고 싶은 마음이 급하게 생기는 바람에, 무슨 일이 있나 싶어서 전화를 걸었습니다."

하나님이 응답하시는 것이 너무나 당연했음에도 불구하고, 이럴 때마다 항상 어처구니가 없는 웃음이 나왔다.

"제가 신앙 문제로 상담할 수 있는 사람을 보내 달라고 기도하는 중이었습니다!"

"그러셨군요! 어쩐지… 저는 하나님의 소명을 따라서 신학 공부하는 학생입니다."

"아! 그러세요! 혹시 시간이 허락되면 저의 집에 올 수 있을까요?"

"그러지요!"

그날 밤에 찾아온 신학생과 새벽 3시까지 신앙에 대한 깊이 있는 대화를 나누었다. 신학생과 대화를 나누면서도 내가 고민하는 영적 문제를 직접 말하지 않았다. 그러나 얘기를 나누는 동안에 문제가 자연스럽게 다 해결되었다. 방에 누워서 지내는데도 문제가 되지 않았다. 내가 찾아가지 못해도 하나님은 사람을 보내 주셨다. 하나님의 역사는 신비하고 놀랍기만 했다.

하루는 꿈속에서 하나님의 군대가 큰 무리를 이루고 어디론가 이동하는 것이 보였다. 선두에 있는 사람이 십자가를 그린 깃발을 들고 있었는데, 바람에 깃발이 나부꼈다. 큰 무리의 선두에 서서 진로를 탐색하면서, 앞으로 나아갈 방향을 결정하는 두 사람이 있었는데, 그중에 한 사람은 나였다. 우리 군대가 넓은 들판을 향해서 진행하려고 작은 언덕을 막 내려가고 있는데, 하늘에서 크게 외치는 소리가 두 번 들렸다.

'하나님의 군대가 간다! 하나님의 군대가 간다!'

꿈에서 깨어나 가만히 묵상하는데, 그들은 나를 돕는 천사들이라고 생각되었다. 그들은 어디론가 이동하는 중이었다.

마을 앞에는 어린 시절에 미역을 감으면서 놀던 시냇물이 있었다. 내가 누워 지내기 직전에 냇둑을 따라 산책을 하던 곳이다. 하루는 꿈속에서 그곳이 보였다. 평소처럼 물은 보이지 않았고, 깨끗한 모래만 쫙 깔려 있었다. 무슨 영문인지 모르겠으나 동네 사람들과 우리 식구들이 냇둑에 서서 모래만 쫙 깔린 냇물 바닥을 내려다보고 있었다. 그때였다. 하늘에서 번쩍번쩍 빛나는 검은색 승용차가 동아줄에 매여서 천천히 내려오더니 모래 위에 사뿐히 내려앉았다. 그러자 두 천사도 함께 하늘에서 내려오더니 검은색 승용차를 경호하듯이 양옆으로 사뿐히 내려섰다. 그들은 보자기로 싼 보퉁이를 한 개씩 가슴에 안고 있었다.

동네 사람들은 번쩍거리는 승용차를 보면서 일시에 와, 소리를 내면서 감탄사를 연발했다. 그때 저 승용차는 하나님이 나한테 보내 주신 것이라는 감동이 왔다. 두 천사가 보퉁이를 가슴에 안고 동시에 우리 쪽으로 걸어오기 시작했다. 우리는 걸어오는 천사들만 일제히 쳐다보고 있었다. 한 천사가 우리 앞을 지나쳐서 위쪽으로 걸어갔다. 나머지 한 천사는 내 앞에서 걸음을 멈췄다. 그리고 가슴에 안고 있던 보퉁이를 내 가슴으로 넘겨주면서 '하나님이 주시는 선물이다!'라고 말했다. 나는 깜짝 놀라서 엉겁결에 보퉁이를 받아 가슴으로 끌어안았다. 그리고 보퉁이에 얼굴을 묻고 울면서 하나님께 감사기도를 드렸다.

어찌 찬양하지 않으랴

나는 성경을 읽고 기도만 했던 것이 아니다. 찬송가도 뜨겁게 불렀다. 성경에는 하나님을 경배하고 찬양하는 모습들이 많이 나온다. 찬양은 신앙생활에서 중요한 부분이기도 하다. 하나님도 이를 위해서 인간들을 창조하셨다고 말씀하셨다. 인간 생활에도 노래만큼 중요한 비중을 차지하는 것도 드물다. 세상에서 인간만이 노래를 부른다. 이것은 하나님이 찬양을 매우 기뻐하시는 분이라는 증거이다. 우리는 기쁠 때도 노래를 부르지만 슬플 때도 노래를 부른다. 노래는 우리의 마음과 감정을 표현하는 수단이라는 증거다. 우리는 하나님의 형상과 모양을 따라서 지음을 받은 존재이다. 시편은 기도와 찬미와 시와 노래로 가득 채워진 책이다.

> 이 백성은 내가 나를 위하여 지었나니, 나의 찬송을 부르게 하려 함이니라 - 사 43:21
>
> 할렐루야 그의 성소에서 하나님을 찬양하며 그의 권능의 궁창에서 그를 찬양할지어다. 그의 능하신 행동을 찬양하며 그의 지극히 위대하심을 따라 찬양할지어다. 나팔 소리로 찬양하며 비파와 수금으로 찬양할지어다. 소고 치며 춤추어 찬양하며 높은 소리 나는 제금으로 찬양할지어다. 호흡이 있는 자마다 여호와를 찬양할지어다, 할렐루야 - 시 150:1~6

찬송가를 열심히 부르노라면 등에서 땀이 흐른다. 춤을 추면서 찬양을 드리고 싶을 만큼 감사와 기쁨이 넘치지만, 팔을 위로 치켜들지 못하기 때문에, 몸을 좌우로 흔들면서 찬양했다. 찬양하는 내 모습이 얼마나 괴상했을지, 쉽게 상상하기 어려울 것이다. 그래도 하나님께서는 기뻐하신다는 걸 알기에 열심히 찬송가를 불렀다. 어찌하든지 하나님의 깊은 관심을 끌고 싶었다. 어찌하든지 하나님을 기쁘게 해 드리면 되는 일이라고 생각했다. 사람으로 향했던 관심이 완전히 사라지고 말았다. 오직 하나님께만 관심이 집중되었다.

나는 창조주 하나님을 만났다. 하나님의 영광을 위하여 사람을 창조했다는 것도 알았다. 그동안 하나님에 대해서 너무나 많은 오해를 했을 뿐이다. 정말 사람은 창조주 하나님의 영광을 위해서 창조한 소중한 존재였다. 인류는 하나님이 아들의 목숨을 내주면서까지 사랑하는 존재였다. 나를 이 땅에 존재하게 하신 분을 만나면 당당히 죽겠다고 다짐했지만, 오히려 당당하게 다시 살아날 수 있다는 걸 깨닫게 하셨다. 사망은 병들어 죽이려고 했지만, 하나님은 병을 고쳐 주시고 다시 살아나는 길로 인도하셨다. 하나님은 살리는 영이셨다. 없는 것도, 있는 것으로 부르시는 창조주였다. 죽은 자도 산 사람처럼 부르시는 생명의 근원이셨다.

> 내가 확신하노니 사망이나 생명이나 천사들이나 권세자들이나 현재 일이나 장래 일이나 능력이나 높음이나 깊음이나, 다른 어떤 피조물이라도 우리를 우리 주 그리스도 예수 안에 있는 하나님의 사랑에서 끊을 수 없으리라 - 롬 8:38~39

하나님께서 내 찬송가를 들으시고 기뻐하시는 증거를 보여 주시기 시작했다. 어떤 날은 내 곁에서 춤을 추면서 함께 찬양하는 천사들이 느껴질 때도 있었다. 또한 꿈에서는 방과 안마당에서 흰옷을 입은 천사들이 춤을 추면서 하나님을 찬양하는 모습도 여러 번 보여 주셨다.

한번은 안마당 한가운데 하얀 의자가 놓여 있었다. 의자에는 흰색 장발 머리에 발끝까지 치렁거리는 하얀 옷을 입은 분이 앉아 계셨다. 그러자 발끝까지 치렁거리는 흰옷을 입은 천사들이 하나님을 찬송하기 시작했다. 그들은 의자를 중심축으로 삼아 빙글빙글 돌면서 춤을 추고 노래를 불렀다. 세상에서 그토록 거룩하고 아름다운 노래와 춤을 추는 걸 본 적이 없었다. 천사들의 춤추는 모습은 너무나 아름다우며 눈이 부시도록 화려하게 보였다. 그 후에도 천사들이 춤을 추면서 하나님을 찬양하는 모습을 몇 번 더 보여 주셨다.

이렇게 하나님을 찬양하며 기쁨과 감사와 평화를 누렸지만, 부모님에게는 집 안이 온통 찬양 소리로 시끄러워서 너무나 짜증이 나는 일이었다. 오전 기도 시간이 끝나는 대로 이어서 한 시간 정도 찬송가를 불렀다. 하루의 내 일과는 언제나 그렇게 시작했다. 이런 내 일과표는 수년 동안 변하지 않았다. 그러니 부모님에겐 여간 곤혹스러운 일이 아닐 수 없었다. 어떤 날은 아버지하고 의논할 일이 생긴 동네 아저씨가 마루에 앉아서, 내 찬양이 끝나길 기다리다가 용건을 잊어버려서 그냥 돌아간 적도 있었다.

그날도 찬송가를 힘을 다하여 부르는 중이었다. 대개는 아침 예배 시간에는 아무도 내 방에 들어오지 않았다. 기도 소리와 찬송가 소리가 시끄럽고 짜증스러워도, 병을 고쳐 보려고 기독교식으로 정성을 바치는 시간이라고 생각했기 때문이다. 하나님과 영적 교제를 나누면서 기쁨과 평안을 누리는 시간이라는 건 상상도 하지 못했다. 그날은 어머니가 조심스럽게 방문을 열었다. 내가 찬양을 중단하고 어머니를 쳐다보았다. 보나 마나 분통이 터지는 아버지가 나를 설득해 보라고 어머니를 보냈을 것이다. 아버지가 나한테 노골적으로 짜증을 내면서 분통을 터트렸는데도, 전혀 변화가 없었기 때문이다.

"찬송가를 불러도 분수껏 불러야지, 이건 도대체가 시도 때도 없이 불러 대니, 동네 사람들 창피해서 원! 그거 한두 곡 정도만 적당히 부르고 끝내면, 속이 안 풀리는 거냐? 끝도 없고 한도 없이 부르는 이유가 뭐냐? 하루도 아니고 이틀도 아니고 끝도 없이 불러 대니, 내 원 참! 동네 사람들 창피해서!"

내가 중환자가 아니었다면 도저히 용납할 수 없는 일이, 날이면 날마다 우리 집에서 벌어지고 있었으니 말이다. 장독대에 정화수를 떠다 놓고 날마다 소원을 비는 사람처럼 생각해서 꾹꾹 참는 것에도 한계가 있었다. 그날은 아버지의 인내심에 한계가 이르러 분통이 터지고 말았다. 그래서 어머니가 나를 설득해서 찬송가 부르는 걸 중단시켜 보려고 조심스럽게 입을 열었다.

"너도 알걸? 명철(가명)네라고?"

"어머니한테 들은 기억이 나요."

"네가 어릴 적에 다른 곳으로 이사해서 잘 모를 테지만 나는 잘 안다. 그 집이 예수를 얼마나 극성스럽게 믿었던지, 너처럼 집에서 찬송가 소리가 그치질 않았다. 그런데 아들은 젊은 나이에 백혈병에 걸려서 죽고, 딸도 시집갔다가 금방 이혼당하고 돌아왔다. 가만히 생각해 보니 예수를 믿어도 적당하게 믿어야지, 너무 깊이 빠져들면 집안이 폭삭 망하는 모양이더라. 그러니 너도 예수한테 너무 빠지지 말거라! 우리 집안도 좋지 않을 것 같다. 그러니께 아버지 말대로 기도도 짧게 하고, 찬송가도 두어 곡만 부르다가 그치거라! 그게 우리 집안에도 좋을 것 같다!"

신앙이 무엇인지 모르는 어머니는 극성스럽게 예수를 믿지 말아야 하는 이유를, 폭삭 망했다는 집의 사례까지 들어가면서 길게 설명했다. 아버지하고 충분한 논의를 거쳤겠지만, 나를 충분히 설득할 수 있는 내용이라고 확신했던 모양이었다. 그렇지만 안타깝게도 나는 이렇게 대답할 수밖에 없었다.

"나는 그 집에 대해선 아는 게 전혀 없지만, 그 집이 그렇게 된 이유는 분명하게 말씀드릴 수 있어요. 예수한테 깊이 빠져서 그런 게 아니라, 반대로 예수한테 깊이 빠지지 못해서 그럴 거예요!"

전혀 예상하지 못했던 내 대답에 어머니가 반격하고 나섰다.

"얼마나 극성스럽게 예수를 믿었는지 동네 사람들도 다 알고 있다!"

"하나님은 사람의 마음을 보시기 때문에, 남들이 보기에 극성스럽게 예수를 믿는 것처럼 보였어도, 결코 진실한 믿음으로 하지 않았기 때문이에요. 처음엔 진실로 열심히 믿었는지 모르겠지만, 신앙생활 하면서 어떤 이유로든 하나님과의 관계가 멀어지고 잘못되었을 거예요!"

내 말을 듣던 어머니가 주춤거렸다. 내 말이 더 신뢰가 되었던 것일까?

"그거야, 나중엔 교회도 안 다니고, 말썽만 부려서 목사님을 굉장히 힘들게 했어!"

"내가 그 집을 전혀 알지 못하면서도 이렇게 확실하게 말씀을 드리는 이유를 아세요?"

"글쎄다!"

"하나님은 살아 계시기 때문이에요. 그분이 약속하신 말씀은 반드시 지키시는 분이기 때문이에요. 내가 찬송가를 부르는 건 사람 들으라고 하는 게 아니에요. 하나님이 보고 계시기 때문에 그분께 경배하고 그분께 찬양하는 거예요. 하나님이 기뻐하시는 찬양이기 때문에 찬송가를 부르는 거예요. 사람 들으라고 부르는 찬송가라면, 사람들 비위를 맞추면서 적당히 하겠지만, 하나님께서 들으시라고 부르는 것이기에, 사람들이 듣기 좋아하는지 싫어하는지, 거기까지 신경 쓸 수가 없어요. 하나님이 기뻐하시는 찬송이기에 부르는 거예요. 하나님은 제가 부르는 찬송가에 반드시 응답하세요. 그분을 높여드리고 찬양하는 자에게는 하나님이 반드시 역사하세요. 두고 보세요. 하나님이 저한테 어떻게 역사하시는지를!"

"네 말이 맞긴 맞다만…."

어머니는 나를 설득하려고 왔다가, 오히려 나한테 설득당했는데도 전혀 기분이 상한 표정이 아니라 평안한 얼굴로 방을 나갔다. 이렇듯 나는 담대했고, 자신감이 차고 넘쳤다. 어디서 그런 똥배짱이 나오는 것일까? 나는 확신한다. 세상에서 어려운 문제가 생길 때마다 주님을 찬양하고 그분을 높여드리면, 반드시 해결된다는 것을! 찬양에는 하나님의 이적이 따른다. 찬양을 부르는 일은 하나님의 관심도 끌지만, 마귀의 관심도 끈다는 점이다. 하나님이 기뻐하시는 일이기에 마귀는 도망칠 수밖에 없다. 그러니 문제는 해결될 수밖에! 우리가 실패하는 것은 하나님을 높이지 못하고 찬양하지 못해서 그렇다.

한밤중에 바울과 실라가 기도하고 하나님을 찬송하매 죄수들이 듣더라. 이에

> 갑자기 큰 지진이 나서 옥 터가 움직이고 문이 곧 다 열리며, 모든 사람의 매인 것이 다 벗어진지라 - 행 16:25~26
>
> 백성과 더불어 의논하고 노래하는 자들을 택하여 거룩한 예복을 입히고 군대 앞에서 행진하며 여호와를 찬송하여 이르기를 여호와께 감사하세. 그의 인자하심이 영원하도다, 하게 하였더니, 그 노래와 찬송이 시작될 때에, 여호와께서 복병을 두어 유다를 치러온 암몬 자손과 모압과 세일산 주민들을 치게 하시므로 그들이 패하였으니 - 대하 20:21~22

집안에 경조사가 생기면 내 일과표에 차질이 불가피했다. 어차피 경조사에 조력할 수 없는 처지에 무슨 말일까 하겠지만, 나만의 일정표에 차질이 생긴다는 말이다. 내게는 생명처럼 중요한 일정들이어서, 시끄럽고 복잡한 집안 경조사에 휩쓸려서 흐지부지 넘어갈 수 있는 문제가 아니었다. 그런 날은 동네 풍물놀이 패가 우리 집에 모여서 풍물놀이를 즐기기 때문이다. 친척들의 방문 때문에 한적한 아랫방으로 밀려난 나는 풍물놀이의 요란한 소리에도 굴하지 않고, 내 일정표에 따라서 기도하고 찬송가를 불렀다. 지금 돌아보아도 말씀과 기도와 찬양에 미쳐 있었다. 이렇게 미치게 만드신 분이 내 안에 계셨다. 다시 말하면 내 안에 계신 성령께서 그의 나라와 의를 향해서 행동하도록 역사하셨다는 의미이다. 풍물놀이의 요란한 속에서도 내 찬양 소리가 들렸던지, 사촌오빠가 방으로 들어왔다. 사촌오빠는 고개를 숙이고 조용히 앉아서 내가 부르는 찬송가를 들으면서 눈물까지 흘렸다.

"오빠도 찬송가를 들으니까 감동이 되지요?"

"그래, 좋다! 참 좋다! 네가 처지가 이래도 비관하지 않고, 밝은 마음으로 살아가는 모습이 여간 보기 좋은 게 아니다!"

"나는 불쌍한 사람이 아니에요!"

"그럼, 그럼! 네가 왜 불쌍한 사람이냐? 네 처지를 근심하지 않고, 네 몫으로 받아들여서 살아가는 네가 안쓰러운 마음이 들어서 그러지!"

"우리의 고난은 잠시지만, 예수를 믿지 않고 죽어서 받는 고통은 영원한 거예요! 저는 예수를 믿지 않는 오빠가 더 안쓰럽게 보여요!"

"나도 너처럼 예수를 믿어야지! 찬송가나 한 곡 더 부르거라!"

"오빠도 예수를 꼭 믿으세요!"

"그래, 찬송가나 어서 불러 봐!"

불신자인 사촌오빠 앞에서 목청을 돋우면서 찬송가를 부르는데, 하나님께서 가슴이 터지도록, 기쁨이 차고 넘치도록 응답하셨다! 찬송가를 부를 때는 가슴이 벅찰 정도로 행복감이 차고 넘쳤다. 믿음이 충만해지면서 염려와 근심과 걱정이 사라지고, 평안과 소망이 넘쳤다. 세상에서 기쁨과 평안보다 더 큰 하나님의 응답은 없을 것이다. 나는 찬양과 기도의 비중이 똑같다는 걸 수없이 경험했다. 찬양은 노래로 부르는 기도였다. 다만 기도는 마음속으로 할 수도 있지만, 찬송가는 마음속으로 할 수 없다는 점이다. 그래서 찬송가는 기도보다 더 적극적으로 부르짖는 기도라고 생각했다. 하나님에 대한 사랑을 노래하고, 믿음을 노래하며, 지은 죄를 회개하고 자복하면서 눈물로 노래한다. 당연히 시끄럽고 소란스럽다. 살아계신 아버지 앞에서 자식이 할 수 있는 자연스러운 태도이다. 그런 면에선 세상 노래도 마찬가지이다. 모든 악기를 동원해서 춤추고 노래하면 시끄러울 수밖에 없다. 노래는 인간이 누리는 감사와 기쁨과 슬픔을 표현하는 수단 중에서 최고인 것만은 분명하다.

나팔 부는 자와 노래하는 자가 일제히 소리를 발하여 여호와를 찬송하며 감사하는데, 나팔 불고 제금 치고 모든 악기를 울리며, 소리를 높여 여호와를 찬송하여 가로되 선하시도다, 그 자비하심이 영원히 있도다 하매, 그때에 여호와의 전에 구름이 가득한지라 - 대하 5:13

하나님을 향한 노래가 얼마나 뜨겁고 열정적이었으면 하늘 보좌로부터 여호와의 영광이 나타났을까?

날마다 예배하며

　내 하루의 일과는 말씀을 읽고 기도하고 찬양하는 것이 전부라고 말했다. 이것은 내가 할 수 있는 최대치의 노동력이기도 하다. 다시 말하면 내가 할 수 있는 노동이 아무것도 없다는 말이기도 하다. 그러니까 아무것도 할 수 없었기 때문에, 종일토록 심심해서 그런 거라도 했다는 의미로 들릴 수도 있다. 세상일에 눈코 뜰 새 없이 바쁜 현대인들이 생각한다면, 얼마나 답답하고 한심스러운 일이었을까? 돌아보면 세상에서 아무것도 할 수 없는 수많은 시간을, 그의 나라와 의를 위해서 치열하게 사용하도록 인도하신 분은 성령이셨다. 건강했더라면 죽었다 깨어나도 하나님과 깊은 교제의 시간을 갖는다는 건 불가능하다.

　내 인생에서 가장 중요한 시간이 언제였느냐고 묻는 이가 있다면, 당연히 사지가 꼬부라져서 앉은뱅이로 누워서 살아가던 시절에, 하나님과 깊은 교제를 누리며 행복해했던 때라고 대답할 것이다. 영적 생활을 하는 사람이 하나님과 교제를 나눌 시간도 없이, 세상일로 분주하고 바쁘기만 하다면, 반드시 일과표를 재검토해야 할 것이다. 특별히 주님이 맡겨 준 사역이 너무나 바빠서 하나님과 교제를 나눌 시간이 없다면, 과연 그 사역이 성령께서 이끌어 가는 사역인지, 자기가 이끌어가는 사업인지를 신중하게 검토해 보아야 할 것이다. 우리는 예수님의 이름으로 행하는 일이라면, 무조건 주님이 이끄는 사역이라고 믿어 주는 우를 범하기가 쉽기 때문이다.

통증은 계속해서 줄어들었다. 내 시간을 빼앗기는 일이 아무것도 없는데도, 하루의 시간이 얼마나 바쁘게 지나가던지 자정을 넘겨야 잠자리에 들 때가 점점 많아지기 시작했다. 날마다 재미나고 살맛이 났다. 재기에 대한 소망도 풍선처럼 부풀어 올랐다. 행동반경이라곤 좁아터진 방에서도 눕고 일어나는 내 자리가 전부이지만, 조금도 답답하지 않았고 조금도 지루하지 않았다. 화려하고 자유롭고 풍성한 세상을 생각해도 부러운 것이 하나도 없었다. 건강할 때 꿈꾸고 소망했던 어떤 것도 시시하게만 생각되었다. 상처와 아픔과 처절한 절망감을 안겨 주었던 누구라도, 다 용서하는 마음이 생겼다. 하나님께 용서받은 나로서는 넉넉하게 용서할 수 있었다. 기도하면서도 용서하는 마음이 생기지 않는다면, 과거의 죄로부터 돌아서지 않았다는 증거이고, 여전히 하나님을 불신하고 있다는 증거였다. 오히려 이 지경에 이를 때까지 부정적인 역할을 했던 사람들에 대해서 긍휼한 마음이 한없이 생겼다. 사실은 내가 축복의 자리에 올 수 있도록 통로가 되었던 참으로 고마운 분들이기 때문이다. 세상에서 용서 못할 일이라곤 하나도 없었다.

> 나는 너희에게 이르노니 너희 원수를 사랑하며, 너희를 박해하는 자를 위하여 기도하라 - 마 5:44
> 너희가 사람의 잘못을 용서하면, 너희 천부께서도 너희 잘못을 용서하려니와 너희가 사람의 잘못을 용서하지 아니하면, 너희 아버지께서도 너희 잘못을 용서하지 아니하시리라 - 마 6:14

그럼에도 불구하고 너무나 부러운 사람들이 있었다. 예배당에 걸어가서 하나님께 예배드리는 사람들이었다. 믿는 사람들이 모여서 예배드리는 동네교회를 다니고 싶은 것이 가장 큰 소망이었다. 나도 이부자리에 앉아서 혼자 예배를 시작했다. 예배는 피조물이 하나님을 섬기는 유일한 수단으로서 그분을 뵙는(만나고 경험하는) 시간이었다. 어디에나 계신 하나님은, 예배를 통해서 말씀하시고 가르치셨다. 그런 예배를 하나님은 그리스도 안에서 믿는 자들에게 허락하셨다.

나는 날마다 예배를 드렸다. 말씀을 읽고 기도하고 찬송가를 부르는 게 예배(禮拜)였다. 예배는 하나님을 섬기고 경배하는 행위이다. 어쩌면 하나님이 인간을 창조하신 목적 중에서 예배(경배)에 대한 비중이 가장 클 것이다. 예배 안에는 경배와 찬양과 말씀 선포와 가르침과 기도가 있다. 예배 안에는 회개와 죄 사함과 용서와 치료와 회복이 있다. 예배 안에는 기쁨과 평화와 예물과 봉사와 헌신이 있다. 예배 안에는 성령의 감화 감동이 있고, 하나님의 임재와 음성이 있고, 악한 영들이 쫓겨나는 역사도 있다. 예배는 살아 계신 하나님을 뵙고 경배하는 시간이기 때문이다.

> 아버지께서 참되게 예배하는 자들은 영과 진리로 예배하는 때가 오나니 곧 이 때라. 아버지께서는 자기에게 이렇게 예배하는 자들을 찾으시느니라. 하나님은 영이시니 예배하는 자가 영과 진리로 예배할지니라 - 요 4:23~24
> 그러므로 형제들아 내가 하나님의 모든 자비하심으로 너희를 권하노니, 너희 몸을 하나님이 기뻐하시는 거룩한 산 제사로 드리라. 이는 너희의 드릴 영적 예배니라 - 롬 12:1

예배는 피조물이 하나님을 섬기는 유일한 수단이고, 하나님께서 친히 계시하신 수단이었다. 그래서 예배에 성공해야 모든 일에도 승리할 수 있다. 예배는 하나님을 뵙는(만나고 경험하는) 시간이었다. 어디에나 계시는 하나님이지만 예배를 통해서 말씀하시고 보여 주셨다. 이처럼 하나님은 예배를 중요하게 여기셨다. 날마다 이부자리에 앉아서 드리는 예배였지만, 더욱 신앙공동체 속에서 함께 예배하고 싶었다. 이 세상에 교회를 세우신 분이 예수님이셨다. 신앙생활은 나처럼 혼자 하는 게 아니었다. 예수님과 그의 지체이신 성도들이 몸을 이루고 예배하는 곳이 교회였다.

내가 속한 동네교회에서 실로폰 종소리가 울렸다. 주일예배 시간을 알리는 종소리였다. 어머니는 내가 예수를 믿으면서 하나님이 살아 계심을 믿기 시작했고, 예수가 구주이심을 확신하면서 영적 체험까지 했다. 그러다 보니 연세가 많은 할머니도 자연스럽게 어머니를 따라서 교회를 다녔고, 동네 사람들에게도 예수님에 대한 친근감을 자연스럽게 드러냈다.

누가 그렇게 하라고 시킨 건 아니지만, 나도 주일에는 교회에서 예배 시간을 알리는 실로폰 종소리가 울리면 그 시간에 맞춰서 예배를 드렸다. 비록 혼자 드리는 예배였지만 가슴 벅찬 감동이 넘쳤다. 먼저 찬송가를 뜨겁게 불렀다. 그리고 주기도문을 암송하고 성경 말씀을 읽었다. 마지막에도 찬송가를 부르고 기도하고 마쳤다.

"주님! 저도 교회에서 성도들과 함께 예배드리고 싶어요! 교회로 걸어가서 예배드리고 싶어요! 다시 걷게 해 주세요!"

예배드릴 때마다 예배당까지 내 발로 걸어가서 예배드릴 수 있게 해 달라고 통사정했다. 언제라도 마음만 먹으면 예배당에 갈 수 있는 사람들은 상상할 수 없는 그리움이었다. 아침에 출발해서 저녁에 도착할지라도, 앉아서 뭉그적거릴 수만 있었어도, 벌써 찾아갔을 하나님께 예배드리는 예배당이었다. 교회에 가고 싶은 그리움을 예배 때마다 주님께 하소연했다.

연세가 구십이 가까운 할머니도 어머니를 따라서 교회를 다녔다. 지금처럼 교회 차량이 자유롭게 운행되던 시절이 아니었기에, 할머니도 교회까지 걸어가는 게 매우 힘들기 시작했다. 결국 교회까지 걸어갈 수 없게 되었을 때부터 할머니랑 둘이서 예배드리기 시작했다. 그런데 혼자 예배드릴 때보다 훨씬 더 어려웠다. 할머니는 일상적인 대화가 어려울 정도로 청력이 나빴다. 할머니와 함께 예배드릴 때는 내가 기도하고 설교했지만, 문제는 고래고래 소리를 질러야 한다는 것이다. 어쨌거나 할머니한테 예수님을 소개하고 가르쳐야 하는데 예삿일이 아니었다. 주일예배 때마다 내 목소리가 방 안을 쩌렁쩌렁 울리다가 담장을 넘어서 동네 큰길까지 퍼져나갔다.

"할머니, 예수를 믿어야 천국에 갈 수 있어요!"

"내가 뭐 잘한 게 있다고 천당을 가겠냐?"

할머니는 성품이 얌전하시고 겸손했던 분이라, 천국에 간다고 말하는 것을 죄송스럽게 여겼다.

"우리가 착해서 천국 가는 것이 아니에요. 아무리 착해 보이는 사람도 자세히 살펴보면 착하지 못한 부분이 많아요."

"그거야 그렇지!"

"착한 사람만 천국 간다면 세상에서 한 사람도 갈 수 없어요. 그래서 예수 믿고 천국 갈 수 있게 한 거예요!"

"그럼, 예수만 믿으면 천국 간다는 거냐?"

"예! 착하게 살아야 천국 간다고 말하는 사람은 거짓말하는 거예요. 예수를 믿어야 천국 가요! 할머니! 우리가 착하지 못해도, 죄를 많이 지었어도, 예수님을 구세주로 믿고 하나님께로 돌아서면 천국에 갈 수 있어요. 하나님께서 우리의 모든 죄를 자백하고 회개하면 용서해 주신다고 약속하셨어요. 아시겠어요?"

"그럼 잘못한 게 많아도 예수만 잘 믿으면 천당 갈 수 있다는 말이냐?"

"그럼요! 우리가 잘못한 모든 죄를 예수께서 우리 대신 짊어지시고 십자가에서 돌아가셨어요. 그래서 그분이 죄를 지은 모든 사람을 구원해 주시는 거예요. 할머니가 하실 일은 예수님이 우리 죄를 대신 지시고 죽으신 구세주라는 걸 믿기만 하면 돼요!"

"그렇다면 예수님이 최고구나?"

"그럼요! 세상에서 예수님보다 더 최고인 분은 없죠! 우리의 모든 잘못을 용서하시고 천국으로 인도하시는 분인데, 최고 중에도 최고이신 분이지요! 예수님이 없었다면 한 사람도 천국에 갈 수 없었어요!"

"암만 잘못했어도 예수님만 믿으면 천당 간다는 것이 워째, 말 같지 않게 들린다!"

"할머니는 착하게 살아야 천국에 간다고 말하면 좋겠죠?"

"아무려면 착하게 살아야 천국 갈 테지, 암만 잘못해도 예수님만 믿으면 천당 간다는 게 말이 되는 소리냐?"

"착하게 살아야 천국 간다면 할머니도 저도 천국 못 가요!"

"말은 맞다만, 예수님도 믿고 착하게도 살아야 천당 가는 거 아니냐?"

"예수 믿는 사람들은 당연히 착하게 살아야죠! 그렇다고 착하게 살았기 때문에 천국에 가는 건 아니에요. 천국은 예수님이 우리의 구세주라는 걸 믿어야 가요! 내가 착하게 살았으니까 천국에 갈 수 있을 거라고 생각하는 건 완전히 틀린 생각이에요. 아무리 착하게 살아도 예수를 믿지 않으면 천국에 못 가요! 오직 예수를 믿어야 천국 가요!"

"그래도 착하게 살아야지, 교회 다닌다고 하면서 잘못하면 쓰겄남!"

"교회를 잘 다니고, 예수님을 잘 믿는다고 하면서 행실이 좋지 않은 사람들은, 반드시 믿음이 없거나 나쁜 행실을 회개하지 않으면서도 믿음이 좋다고 착각하는 사람일 거예요. 예수님도 행실을 보면, 그 사람의 믿음이 어떤지를 알 수 있다고 하셨어요. 할머니도 어떤 사람은 교회를 다녀도 하나님만 욕 먹이는 사람이 있다고 하셨잖아요? 천국은 예수님을 믿어야 가는 곳이거든요!"

예배 때마다 아무리 가르쳐도 '믿음'과 '행실'에 대한 이해의 간격은 좀처럼 좁혀지지 않았다. 비신자들과 전혀 구분할 수 없는 교인들의 행실 문제가 항상 복음 전파를 가로막았다. 오히려 비신자들이 염려할 정도로 행실이 위태로운 교인들 때문에 전도의 문이 열리지 않을 때가 많다는 걸 우리는 너무나 잘 알고 있다. 지금도 전도하면서 가장 많이 갈등의 소재로 등장하는 문제가 교인들의 행실 문제라는 것도 모두가 다 아는 사실이다. 우리의 착한 행실은 하나님께 영광이 되고, 세상에 하나님을 보여 주는 등불이 된다. 그런데 우리의 등불이 너무나 어두워서 거꾸로 세상의 어둠에 잠식당할 처지에 놓여 있다.

너희는 세상의 빛이라 - 마 5:14a

빛의 열매는 착함과 의로움과 진실함에 있느니라. 주님을 기쁘시게 할 것이 무엇인가 시험하여 보라 - 엡 5:9~10

이같이 너희 빛이 사람 앞에 비치게, 그들로 너희 착한 행실을 보고 하늘에 계

신 너희 아버지께 영광을 돌리게 하라 - 마 5:16

할머니한테 이 문제는 가장 풀기 어려운 난제였다. 아마도 이 문제는 그리스도인들조차도 쉽게 풀리지 않는 미스터리일 수 있다. 분명 하나님을 사랑하는 그리스도인들은 착하게 산다. 성령께선 반드시 착한 행실로 인도하시기 때문이다. 아무리 그렇더라도, 믿는 우리라도 육신은 결단코 착하지 않다. 그래서 '내가 내 몸을 쳐 (말씀에) 복종'(고전 9:27)시키려고 힘쓰는 것이다.

일제 말기부터 접하게 된 기독교에 대한 할머니의 감정은 할아버지와 함께 매우 긍정적이었지만, 신앙생활로 연결되지는 못했다. 할머니는 조선 말기에 태어나서서 구십 평생 살면서 겪어야 했던 파란만장한 수난사는, 신앙을 받아들이는 데도 많은 영향을 끼쳤다. 양민과 천민이라는 신분제도가 있던 사회에서 양반 체통에 익숙했지만, 한편으론 불합리한 굴레를 여자에게만 씌웠던 유교문화에 순응하면서, 일제의 종살이와 동족끼리의 비극적인 전쟁의 포화 속에서도, 목숨을 위협할 정도의 배고픔과 가난 속에서도 모질게 살아남아서, 그래도 이만큼의 품격과 도덕성을 가질 수 있었던 것만으로도 할머니의 자부심은 남달랐다. 이것이 할머니한테는 혹시 있을지도 모르는 천국에 대한 기대감으로 작용했을 것이다. 이렇게 복잡하게 얽히고설킨 민족사의 분탕질 속에서 살아남은 할머니가 단순하고 명료하기만 했던 '예수'를 믿어야 천국 간다는 조건이, 오히려 더 복잡하고 까다로운 문제가 되었다. 어떤 수고와 대가에 따라서 지불받는 천국이 아니기 때문이었다. 까다로운 절차와 조건에 익숙한 할머니한테 '오직 예수'를 믿으면 된다는 조건은, 어쩐지 함량 미달처럼 느껴졌다.

지성이면 감천이니, 착하게 살아야 복이 온다느니, 가화만사성이니, 고진 감래니, 사필귀정이니, 인과응보니 하는 말들이, 어느 정도라도 보태 주어야만 이해하기가 훨씬 수월했을 것이다. 그런데 예수만 믿으면 천국 간다는 것이니!

이처럼 착한 행실만을 천국과 관련지으려는 할머니의 고정관념을 내려놓고 '오직 예수님의 십자가의 공로'만을 믿고 의지하도록 변화시키기까지는 많은 세월이 흘러야만 했다.

"그려, 예수를 믿어야 천당에 가지. 원체도 죄 안 짓고 사는 사람이 어디 있겠냐?"

나는 할머니한테 이런 고백을 듣고 '예수님은 그리스도시오. 살아 계신 하나님의 아들'이라는 신앙고백을 받아 내기까지는 굉장한 인내의 세월을 견디어야만 했다. 연세도 그러했지만 똑같은 얘기를 예배 때마다 반복하는 지루함과 돌아서면 잊어버리는 기억력의 한계조차 내가 참고 견뎌야만 했다. 내 혀가 닳아 없어질 정도라고 생각될 무렵이었다.

'예수님은 그리스도시오. 살아 계신 하나님의 아들'이라는 고백이 할머니의 입에서도 나왔다. 할머니는 한글을 터득하신 분이어서 주기도문을 한 절씩 끊어서 종이에 적어 주었다. 할머니도 나처럼 날마다 머리를 숙이고 기도하고 주기도문을 외웠다.

아버지는 예수 믿어야 딸을 고칠 수 있다는 목사님의 권면을 거절하지 못하고 할 수 없이 교회를 다녔지만, 하나님이 있으면 어디 한번 보여 달라고 무지막지하게 따질 때는, 옴짝달싹 못 하고 방 안에만 갇혀 사는 내 심기를 활짝 뒤집어 놓았다. 아버지는 하나님이 고쳐 주신다는 믿음으로 매달리는 내가, 반이성적이고 어리석게 보여서 화만 치밀었다.

이렇게 나는 예수한테 깊이 빠지는 바람에 질병과 함께, 아버지를 괴롭히는 자식이 되고 말았다. 내가 죽음과 싸우면서 하루하루를 위태롭게 버티고 있을 때였다. 담임목사는 동네 사람들과도 개인적인 친분이 두터웠던 터라, 아버지한테 이런 권면을 했던 모양이었다.

"예수를 믿으세요! 이렇게 있다가는 딸을 놓치고 맙니다. 그러니 하나님께 딸을 살려 달라고 매달려 보세요!"

비록 독경하는 사람을 데려다가 굿을 하는 것까지는 했지만, 딸이 죽어가는 약점을 이용해서 전도의 기회로 활용하는 목사의 비열한 속셈이라고 생각한 아버지는 한 마디로 딱 잘라서 말했다고 한다.

"저러다가 죽는다면, 그것도 제 운명이쥬!"

이렇게 예수 믿어야 산다는 예수꾼들의 유혹에는 절대로 넘어가지 않겠다고 결심했던 아버지가, 막상 죽어 가던 딸이 살아 보겠다고 날마다 기도와 찬양에 매달리는 것을 보면서 마음이 흔들렸다. 동네 사람들과 교인들로부터도 딸이 예수를 믿고 저렇게 살려고 매달리는데, 아버지도 협조해야 하지 않겠느냐는 권면을 뿌리치지 못하고 억지로 교회를 다니기 시작했다.

그때부터 극심한 갈등이 시작되었다. 아버지가 교회를 다녀온 날은 목사님의 설교를 조목조목 들이대면서 반박하고 따지는 바람에 곤혹 치르기가 일쑤였다. 아무리 신앙적으로 설명해도 전혀 먹혀들지 않은 채로, 하나님이 어디 있는지 입증하라는 식이었다. 나는 목사님의 설교를 들을 수 없었지만, 설령 같이 들었다고 해도, 아버지의 반박에 대한 합리적이고 논리적인 답변이 불가능하다는 걸 너무나 잘 안다. 하나님은 믿는 자가 경험할 수 있는 보이지 않는 신이시다. 예수님도 믿음이 없는 사람들에게 표적을 보이시면서 하나님의 아들이라는 걸 증명하지 않으셨다.

> 바리새인들이 나와서 예수를 힐난하며 그를 시험하여 하늘로부터 오는 표적을 구하거늘, 예수께서 마음속으로 깊이 탄식하시며 이르시되 어찌하여 이 세대가 표적을 구하느냐. 내가 진실로 진실로 너희에게 이르노니, 이 세대에 표적을 주지 아니하리라 하시고 - 막 8:11~12

그렇지 않아도 꼼짝달싹 못 하고 방 안에만 갇혀 사는 내가 아버지의 핍박을 피할 수 있는 길은 없었다. 아버지는 오히려 내 믿음을 꺾어 버리려고 작심했음을 짐작할 수 있었다. 아버지한테는 여전히 존재하지 않는 하나님을 믿는 것은 미련한 짓이었다.

"하나님이 어디 있는지 보이냐? 보여?"
"하나님은 우리 눈으로 볼 수 없지만, 그분은 분명히 살아 계십니다!"
"별꼴 다 보겠다. 네가 이렇게 어리숙하게 빠져 버릴 줄은 몰랐다!"
"제가 빠진 게 아니라, 하나님은 살아 계신 거예요!"
"별 답답한 꼴을 다 보겠네!"

이런 아버지 때문에, 집안 분위기가 항상 불안불안했다.
"죽으면 그만이지 하나님이 어디가 있냐? 하나님이 있다면 사람 사는 꼴이, 왜 이 모양 이 꼴이냐?"
"아버지! 지금은 제 불행이 고통스럽고 힘들지만, 이 고통이 얼마나 다행인가를 아시게 될 거예요. 아버지도 예수님을 구주로 영접하시면 알게 돼요!"
"생각해 봐라! 하나님이 있다면, 너를 요 모양 요 꼴로 만들 수 있단 말이냐? 그리고 하나님이 있다면 예수 믿는 사람만 천국에 보낸다는 게 말이 되는 소리냐? 그렇게 속이 좁은 양반을 하나님이라고 말할 수 있겠냐? 어디 말해 봐라! 너는 네 불행이 다행이라고 했지? 네가 사지가 꼬부라져서 방에서 지내는데도 다행이냐? 사람 참! 정신병자 되는 게 별거 아니구나! 내가 살다 살다 보니께, 별 희한한 소리도 다 듣는다! 하나님이 있긴 어디가 있어! 다 꾸며서 불쌍한 사람들 속이는 짓거리지! 교인들은 뙤약볕에 앉아서 땀을 뻘뻘 흘리고 일을 해서 돈을 벌어다가 교회에 바치는데, 목사들은 뭐 하는 줄 아냐? 시원한 거실에 앉아서 냉장고에 있는 수박을 꺼내 먹고 날마다 놀고 있더라! 너는 예수를 믿거나 말거나 내가 상관을 안 할 테니까, 나한테는 쓸데없는 소리는 하지 말거라!"

이런 식으로 무자비하게 질문 공세를 퍼붓고 따지지만, 믿음을 통한 신앙적인 내 답변은 아버지의 울화통만 건드리는 꼴이었다. 어차피 합리적이고 과학적인 설명이 불가능한 영적 세계에 대해서, 내가 어떤 식으로 설명한다고 해도, 불신의 감정에 기름만 끼얹는 꼴이어서 되도록 입을 열지 않았다. 하나님이 내 병을 고쳐 주신다고 믿으면서 매달리는 내 꼴이 하도 답답해서 화만 치밀었다. 게다가 나하고 믿음의 보조를 맞추는 어머니까지 답답하긴 마찬가지여서, 조그마한 빌미만 생겨도 짜증을 부리고 화를 냈다.

"이렇게 몸이 변화가 없으니 원!"

"두고 보세요! 반드시 일어나서 다시 걸을 거예요!"

"고대 죽어도 말은 당당하지! 나 죽으면?"

그러잖아도 매사가 답답하고 짜증스러운 아버지한테 신앙 얘기는 마음 놓고 감정을 폭발시킬 수 있는 분출구가 되어 버렸다.

"아버지가 돌아가신 뒤에 걷는다 해도 어쩔 수 없지만, 그러니까 살아생전에 내가 다시 걷는 모습을 보게 해 달라고 기도해 주세요!"

나는 어떤 어려운 상황에서도 믿음만은 양보하지 않았다. 그런 내 행동은 아버지를 힘들게 만들었지만 어쩔 수 없었다. 어떤 상황 속에서도 믿음만큼은 당당하게 고백하는 나 때문에 아버지의 감정이 더 격해질지라도, '다시 걷는다'는 믿음은 흔들릴 수 없었다. 아버지의 감정에 거슬리는 내 입술의 고백은 '걷느냐 못 걷느냐'를 결정하는 중차대한 문제라는 걸 너무나 잘 알기 때문이다. 왜냐하면 내가 다시 걸을 수 있는 건, 다리의 상태가 어떠냐 하는 것과는 하등의 관련이 없고, 내 믿음의 고백과 관련되기 때문이다. 꿈에서조차도 의심이나 염려나 걱정하지 않았다. 그래서 어떤 핍박과 위기의 상황 속에서도, 다시 걷는다는 믿음의 고백은 흔들릴 수 없었다. '다시 걷는다는 내 믿음의 고백'이 '내가 걷느냐 못 걷느냐'를 결정하기 때문이다. 사단의 충동질에 놀아난다는 걸 전혀 알지 못하는 아버지는 어찌하든지 내 믿음을 꺾으려고 힘썼다. 하지만 어떤 상황에서도 내 믿음은 꺾이지 않았다.

그때마다 아버지의 표정은 험악하게 변했다. 사지가 꼬부라져서 앉은뱅이가 된 자식에게 극단적인 말은 삼갔지만, 치밀어 오르는 감정을 억제하지 못하고 방문을 발로 걷어차면서 밖으로 나갈 정도였으니, 갈등의 사태는 매우 심각할 지경이었다. 상식적으로 생각하면 내가 '나는 다시 걷는다!'는 믿음의 고백은, 기쁨이 되지는 못해도, 아버지의 마음을 더 힘들게 하지는 않을 것 같은데도, 그토록 감정이 상하는 걸 보면, 믿음이 없는 당신의 말에 대하여 역으로 공격하는 오기로 느껴졌을 것이다. 내 믿음을 흔들어 놓으려는 마귀의 수작이었다. 다리운동은 겨우 벗어났으나, 또다시 신앙의 갈등으로 아버지와 위태로운 시간이 또 시작되었다. 믿음의 열매가 현실로 나타나기만을 날마다 눈물로 호소할 뿐이었다. 날마다 기쁨이 넘쳐서 기도하고 찬송가를 부르는 내 모습이 아버지를 힘들게 만들었다. 그래서 아버지를 편하게 해 주려고 믿음의 행위를 중단한 것이 아니라, 아버지의 구원을 위해서 기도에 더욱 힘쓰고 찬양에 더욱 힘썼다. 그리고 어떤 핍박 앞에서도 믿음만큼은 결단코 양보하거나 굴복하지 않았다.

내가 예수를 믿은 이후로 1년 정도는 신앙의 갈등으로 힘든 시간을 보내야만 했다. 아버지가 모든 갈등의 문제를 뛰어넘어 믿음으로 거듭나기를 간절히 기도했고, 내 믿음의 고백이 현실로 나타나서 열매를 거두기만을 날마다 기도할 뿐이었다.

이런 불신과 불평 속에서도 아버지는 주일마다 예배에 참석하기를 중단하지 않은 건 놀라운 일이었지만, 교회만 다녀오면 하나님에 대한 원망이 더 커지고 짜증이 더 심해졌다. 모든 사람이 지금까지 경험한 대로, 아버지도 사람이 죽으면 흙으로 돌아가서 모든 삶이 끝난다고 생각했다. 그런데도 어머니는 나를 위해서 맹목적으로 동조하는 것 같았고, 할머니조차도 손녀딸을 위해서 교회 다니는 모양새가 너무나 마음에 들지 않았다. 담임목사의 권면도 그렇지만, 집안의 이런 묘한 기류 속에서, 차마 아버지로서 비협조적인 모습을 보일 수가 없었다. 딸이 치료되기를 아버지만큼 절절하게 바라는 분도 없었다. 어쨌거나 내가 믿음으로 병을 고치려는 노력에 편승해서 온 가족이 주일만 되면 예배당으로 향하는 우스운 꼴이 연출되었다. 이런 어처구니없는 상황이 아버지한테는 너무나 창피하고 부끄럽기만 했다.

그렇게 속 터지는 감정을 폭발할 수 있는 대상은 나밖에 없었다. 왜냐하면 예수를 믿으면서부터 지능지수가 한참 모자라는 사람처럼, 방 안에 홀로 앉아서 밤낮으로 기도하고 찬송하고 예배드리는 문제의 장본인이기 때문이었다. 아버지는 성경 말씀에 일일이 토를 달면서 억지 주장을 펼치고 따지면서 답답한 속을 풀었다. 그때는 부모님의 믿음과 기도로 지원받는 이들이 얼마나 부러웠는지 모른다. 이런 아버지의 핍박은 1년 정도 지속되었다. 그러나 결과부터 말하자면 내 믿음의 기도가 승리했다.

하루는 이웃집 아저씨하고 부흥 집회에 간다고 했다. 물론 담임목사의 설득이 있었고, 담임목사를 포함하여 교인들도 함께 간다는 것이다. 믿음에 대한 불만으로 괴로워하던 아버지가 교인들과 함께 부흥 집회에 간다는 것이다.

그런데 부흥 집회에 참석하고 돌아온 아버지가 완전히 다른 사람으로 바뀌어 있었다. 아버지의 급격한 변화는 우리 가족뿐만 아니라 동네 사람들조차 깜짝 놀랄 정도였다. 완전히 딴 사람처럼 바뀌었다. 아버지가 예수님이 구주라고 당당하게 고백하는 것이었다. 기절초풍할 일이었다. 하지만 내 기도에 응답하신 하나님의 역사라는 걸 나는 너무나 잘 안다. 오랫동안 피우던 담배도 단번에 끊어 버렸는데, 그 후로는 단 한 번도 담배를 피우지 않았다. 아버지는 이런 결단력을 가진 분이었다. 이렇게 싫고 좋은 감정을 분명하게 드러내는 아버지가 하나님이 살아 계심을 믿음으로 받아들이기까지 결단코 쉬운 일이 아니었다. 그래서 동네 사람들조차도 이렇게 말했을 정도였다.

"딸이라면 최고라고 생각했으니께 예수를 믿었지, 저 양반이 예수 믿을 사람이간! 어림없는 일이지, 암!"

동네 사람들의 말처럼 나 때문에 믿게 되었으나, 결국은 내 기도에 응답하신 하나님의 역사였다. 기도하는 사람에게 우연한 일은 아무것도 없다. 아버지도 어머니와 함께 세례를 받고 집사 직분까지 받았다. 교회 일에도 헌신적이었던 아버지는 전도에도 적극적이었다. 특히 아픈 사람을 만나면 딸을 고쳐 주신 예수님을 소개하기에 바빴다. 아버지는 어떤 상황이 닥쳐도 주일예배만큼은 빠지지 않았다.

"우리 딸을 보니께, 예수님한테 날마다 기도하고 찬송가를 부르면서 매달리면 병이 고쳐지더먼! 한 번만 매달려 봐요! 예수님한테 병을 고쳐 달라고 무조건 매달려 봐요! 그러면 병을 고쳐요!"

아버지는 성경 말씀대로 병이 치료되는 이유를 설명하진 못했지만, 하나님께 매달리던 딸이, 무서운 질병을 믿음으로 치료받는 걸 곁에서 지켜본 경험대로 전했다. 이제 아버지한테 예수님은 살아 계신 분이었다. 아버지가 살아 계신 하나님의 존재를 부인할 때도, 하나님은 살아 계셨지만, 아버지가 믿음으로 영접하자 비로소 아버지의 하나님으로 살아 계시게 되었다. 그토록 억지스럽게 우기면서 따지고 반대하던 말씀이었지만, 하나님께 능히 하지 못할 게 무엇이 있겠느냐고 하면서, 이제는 성경에 있는 모든 말씀이 신기하게 믿어진다고 했다. 그리고 바쁜 틈에도 부지런히 성경을 읽었다. 나는 성령께서 감동하셨음을 너무 잘 안다. 아버지가 주님을 믿음으로 영접하자 하나님의 신령한 일들이 믿어지는 신비한 역사가 일어났다.

그때부터 교회 다니는 걸 부끄러워하기는커녕 드러내 놓고 자랑했다. 오히려 이웃집 아저씨까지도 전도해서 함께 다녔다. 내가 말씀을 설명하기만 하면 대적하고 저항하던 아버지는 하나님의 말씀이라면 무조건 좋아하면서 기쁨으로 화답했다. 핍박의 대상이었던 딸의 믿음을, 이제는 자랑스럽게 생각하게 되었고, 어떤 처지나 상황 속에서도 딸의 믿음을 인정하면서 내 편이 되었다. 아버지는 교회로 가는 봉고차 안에서도 나처럼 큰 소리로 찬송가를 불렀다. 내 찬송가 소리 때문에 동네 사람들에게 창피하다던 아버지는, 나보다 더 큰 목소리로 찬송가를 불렀다.

"예수 이름을 부르는 자는 구원을 얻으리로다. 예수 이름을 부르는 자는 구원을 얻으리로다. 할렐루야, 할렐루야, 구원을 얻으리로다. 할렐루야, 할렐루야, 구원을 얻으리로다."

나처럼 부끄러운 줄도 모르고 환하게 웃으면서 찬양을 즐겨 부르시던 아버지는 주님 나라로 가셨다. 그때 당시의 아버지들이 다 그랬듯이, 아버지도 굴곡이 심한 삶을 살았다. 일제 식민지의 처절한 시기를 겪었고, 한국동란 때 전쟁에 참여해서 국군과 의용군한테 번갈아 붙잡혀 다니다가 여러 차례 목숨을 잃을 위기 속에서도 구사일생으로 살아남긴 했으나, 하루하루 끼니를 걱정해야 하는 배고픈 시대에, 할머니와 동생들까지 책임져야 했던 가장이었다. 그렇게 한 많은 시대를 거치면서도 자식들에게 가난과 무학만은 물려주지 않으려고 온갖 고생을 마다하지 않았다. 근동에서 다 알아줄 만큼 생활력이 강하고, 매사에 정확하고 성실성을 인정받던 아버지가 마지막까지 믿음을 붙잡는 모습을 지켜보면서 이렇게 위로했다.

"아버지! 내 평생에 주님만을 의지하신 아버지의 훌륭한 모습을 제가 꼭 기억할게요!"

그러나 '아버지가 우리 3남매의 아버지라서 너무나 고맙습니다!'라는 말을 미처 하지 못한 게 지금도 아픔으로 남아 있다. 자식만을 위하여 헌신했던 우리 아버지! 부자는 아니었어도 돈 때문에 자식들을 고생시키지 않았던 우리 아버지! 아버지는 임종 직전에도 아직 예수를 구주로 영접하지 못한 동생들을 불러서 이렇게 말씀하셨다.

"아버지의 마지막 소원은, 너희들이 아이들 손을 잡고 교회에 나가는 것밖에 없다. 꼭 그렇게 하거라!"

이것이 아버지가 자식들에게 남긴 마지막 남긴 유언이었다.

"내 영혼을 거두어 주소서!"

이 세상에서 이 말씀을 마지막 남기고 주님 나라로 떠나셨다. 내가 다시 걷는 모습을 보고, 세상에서 가장 기뻐하셨던 아버지! 불편한 몸을 간신히 이끌고 고속버스를 타고 도시에 나가서 볼일을 마치고 돌아오는 날은, 버스가 도착하는 시간도 모르면서 내가 올 때까지 버스터미널에서 무조건 기다리던 아버지! 나 때문에 겪은 고통을, 조금이라도 갚아 드릴 수 있는 기회를 달라고, 아버지가 폐암과 싸우는 동안에 3일 동안 금식하면서 생명을 연장해 달라고 통곡했는데! 근사한 양복 한 벌도, 맛있는 식사 한 번도 대접하지 못한 아쉬움은 지금도 여전히 남아 있다. 지금도 나를 사랑하셨던 아버지를 생각하면 보고 싶을 때가 많다. 이런 부모님의 은혜를 죽는 날까지 어떻게 잊을 수 있으랴! 이런 아버지와 어머니를 우리 부모님으로 주신 하나님께 어떻게 감사하지 않을 수 있으랴! 이분들의 보호와 보살핌이 없었다면, 병들어 꼬부라진 몸으로, 오래전에 이 세상을 떠났을 것이다.

믿은 대로 행동하라

　말씀과 기도와 찬양과 예배는 믿음을 강하게 세워 주는 반석이었다. 현실을 바라보다가도 말씀을 읽으면 믿음만 보였고, 마음이 흔들리다가도 기도하면 믿음이 우뚝 세워졌고, 여전히 꼬부라져 있는 몸을 쳐다보면서 우울해지다가도 찬송가를 부르면 기쁨과 평화가 마음을 온통 사로잡았다. 이렇게 지내면서 하루의 시간은 너무나 바쁘기만 했다. 얼마나 바쁘던지 어머니의 빈축을 사는 날도 많았다.

　"네가 무엇이 바쁘다고 자정이 넘도록 성경책을 보냐? 너한테 남는 건 시간밖에 더 있냐? 내일도 시간이 있고 모레도 시간이 있는데, 밤이 이슥하도록 성경책을 읽는 이유가 뭐냐? 그렇게 무리하다가는 병을 고치기는 고사하고 되레 도지겠다!"

　육체 활동이 전혀 없는 나는, 믿음 안에서 영적 활동이라도 부지런히 해야 한다고 생각했다. 신기하게도 하나님을 아는 지식이 큰 재산이라는 생각이 들었다. 그러니까 시간을 아끼지 않을 수 없었다. 그리고 날마다 다시 일어나서 걷는 날만을 기다렸다. 어떤 식으로 걷게 될지는 전혀 알 수 없었지만, 말씀을 보면서 생각해 본건, 망가진 관절마다 치료되고 회복되어서 통증이 완전히 사라지게 되면, 어느 날인가 벌떡 일어나서 다시 걸을 거라는 기대였다. 그것도 한순간에 말이다. 사도행전을 읽어 보더라도 성령께서 그렇게 일하신 걸 보여 주고 있다.

> 나면서 못 걷게 된 이를 사람들이 메고 오니, 이는 성전에 들어가는 사람들에게 구걸하기 위하여 날마다 미문이라는 성전 문에 두는 자라. 그가 베드로와 요한이 성전에 들어가려 함을 보고 구걸하거늘, 베드로가 요한으로 더불어 주목하여 가로되, 우리를 보라 하니, 그가 저희에게 무엇을 얻을까 하여 바라보거늘, 베드로가 이르되 은과 금은 내게 없거니와 내게 있는 이것을 네게 주노니, 나사렛 예수 그리스도의 이름으로 걸으라 하고, 오른손을 잡아 일으키니 발과 발목이 곧 힘을 얻고 뛰어 서서 걸으며, 그들과 함께 성전으로 들어가면서 걷기도 하고 뛰기도 하며 하나님을 찬송하니 - 행 3:2~8

사도행전의 이 구절은, 관절마다 꼬부라져서 앉은뱅이가 된 나한테는 충격적인 내용이었다. 이 말씀이 더욱 뜨겁게 마음으로부터 감동이 되던 날이었다. 여기에 나온 앉은뱅이는 예수가 누군지도 모르는 사람인데도 벌떡 일어났는데, 믿음으로 따지자면 나는 당장이라도 일어나서 걸을 수 있을 만큼의 믿음이 있다는 확신이 있었다.

"아버지 하나님! 지금 나도 일으켜 주세요! 성전 미문에 앉아 있던 앉은뱅이처럼, 나도 지금 당장 일으켜 주세요!"

그날은 성전 미문에 앉아 있던 앉은뱅이처럼, 나도 일으켜 달라고 하나님께 간절히 호소했다. 주님이 일하시면 이까짓 궁둥이를 번쩍 들고 일어나는 건 큰일도 아니었다. 그런 날이 오늘일지 누가 알겠는가! 마음이 뜨겁게 격동되었다. 마음으로 성전 미문의 앉은뱅이가 일어나는 모습을 떠올렸다. 그리고 허리와 허벅지에 힘을 주면서 엉덩이를 힘차게 위로 번쩍 추켜들었다. 엉덩이는 바위처럼 꿈쩍도 하지 않았다. 그래도 나는 엉덩이를 들고 일어나려는 시도를 멈추지 않았다. 얼마나 엉덩이를 들고 일어나려고 안간힘을 썼는지, 온몸이 땀으로 범벅이 되었다. 그러는 과정에서 관절마다 심한 통증이 발생했다. 나는 이런저런 생각을 복잡하게 할 경황이 없었다. 나도 알지 못하는 사이에, 내 입에서는 방언을 말하고 있었다. 그때였다. 내 귀에 이런 소리가 들렸다.

"근심하지 마라, 서두르지 마라! 근심하지 마라, 서두르지 마라!"

방언 기도를 말하는 사이사이로 방언 통역으로 생각되는 이 말이, 한 번도 아니고 두 번도 아니고 계속해서 말하고 있었다. 하도 경황이 없었던 터라 당장은 무슨 의미인지조차도 생각할 겨를이 없었다. 하지만 그 말을 깊이 묵상하지 않을 수 없었다. 근심하지 말라고! 서두르지 말라고! 나한테 이런 말씀의 정보를 보내실 분은 내 영에 거하시는 성령님밖에 없었다. 내 영과 더불어 성령께서 보내신 말씀이라고 믿었다. 이렇게 말씀하실 분은 이 세상천지에서 하나님의 성령님밖에 없었다.

나는 성령께서 내 영을 통하여 말씀하셨다고 믿고 엉덩이를 들고 일어나려는 시도를 즉시 멈췄다. 그때부터 당장 엉덩이를 들고 일어나지 못한다고 해서 초조해하거나 근심하거나 서두르지 않았다. 내 몸은 계속해서 회복되었다. 정말 놀라운 현상이었다. 어떤 상황 속에서도 부정적인 말은 일절 입으로 말하지 않았다. 내게 닥치는 어떤 상황도 부정적으로 이해되지 않았고 매사가 긍정적으로 인식되었다. 나한테는 어떤 것도 부정적인 현상이란 존재하지 않았다. 몸에서 아무리 부정적인 상황이 나타나더라도 좋아지는 과정이 아닐 수 없었다. 왜냐하면 꼬부라진 몸을 다시 일으켜서 걸으려면, 어떤 상황이라도 좋아지는 과정에서 벌어지는 사이클 현상일 수밖에 없었기 때문이다. 평소보다 몸의 상태가 나빠지기라도 하면 어머니는 용케도 알아보았다.

"오늘은 몸이 더 아프구나?"

"괜찮아요! 더 좋아지려고 그래요!"

"그럼, 그렇지! 더 좋아지려고 더 아플 테지!"

이렇듯 어머니도 현실과 괴리가 크게 벌어져서 아귀가 전혀 맞지 않는 내 믿음을 항상 지지했다. 오히려 몸이 더 아파도 전혀 흔들리지 않는 내 믿음의 말에 어머니도 편승하여 안심할 때가 많았다. 어머니는 당신의 믿음으로 나를 지지했다기보다는, 내 믿음에 기대어 좋은 결과를 기대하기 때문이었다. 그러나 어머니가 내 믿음의 말만 듣고 좋은 결과를 기대하기에는, 날마다 더했다 덜했다 요동치는 몸의 상태는 만만한 상대가 아니었다. 이런 어머니에겐 반드시 한계점에 도달하기 마련이다. 똑같은 말을 수도 없이 들으면서, 결국 어머니는 믿음이 약한 밑창이 드러나지 않을 수 없었다. 누구라도 다른 사람의 믿음에 올라타고서 고백하는 믿음이라면, 반드시 한계점에 부닥치지 않을 수 없다. 우리에게 닥친 문제는, 작은 믿음으로 밀치면 뒤로 훌러덩 넘어가는 만만한 놈들이 아니라는 걸 반드시 기억해야 한다.

"너는 만날 그 소리만 하더라!"

"정말이라니까요! 더 좋아지려고 더 아픈 거예요!"

"몸이 좋아지려면 더 아프지 말아야지 왜 더 아프냐? 너는 만날 그 소리는 잘하더라!"

나는 몸의 상태를 현실 그대로 중계하는 어머니의 말을 결단코 용납하여 받아들이지 않는다. 어떤 상황이 닥쳐도 나한테 긍정적이지 않은 건 아무것도 없었기 때문이다. 내 몸에서 나타나는 어떤 상황도 더 좋아지려는 징조가 아닐 수 없었다. 더 아프거나 덜 아프거나 상관없이 나는 반드시 일어나서 다시 걸을 것이기 때문이다. 이렇게 흔들리지 않는 내 믿음은, 통증이 더 악화했다고 해서 꺾이지 않았다. 이렇게 줄기찬 내 믿음을 꺾을 수 있는 사람은 아무도 없었다. 어느 날은 타지로 나가서 사는 동네 후배에게서 안부 전화가 걸려 왔다.

"요즘은 몸이 어때요?"

"다 나았어!"

"다 나았다고요?"

"곧 일어나서 다시 걸을 테니 두고 봐!"

그러자 아무 말도 없이 슬그머니 전화를 끊어 버렸다. '항상 그저 그렇지, 뭐! 사지가 다 꼬부라져서 굳어 버렸는데, 뭐 좋은 일이 있겠어! 항상 그렇지, 뭐!'라고, 우울하게 말하지 못하고, 상대방을 약이라도 올리려는 것처럼, 당돌하리만치 당당하게 믿음을 말하는 게 탈이었다. 이렇게 말하는 나하고 더 이상 정상적인 대화가 불가능하다고 생각했겠지만, 전화를 끊는다는 인사도 없이 끊어 버렸다. 그때부터 정신에 문제가 생겼다는 소문이 동네에 파다하게 퍼지기 시작했다. 이유는 간단했다.

"얼마나 걷고 싶으면 일어나서 걸을 테니 두고 보라고 하겠어요? 젊은 나이에 저렇게 사지가 완전히 꼬부라지고 앉은뱅이가 되어서 누워 있으니, 미치고 환장할 노릇이 아니겠어! 온전한 정신으론 버텨 내기가 얼마나 힘들었으면, 곧 일어나서 걷는다고 착각까지 하겠어요! 이제는 정신까지 이상해졌더라고요!"

내 믿음의 고백을, 정신이 이상해져서 하는 말이라고 소문을 퍼뜨린 사람은, 다름 아닌 자기의 믿음을 자랑하던 동네 후배 교인이었다. 내가 생각해도 정신이 온전한 사람은 이렇게 말할 수 없었다. 하지만 주님이 약속하신 말씀을 믿고 고백하는 말이었으니, 내가 정신이 이상하다면, 먼저 주님의 정신도 온전치 않다고 말해야 할 것이다.

> 너희가 기도할 때에, 무엇이든지 믿고 구하는 것은, 다 받으리라 하시니라 - 마 21:22
> 예수께서 이르시되 할 수 있거든이 무슨 말이냐! 믿는 자에게는 능히 하지 못할 일이 없느니라, 하시니 - 막 9:23
> 그러므로 내가 너희에게 말하노니 무엇이든지 기도하고 구한 것은 받은 줄로 믿으라. 그리하면 너희에게 그대로 되리라 - 막 11:24
> 예수께서 그에게 이르시되 보라, 네 믿음이 너를 구원하였느니라 하시매 - 눅 18:42

나는 주님의 약속한 말씀에 미쳐 있었다. 나는 주님이 약속한 말씀을 여기에 다 기록하고 싶은 심정이다. 누가 정신병자인가! 이 약속을 믿은 내가 다시 일어나서 걷게 해 달라고 기도하는 건 너무나 당연했고, 다시 일어나서 걷게 될 테니 두고 보라는 말은, 지극히 정상적인 믿음의 말이었다. 주님은 반드시 약속을 지키실 것이고, 때가 되면 반드시 꼬부라진 다리를 펴고 다시 일어나서 걷게 될 것이다. 그러니 내가 다 나았다고 말하는 건 현실을 말하는 것이 아니라, 믿음의 결과를 미리 내다보는 믿음의 말이었다. 그러니까 현실 몸 상태를 제대로 파악하지 못하는 정신병자라는 말도 맞을 것이다. 어차피 주님의 약속은 절망적인 현실을 무시하라는 말씀들이니까! 사람들은 나를 정신병자로 보았지만, 일어나는 모습을 미리 보고, 곧 일어나서 걸을 테니 두고 보라고 주장하는 내 말이 정상인지 아닌지는, 때가 되면 반드시 결과로 밝혀질 것이다.

그렇게 당당하다가도 때론 걱정될 때도 있었지만 '일어날 테니 두고 보라'고 말할 때처럼 자신감이 넘칠 때도 없었다. 이런 나를 보면서 나도 놀랄 때가 많았다. 그런 일이 생기지 않는다면 내 체면은 어떻게 될 것인가? 예수님 때문에 벌어지는 일이니까, 예수님과 함께 망신살이 뻗치는 일이 아니겠는가! 하지만 앉은뱅이가 다시 일어나서 걷는다고 큰소릴 치다가 못 일어났다고 해도, 앉은뱅이보다는 덜 망신스럽지 않겠는가! 세상에서 앉은뱅이보다 더 망신스러운 건 없을 테니 말이다! 나는 아무 생각 없는 사람처럼, 내 믿음대로 계속해서 일어난다고 주장할 뿐이다.

"반드시 다시 일어나서 걸어요. 두고 보세요!"

이런 주장을 흔들리지 않고 수년 동안 하다 보니, 나보다도 지켜보는 사람들도 지치는 모양이었다.

"만날 다리가 펴진다고만 하지, 펴지는 꼴은 못 보네!"

"일어나서 걷는 걸 내 눈으로 직접 보면, 내가 제일 먼저 교회부터 나간다!"

"정인숙이 일어나서 걸으면, 우리 동네 사람들이 한꺼번에 교회로 나간다!"

"만날 일어난다고 호언장담만 하지, 항상 방 안에 꼬부리고 앉아서 저러고 있네!"

믿음의 고백을 방해하는 수많은 말을 들으면서도 청각장애인처럼 살았다. 믿음의 말에는 반드시 공격이 따른다는 것을 알기 때문이다. 내 믿음은 변호가 필요한 것이 아니라, 일어나서 걸어야만 증명되기 때문이다. 때가 되어 일어나서 걷는 것만이 내 믿음을 증명해 줄 뿐이다. 그래서 기도하는 사람은 성령으로부터 참고 인내하며 기다리는 법을 배우게 된다. 절에 다니는 사람들이 많이 사는 이웃 동네에선 심지어 내가 일어날 수 없다고 장담했다. 내가 다시 일어나서 걷는 게 싫다는 게 아니라, '하나님이 살아 계시기 때문에' 일어나서 다시 걷는다는 내 고백을 반박하는 말이었고, 하나님은 존재하지 않으니까, 그런 일은 당연히 일어나지 않는다는 주장이었다.

> 그에게 이르시되 일어나 가라. 네 믿음이 너를 구원하였느니라 하시더라 - 눅 17:19

하루는 이 구절을 읽고 있을 때였는데 갑자기 '네 믿음이 너를 구원하였다'라는 말씀이 나에게로 달려드는 것처럼 뜨겁게 감동했다. 순간 가슴이 후끈거리면서 정수리 머리카락이 쭈뼛 일어서더니, 무엇이 쑥 빠져나가는 것처럼 느껴졌다. 순간적으로 감지된 일이라 어리둥절하고 있는데, 몸이 날아갈 듯이 가벼워졌다. 나는 너무나 감사해서 하나님 앞에서 눈물을 쏟았다. 이렇게 성령님의 신비한 역사를 경험하면서 주저할 건 아무것도 없었다. 몸은 점점 더 좋아졌다. 그날도 말씀을 읽을 때였다.

> 네가 보거니와 믿음이 그의 행함과 함께 일하고, 행함으로 믿음이 온전케 되었느니라 - 약 2:22

이 구절 말씀이 내 마음을 뜨겁게 격동시켰다. 내게 하시는 말씀이라는 걸 깨달았다. 믿음은 행동할 때 일한다는 말씀이다. 말씀이 무엇을 어떻게 하라고 한 대로 행동할 때 역사한다는 말씀이다. 말씀은 우리의 순종을 따라서 일하신다는 것을 깨닫게 하셨다. 말씀은 반드시 우리의 행동을 통해서 열매로 나타난다. 행동하지 않는 믿음은 죽은 것이다. 어떤 말씀을 암송하고 기억하는 것만으로 나를 살리지 못한다는 의미이다. 죽은 자를 산자같이 부르시고, 없는 것을 있는 것으로 불러내시는 하나님의 말씀이라도, 내가 믿고 말씀이 하라는 대로 행동하지 않으면, 아무 능력도 행할 수 없다는 뜻이었다. 하나님은 믿고 가만히 있기만 하면, 알아서 고쳐주시고 해결하시는 분이 아니라, 우리가 말씀이 하라는 대로 행동할 때 함께 역사하시는 분이었다.

  믿으면 믿은 대로 행동하라는 말씀이었다. 걷기를 바란다면 가만히 있지 말고 걸을 수 있도록 몸을 움직여 행동하라는 말씀이었다. 건강한 사람처럼 몸을 움직여 행동하라는 말씀이다. 그러면 내 믿음대로 걷게 된다는 말씀이다. 수없이 읽었던 말씀이지만, 그날따라 뜨겁게 마음을 격동시켰다. 그랬다! 나는 가만히 꼬부리고 앉아서, 일어나서 걸을 테니 두고 보라고 주장(시인)만 했다. 몸을 움직여 행동하지 않았다. 건강한 사람도 가만히 누워서만 지낸다면 활동할 수 없게 된다. 사실 몸을 조금만 움직이려고 해도, 관절마다 골절에 가까운 통증이 발생했다. 그래서 몸을 바짝 꼬부리는 게 가장 덜 아픈 자세였다. 그리고 관절들의 아픔이 깨끗하게 사라질 날을 기다렸다. 그때는 사지가 쭉 펴지면서 한순간에 번쩍 일어나는 날만 기다렸다.

> 예수께서 손 마른 사람에게 이르시되 한가운데에 일어서라 하시고… 네 손을
> 내밀라 하시니 내밀매 그 손이 회복되었더라 - 막 3:3~5

내가 아는 대로 예수께서 병 고치시는 기록들은 즉각적으로 고쳐졌다. 복음서에 기록한 간증들을 보면서, 한순간에 일어날 걸 기대하는 건 너무나 자연스러운 일이다. 그런데 성령께서 믿음은 행동할 때 역사한다는 말씀을 깨닫게 하셨다. 성경에는 즉각적인 치료도 있지만, 믿고 행동할 때 역사한다는 말씀도 있다. 성령께서는 이 말씀을 깨닫게 하셨다. 믿음은 그의(나의) 행함과 함께 일한다고 말이다.

그날 성령께서 깨닫게 하신 이 말씀은, 하나님께서 말씀하신 대로 여리고 성을 일곱 바퀴를 돌았던 이스라엘을 생각나게 했다. 믿음이 나의 행함과 함께 일한다는 건 통증을 향해서 돌격하라는 말과 다르지 않았다. 내 몸은 죽었다 깨어나도 움직여서 활동한다는 건 불가능한 상태였다. 그런데 믿음은 혼자 일하는 것이 아니라, 내가 행동할 때 함께 일한다는 말씀이었다. 한마디로 말하면 '내가 행동하면 믿음대로 된다'는 말씀이었다.

믿음은 불가능을 뚫어내는 능력이었다. 말씀은 우리가 보기에 할 수 없다고 생각했던 것들에 대해서, 우리가 믿은 그대로 행동하면 역사가 나타난다는 것이다. 내가 불가능하다고 생각했던 것을 향해서 믿음으로 돌진하면 가능해진다는 것이다. 수없이 읽었던 말씀이, 그날은 뜨겁게 마음을 격동시켰다.

그렇다! 가만히 앉아서 걷는다고 주장했지만, 어떤 행동도 하지 못했다. 이미 뻣뻣하게 굳어 버린 관절들을 쓸데없이 건드려서 고문당할 이유를 느끼지 못했다. 그랬던 내가 '믿음은 행함과 함께 일한다'는 말씀을 깊

이 묵상하도록 성령께서 인도하셨다. 아무리 믿음이 강해도 사지를 꼬부리고 가만히 있으면, 저절로 걷게 되는 날이 오지 않는다. 그때 비로소 꼬부라진 몸을 움직여야 한다는 생각에 미쳤다.

나는 즉시 말씀과 성령의 감동을 따라서 순종하기로 했다. 그때부터 '믿음은 행함과 함께 일한다'는 말씀을 놓치지 않으려고 마음으로 꽉 잡았다. 다시 말하면 꼬부라진 몸을 조금씩이라도 운동시켜 보자는 생각을 버렸다는 의미이다. 이것은 운동의 결과에 마음이 좌우되지 않겠다는 의미이다. 그러므로 운동의 결과에 대해선 전혀 신경 쓰지 않았다. 믿음은 약속을 믿는 것이지, 우리의 행위를 의지하는 것이 아니기 때문이다. 믿음은 말씀을 믿고 행동하는 것이지, 몸의 상태에 따라서 좋아지면 믿고, 나빠지면 의심하는 게 아니었다. 몸의 변화되는 상황에 따라서 이리저리 흔들거리지 않는 것이다.

"주님! 믿음은 행함과 함께 일한다고 했지요? 내가 걷는다는 믿음을 가지고 행동하니 역사하소서!"

이렇듯 철저하게 약속한 말씀만 붙잡고 의지했다. 육체의 상태에 따라서 마음이 좌우되지 않았다. 운동할 때마다 이 말씀을 고백하고 또 고백했다. 나는 한 동작도 스스로 할 수 있는 게 없었다. 코앞에 놓인 작은 물건도 팔을 뻗쳐서 잡을 수가 없었다.

오랜만에 내가 운동하겠다고 하니 아버지가 매우 기뻐하면서 돕기 시작했다. 아버지는 한쪽 팔을 붙잡고 위로 조금씩 올렸다가 다시 내리는 동작부터 시도했다. 스스로는 내 팔도 전혀 들지 못했기 때문이다. 그러나 이런 동작도 3일을 버터 내지 못하고 중단하게 되었다. 수년 동안 팔을 들어 보기는커녕 어깨를 조금도 벌려 본 적이 없었다. 아버지의 높은 기대감은 이내 실망으로 바뀌었다.

"네가 팔을 스스로 든 것도 아니고, 내가 팔을 들어 주었는데도 아파서 쩔쩔매면, 어느 태고 적에 그 팔을 사용해 본다냐?"

차라리 지금까지 포기하고 살았던 것처럼, 포기하면 속은 편할 것이다. 어깨도 굳어 버리고 팔꿈치도 굳어 버린 팔을 올리고 내리는 운동을 시키는 고통은, 또 다른 실망감에 휘둘리는 원인으로 작용했다. 그러나 믿음은 팔이 좋아지느냐 더 나빠지느냐의 상황에 따라서 역사한다고 말하지 않았다. 믿음은 몸의 상태에 따라서 믿기도 하고 의심하기도 하는 것이 아니었다. 운동은 말씀에 순종하는 행위 그 이상도 이하도 아니라는 걸 성령께서 깨닫게 하셨다. 그래서 통증이 수그러들면 다시 행동하고 통증이 더 심해지면 중단하기를 반복했다.

그렇게 별다른 변화도 없이 지루하게 팔운동을 지속하는데 난데없이 성경을 필사하고 싶은 감동이 생겼다. 팔이 벌어지는 범위가 눈앞에 있는 책장도 팔을 뻗어서 넘기지 못하는데 말이다. 더군다나 성경책이나 찬송가 책을 스스로 들어서 이동하지도 못했기 때문에 항상 어머니의 도움을 받았다. 그런 팔로 성경 필사를 생각한다는 건 무모한 짓이었다. 그러나 행동하면 주님이 돕는다는 믿음이 생겼다. 그런 팔로 성경 필사에 도전하려는 뜨거운 열정이 솟구쳤다.

그때도 행동할 때 주님이 돕는다는 믿음이 더 크게 작동했다. 결과적으로 행동하면 할 수 있다고 믿었다. 내가 다루기가 좀 편할 거라고 생각되는 작은 크기의 스프링노트를 샀다. 수년 만에 잡아 보는 볼펜은 너무나 딱딱했다. 손가락이나 볼펜조차도 서로가 초면인 것처럼 매우 낯설어했다. 그러잖아도 뻗쳐서 굳어 버린 손가락이 볼펜하고 생김새가 비슷해서,

어떤 손가락 사이에 볼펜을 끼고 글씨를 썼는지조차 감이 잡히지 않았다. 겨우 손가락 사이에 볼펜을 끼고 힘을 주려니 너무나 아파서 쩔쩔맸다. 이리저리 궁리해도 볼펜을 환영하고 맞아들이려는 손가락이 없었다. 이런 손으로 성경을 필사하려는 내 믿음이 가상스러울 뿐이었다. 그러나 가능한 것을 가능하게 만드는 것이 믿음이 아니다. 불가능한 것을 가능하게 만드는 것이 믿음이다. 믿음은 내가 바라고 원하는 곳을 향해서 담대하고 강하게 돌진하라고 요청한다. 믿음이 실상으로 나타날 때까지!

　믿음은 불가능한 것을 행해서 도전하는 것이다. 마태복음부터 쓰기 시작했다. 비록 꼬부라진 다리지만, 한쪽 무릎을 세워서 팔이 흔들리지 않도록 고정하고, 반대쪽 꼬부라진 다리는 방바닥에 눕혀서, 노트를 올려놓는 받침대처럼 사용했다. 겨우 자세를 만들어서 성경 필사를 시작하긴 했는데, 글씨가 제대로 써질 까닭이 없었다. 밑으로 획을 내려 그으려면 볼펜이 옆으로 획 돌아가 버리고, 옆으로 그으려면 위로 쭉 삐쳐 올라갔다. 볼펜은 이미 내 지시에 전혀 상관하지 않고 제멋대로 움직였다. 그림도 아니고 글씨도 아닌 것이 눈앞에 나타났다.

　그래도 마음은 대견스러웠다. 함부로 건드리지도 못했던 손가락이었기에, 이렇게라도 글씨를 써 본다는 게 놀라운 일이어서, 글씨 모양에 대해서 이러쿵저러쿵 험담할 처지가 아니었다. 그렇게 시작한 필사였지만, 팔을 고정해 주던 무릎과 어깨가 빠져나갈 듯이 아프기 시작했다. 그렇지만 믿음은 행함과 함께 일한다고 했다. 그때부터 시작한 성경 필사는 하루도 쉬지 않았고, 드디어 목회서신으로 접어들었다. 그러는 동안에 글씨 모양은 안정감을 찾아갔고, 편지를 써서 보내면 읽어 볼 정도의 수준까지 이르게 되었다.

이처럼 바쁘게 시간을 보내는 동안에 통증은 확연하게 줄어들었고, 몸은 점점 더 많이 호전되었다. 정말 믿음은 행동할 때 역사했다. 당장은 더 악화하는 것만 같고, 아무런 변화가 보이지 않지만, 믿고 행동하면 반드시 좋은 결과가 나타났다. 앉아 뭉그적거리면서 걸레로 방바닥을 닦는 흉내도 내고, 어머니가 다듬는 쪽파를 곁에서 다듬는 시늉도 했다. 주님을 만나기 전에 아버지의 강요로 운동할 때마다 극심한 통증으로 울부짖던 때가 떠올랐다. 이제는 가슴에 붙이고만 있던 꼬부라진 팔도 조금씩 아래로 내려오는 바람에, 어머니한테 호들갑을 떨면서 자랑을 늘어놓을 정도로 상태는 계속해서 좋아졌다.

"어머니! 팔이 조금씩 벌려져요!"

"그거 신기하다! 조금만 벌어져도 소리를 질렀던 팔이 조금씩 아래로 내려온다!"

거즈 손수건으로 겨드랑의 찌든 땀을 닦아 내려고 조금만 벌려도, 어깨가 빠개질 듯한 통증 때문에 비명을 지르던 게 엊그제 같은데, 어느새 겨드랑이가 조금씩 벌어지면서 가슴에 붙이고만 있던 팔도 아래쪽으로 조금씩 내려오기 시작했다. 진실로, 진실로 믿음은 행함과 함께 역사했다.

꼬부라지고 굳어 버린 관절들을 다시 사용하려면, 반드시 관절들이 펴지고 근육이 생겨야 한다. 그래서 성령께서 '믿음은 행함과 함께 일한다'는 말씀으로 인도하셨다. 이것은 '류머티스 관절염'이 삼십육계 줄행랑을 놓았다는 의미이기도 했다.

> 믿는 자들에게는 이런 표적이 따르리니, 곧 그들이 내 이름으로 귀신을 쫓아내며 - 막 16:17

예수께서 당신의 이름으로 더러운 놈(귀신)을 쫓아내라고 하셨다. 세상 천지에 자기의 이름으로 더러운 귀신을 쫓으라고 내주신 분이 있을까? 예수밖에 없다. 예수! 그 이름! 그놈이 가장 두려워하는 이름 예수! 나는 예수 이름으로 질병을 향해서도 떠나라고 호통을 쳤고, 더러운 귀신에게도 큰 소리로 호통을 치면서 떠나라고 명령했다. 이놈들은 내 명령에 순복하지 않을 수 없다. 그놈을 내쫓으라고 권리를 주신 분이 만왕의 왕이신 예수님이기 때문이다.

더러운 이놈(질병)하고 동거하면서, 내가 가진 모든 것을 잃어버렸다. 이놈하고 헤어지는 길은 죽음밖에 없다고 생각했다. 그러나 예수님과 함께 살면서 죽일 놈의 원수인 류머티스 관절염이 줄행랑을 놓아 버렸다. 내 인생을 박살을 냈던 원수 놈이 인사도 없이, 쥐도 새도 모르게 도망쳐 버렸다.

예수님과 동거하면서 내 인생이 찬란하게 빛나기 시작했다. 예수께서 인도하시는 대로 순종하다 보니, 살맛 나는 일들이 벌어졌다. 죽일 놈의 원수가 만든 꼬부라진 몸에도 변화가 시작되었다. 손가락 한 마디도 사용하지 못하던 손으로 걸레를 잡고 방바닥을 조금씩 닦기 시작했다. 아래로 수그러져서 조금도 들지 못했던 머리도, 조금씩 위로 들어 올리기 시작했다. 성령의 인도하심에 따라서 날마다 통증과 싸움을 벌이면서도, 너무나 행복하고 즐거운 나날을 보내게 되었다. 왜냐하면 상상할 수 없었던 생명의 열매들이 나타났기 때문이다.

오금이 붙어 버린 꼬부라진 다리를 쳐다보았다. 주님을 영접하기 전에, 억지로 꼬부라진 다리를 잡아당기다가 고통을 견디지 못해서 도끼로 잘라 버리고 싶었던 다리는, 여전히 변함없이 오금이 붙어 버린 그대로였다. 이제는 이 다리도 믿음으로 행동해야 한다고 마음먹었다. 그토록 운동을 거부하던 다리였지만 행동해야 한다. 수년 동안 방바닥에 찰떡처럼 붙어서 떨어질 줄 모르는 엉덩이부터 떼어 보리라 마음먹었다. 이건 어머니의 도움이 필요했다. 곁에서 긍정적인 변화를 지켜보는 부모님들도 신바람이 났다. 소망하는 것들을 실체로 바꿔 주는 믿음의 증거들이 열매로 나타나기 시작했다.

어머니한테 도움을 요청했다. 그날도 내 부탁받은 어머니가 뒤쪽에서 내 허리를 부둥켜안아서 상체를 들어 올렸다. 나는 두 다리를 엉덩이가 있던 자리로 얼른 이동시켰다. 그러자 무릎을 꿇은 자세가 되었다. 순간 무릎과 허벅지에 굉장한 힘이 가해졌다. 손으로 살짝만 건드려도 비명을 질렀던 무릎이, 상체의 몸무게를 견뎌 내고 있었다. 꿈에서도 상상하지 못했던 일이 일어났다. 비록 어머니가 허리를 붙잡았지만, 처음으로 무릎을 꿇고서 방 안을 둘러보았다. 앉아서 바라보던 것과는 천양지차였다. 순간 자신감이 충천했다.

"어머니, 붙잡은 허리를 놔 보실래요?"

"놔도 괜찮겠냐?"

"살짝 놔 보세요!"

"손을 놓을 테니 조심해라!"

어머니가 허리를 부둥켜안았던 손을 조심스럽게 떼려는 순간, 가지런히 모으고 상체를 지탱해 주던 두 다리 위로 엉덩이가 추락하면서 짓뭉개 버렸다. 나는 비명을 지르면서 방바닥으로 나동그라졌다. 엄청난 통증으로 얼굴이 하얗게 질려 버렸다. 이렇게 급격한 충격으로 온몸이 패대기쳐진 건 이번이 처음이었다. 머리는 방바닥으로 내려 찍히고, 꼬부라진 다리도 서로 뒤엉켜서 엉망진창이었다. 어머니도 얼마나 놀랐던지 방바닥에 엎어져서 신음하는 나한테 역정을 냈다.

"아이고, 이게 무슨 날벼락이냐? 웨째, 마음이 조마조마하더니 당최, 이런 짓은 말어! 어떤 이가 날마다 궁리한다는 게 죽을 궁리만 했다더니, 네가 꼭 그 짝이다! 다시는 이런 짓을 하지 말어!"

그러나 '믿음은 행함과 함께 역사한다'는 걸 확신하는 내가, 이 정도로 패대기쳐졌다고 해서 쉽게 포기할 거라면 아예 시작하지도 않았다. 내 몸과 뼈는 온통 썩은 나무토막처럼 퍼석거렸다. 폐기처분 해도 아까울 게 없는, 이런 몸인데도 '네 믿음대로 된다'고 말씀하신 분은 주님이시다. 일어나서 걷는 게 내 믿음이고, 믿음대로 행동을 시작하지 않으면, 내 믿음은 죽어 버리고, 믿음의 결과는 눈앞에 나타나지 않는다. 그러니 어떻게 믿음대로 행동하는 운동을 그칠 수가 있겠는가? 일어나는 게 내 믿음인데 말이다! 나한테 이렇게 운동하라고 권면한 사람은 아무도 없다. 더더욱 운동하라고 강요한 사람도 없다. 그러나 믿음은 행함과 함께 역사한다는 말씀을 따르도록 성령께서 인도하셨다. 몸이 허용해 주는 범위 안에서 운동은 쉬지 않았다. 관절마다 망가져 있는 몸으로, 어떻게, 어디를 의지해서, 어떤 식으로 운동할지 몰라서 눈앞이 캄캄하던 나한테, 신체의 어느 부위를 사용하여 운동하는지를 가르쳐 주신 분이 성령이셨다. 믿음으로 행동하면 성령께서 가르치시고 깨닫게 하셨다.

꿈에서 보니, 내가 스스로 상체를 벌떡 일으키고 일어나서 앉는 모습을 보여 주셨다. 내가 왼쪽 무릎을 가슴 쪽으로 바짝 붙이더니, 왼쪽 무릎과 허벅지와 허리에 힘을 동시에 주니까, 상체가 벌떡 일어났다. 너무나 생생하게 보여 준 광경이라서, 꿈에서 깨어나는 즉시 똑같은 방법으로 행동에 돌입했다. 몸을 왼편으로 돌리고, 왼쪽 다리의 허벅지를 옆구리에 밀착이 되도록 최대한으로 바짝 끌어당겼다. 그리고 허벅지와 허리에 힘을 동시에 주면서 윗몸을 일으키니까, 상체가 벌떡 일어났다. 정말 꿈같은 일이 현실에서 나타났다.

그때까지도 내가 스스로 상체를 일으키는 건 물론 스스로 상체를 눕히는 것도 불가능했다. 가족들이 집을 비울 때면, 잠시 우리 집에 들러 방문을 열어 보는 동네 분들이라면 누구라도 상체를 일으켜 달라고 부탁하곤 했다. 뼈가 튀어나온 곳곳마다 욕창이 생겨서 온종일 누워 있는 것이 너무나 힘들었다. 내 부탁을 거절하지 못하고 상체를 일으켜 준 동네 아주머니도, 내가 충분히 앉아 있도록, 곁에서 앉아 있을 만큼 한가롭지 못했기 때문에, 상체조차 눕혀 주지 않으면 다시 눕지 못하는 나를, 다시 상체를 눕혀 주는 것까지 도와주어야만 했다. 손가락 한 마디도 제대로 사용할 수 없었기에 스스로 할 수 있는 건 아무것도 없었다. 그런데 성령께서 보여 주신 대로 상체를 벌떡 일으켰다. 이것만으로도 내 몸에는 엄청난 자유를 얻게 되었다. 믿음이 내가 행동할 때마다 함께 일했다.

누워 있는 상체를 자유롭게 일으키고 누울 수 있게 되고 보니, 새로운 운동에 도전하고 싶은 용기가 발산했다. 관절마다 꼬부라지고 굳어 버려서 폐기처분 해야 할 몸을, 다시 일으킨다는 건 에베레스트산을 정복하는 것보다 훨씬 더 어렵다고 생각했다. 그러나 성령님의 인도하심을 따라서 과감하게 도전했고, 썩은 나무토막 같은 몸에도 하나님의 생명이 공급되면서, 꼬부라진 몸을 하나씩 하나씩 정복하기 시작했다. '무릇 있는 자는 받아 풍족하게 되고, 없는 자는 그 있는 것까지 빼앗기리라(마 25:29)'는 말씀처럼, 믿음의 자신감은 더 큰 믿음의 자신감으로 상승했다.

팔도 조금씩 사용범위를 늘려 가는 동안에 자신감이 생기면서, 팔을 의지해서 엉덩이를 번쩍 들어 올릴 것만 같았다. 말씀을 붙잡고, 쉬지 않고 기도하고, 찬양하면서, 꼬부라진 몸을 공략할 틈새만을 노렸다. 이것은 몸이 눈부시게 회복되고 있다는 증거였다. 믿음이 내가 행동할 때마다 함께 역사하고 있다는 증거였다.

그날도 기도하는데, 폭신폭신한 응접실 소파가 있으면 좋겠다는 생각이 들었다. 그리고 소파에 두 팔을 올려놓고 가슴과 팔뚝의 힘을 동시에 집결시킨 채로, 엉덩이를 위로 끌어당기면 올라갈 것 같은 감동이 왔다. 내가 필요한 소파는 작은 거 하나면 충분했다. 그런데 응접실 소파를 구할 방법이 없었다. 당시에 농촌 마을은 세 평 남짓한 방들과 작은 대청마루가 고작인 재래식 주택뿐이었다. 푹신한 소파를 놓을 만한 응접실을 갖춘 집은 하나도 없었다. 결론적으로 말하면 소파 생각은 잊어버리기로 했다.

며칠 후였다. 동네 아주머니들이 우리 집에 놀러 왔다가, 이런저런 얘기꽃을 피우는 도중이었는데, 난데없이 소파 얘기가 불쑥 튀어나왔다. 얼마 전에 친척 집에 갔다가, 멀쩡해 보이는 소파를 버린다고 해서 실어다가 대청마루에 두었는데, 비좁은 마루에서 커다란 소파가 감당이 안 되고 거추장스럽기만 해서, 다시 버리겠다는 얘기였다. 주님의 역사가 하도 기막혀서, 느닷없이 내 입에서 탄성이 터져 나올 뻔했다. 주님은 이미 동네에서 쓸모없이 버려지게 될 소파를 알고 계셨다. 그래서 기도 중에 소파 생각을 주셨고, 소파를 이용해서 운동하도록 일을 만드셨다. 소파가 버려지기 전에, 버린다는 소식을 듣게 하신 것도 성령이셨고, 내가 운동기구로 활용하도록 영감을 주신 것도 주님이셨다. 무엇인들 염려하랴!

그때부터 누구의 도움이 없어도 소파에 두 팔을 올려놓고 가슴과 허리에 힘을 주면서 엉덩이를 번쩍 들면 무릎을 가지런히 꿇으면서 상반신을 벌떡 일으켰다. 이제는 돕는 사람이 없어도 자유롭게 운동할 수 있게 되었다. 무릎을 꿇고 일어나서 허벅지를 소파에 밀착시키고, 두 팔을 휘둘러 대면서 상체운동을 시작하면, 팔뚝과 어깨와 가슴과 무릎과 허벅지에 이르기까지 전신 운동이 가능하게 되었다. 소파를 활용한 전신 운동을 날마다 쉬지 않고 하게 되었다.

처음으로 어머니가 내 허리를 붙잡고 상체를 들었다가 손을 놓는 바람에 방바닥으로 나동그라지던 날이 까마득한 옛날 일이 되었다. 썩은 나무토막처럼 무참하게 방바닥으로 고꾸라지는 나를 보고 너무나 놀랐던 어머니가 다시는 이런 짓을 하지 말자고 했으나, 그 뒤로도 어머니는 허리를 잡고 상체를 일으키는 운동을 도왔다.

"어머니, 이번에는 요령껏 해 보자고요!"

"어떻게 해야 요령껏 하는 거냐?"

"지난번처럼 허리를 잡았던 팔을 꽉 놓지 말고, 팔에 힘만 살짝 뺐다가 내 엉덩이가 아래로 떨어지려고 하면, 다시 얼른 붙잡아서 방바닥으로 떨어지지 않게 했다가, 다시 팔에 힘을 뺐다가 엉덩이가 아래로 떨어지려고 하면 다시 팔에 힘을 꽉 주는 거예요."

"둔한 사람은 그 짓도 못 하겠다!"

어머니가 허리를 두 팔로 꽉 안아서 상체를 들어 올렸다. 나는 재빠르게 두 다리를 뒤로 돌려서 가지런히 모으고 무릎과 허벅지에 힘을 주면, 어머니가 허리를 놓는 척하다가 꽉 잡고, 다시 놓는 척하다가 꽉 잡기를 반복했다. 어머니와 함께 시작한 상체를 일으키는 운동 효과는 놀라울 정도였다. 그 뒤로 소파를 의지해서 상체를 일으키고 전신 운동을 지속하는 과정에서, 누구의 도움이 없어도 혼자서 엉덩이를 번쩍 들고 일어나서 무릎을 꿇는 이적이 나타났다. 성전 미문에 있던 앉은뱅이를 깊이 묵상하던 날, 나도 엉덩이를 번쩍 들고 일어나려고 했을 때, 바위처럼 꿈쩍하지 않던 엉덩이와 실랑이를 벌이던 때가 생생하게 떠올랐다.

믿음은 행동할 때 함께 역사했다. 이런 결과는 결코 짧은 시간에 이루어지지 않았다. 전혀 변화의 조짐조차 보이지 않는 꼬부라진 몸을 움직여서 활력을 불어넣었다. 기도하는 사람은 참고 인내하면서 기다리도록 인도하시는 성령님의 지원이 따른다. 몸에 아무런 변화가 나타나지 않아도 끝까지 '믿음대로 된다'는 말씀을 믿고 순종하도록 인도하셨다. 이런 믿음의 행동은 하루도 쉬지 않았다. 내 몸에 적당한 운동범위란 존재하지 않았다. 어떤 운동도 시작하면 반드시 통증이 악화했다. 나한테 운동은 처음부터 무리이다. 그때마다 통증이 진정될 때까지 기다렸다가 다시 믿음으로 행동하고 또 아프면 쉬었다가 진정되면 다시 행동했다. 이게 믿음이다.

운동으로 질병이 치료되고 꼬부라진 몸이 정상으로 회복된다면, 병원마다 설치된 물리치료실을 찾아다니면 될 것이다. 류머티스 관절염 환자가 물리치료를 받지 못해서 사지가 꼬부라지고 굳어서 누워 있는 게 아니다. 나도 고가의 한방병원에서 이름도 들어 보지 못한 수많은 물리치료를 수개월 동안 받아 보았다. 이 질환은 오그라들고 꼬부라지고 뒤틀어져서 관절마다 굳어 버리는 병이다. 예수의 생명이 영혼에 들어오고 병이 떠나면서, 비로소 몸이 회복되기 시작했고, 그때 비로소 운동이 필요하게 되었다는 것을 명심해야 한다.

누구라도 거꾸로 생각하면 반드시 실패하고 만다. 그리고 욕심은 금물이다. 믿음은 순종하는 것이지, 욕심을 부리는 것이 아니다. 운동을 많이 하면 빨리 좋아질 거라는 욕심은 오히려 해를 끼친다. 성령께서 감동하시고 이끌어 주시는 대로 따라가지 않으면 결과는 장담할 수 없다. 성령께서 이끄시는 대로 참고 견디면서 따라가는 것이 중요한 이유이다. 하나님은 시기와 때를 중요하게 여기신다는 것을 배웠다. 그러므로 성령께서 인도하시는 속도를 따라서 행동하는 것은 너무나 중요하다.

성령께서 지혜를 주시고 운동하는 방법도 가르쳐 주셨다. 내가 머리가 좋고 영특해서 그렇게 행동한 것처럼 보여도, 지나고 보면 성령께서 주신 영감이라는 것을 분명히 알게 하셨다. 하나님은 믿음을 강화하여 세워 주어야 할 때를 아시고, 운동이 필요할 때를 아시고, 그때그때 맞도록 우리를 인도하신다. 그러므로 시기와 때를 아시는 분의 인도하심을 따르는 게 가장 중요하다. 하나님은 때를 가장 중요하게 여기시는 분이다.

성령의 인도하심을 따랐기 때문에, 뼈가 으스러지는 것 같은 통증에 대하여 무자비하게 저항하면서 겁도 없이 마구잡이로 꼬부라진 관절들을 반대로 비틀고 뒤틀었다. 말씀과 성령의 인도하심을 따르지 않고, 자기 스스로 그렇게 하면 될 것 같은, 자기의 생각을 따라서 생각대로 해 보라! 어떤 결과가 나타나는지를! 믿음으로 행하는 모든 것들이 마찬가지이다. 성령께서 인도하시는 속도를 따라서 행동해야 한다. 단순히 운동했기 때문에 좋아지는 것이 아니기 때문이다. 질병이 떠나기 전에는, 아픈 곳을 강제로 무리하게 고통을 주면서 운동하면 할수록 상태가 악화한다. 건강한 신체라도 병들면 활동하지 못한다. 내가 운동이 필요했다는 건 류머티스 관절염이 떠났다는 증거이고, 성령께서 질병이 떠났으니 이제는 행동하도록 감동하신 것이다. 어떤 사람의 인도를 받는 것보다 성령님의 인도를 받는 것이 가장 안전하고 확실하다는 것도 알게 되었다. 성령님의 인도를 받는 사람은 자기의 성품이나 생각이 주장하지 못하고, 오히려 자기의 뜻이나 성품을 능가하여 이기고 초월해서 행동한다. 성령께서 자기의 뜻이나 성품을 극복하게 하시고, 믿음을 견고하게 붙들어 주시기 때문이다. 성령께서 인도하신 건 반드시 그대로 되었다. 그러므로 성령께 인도받는 것이 가장 확실하고 안전하다는 것을 알게 되었다. 그래서 평소의 인격이나 성품을 초월해서 행동할 수 있었다. 믿고 행동한 사람은 결과로 증명된다.

내가 날마다 쉬지 않고 성경을 읽으면서 말씀을 믿었고, 기도하면서 성령의 감동을 따랐고, 찬송가를 부르면서 기쁨과 평안을 흔들리지 않고 유지했다. 이것은 배후에서 질병을 조종하고 사망을 이끄는 악한 영들이 가장 견디기 힘든 환경이라는 걸 나중에야 알았다.

나는 자신 있게 말할 수 있다! 말씀을 믿고 기도하고 찬양하며 성령께서 인도하시는 대로 순종하면 어떤 불치병에 걸렸더라도 반드시 고친다는 것을! 어떤 문제로 어려움을 겪더라도 반드시 해결된다는 것을! 믿고 행동한 사람만이 결과가 증명해 줄 것이다.

이제는 엉덩이를 들고 무릎을 꿇은 채로 몸을 일으킬 수 있었으니, 그런 상태에서 무릎으로 걸어 보고 싶은 감동이 왔다. 나는 즉시 행동으로 옮겼다. 방석 위에서 무릎을 꿇고 상체를 일으켰다. 물론 처음에는 여러 장의 방석을 깔고 일어나다가 무릎이 체중을 감당하는 정도에 따라서 방석을 한 장씩 줄이다가, 나중에는 아예 방바닥에서 직접 무릎을 꿇고 일어났다. 어린아이 머리통만큼 부어올라서 손으로 스치기만 해도 아파서 쩔쩔매던 무릎이었다. 비록 오금이 붙어서 꼬부라진 다리를 쭉 펴고 벌떡 일어날 수는 없어도, 조심스럽게 무릎으로 걸어서 몸을 이동하기 시작했다.

상상하기 힘든 일들이 날마다 좁은 방에서 벌어졌다. 외줄 타는 곡예사처럼 위태로워 보였지만, 조심스럽게 무릎으로 방 안을 여기저기 돌아다니기 시작했다. 그때부터 시퍼런 멍 자국이 무릎을 떠난 적이 없었다. 에베레스트산을 정복하는 산악인들의 목숨을 건 극기를 생각했다. 산악인들은 건강한 육체가 아니냐는 내면의 항변도 있었지만, 믿음은 행함과 함께 일한다는 말씀을 붙잡았다. 이 말씀에 순종하려면 뼈가 부서지는 듯한 무릎 통증을 처절하게 외면할 줄 알아야 한다. 어차피 꼬부라지고 뒤틀어져서 굳어 버린 관절들을 편하게 해 주려면, 성령을 따라서 행동하기는 불가능하다. 성령께선 내 믿음대로 나를 일으켜서 다시 걸을 수 있도록 인도하시기 때문이다. 육신의 고통을 처절하게 외면하고 믿음을 따라서 행동했더니, 무릎으로 걸어서 방 안을 자유롭게 돌아다니는 이적이 나타났다. 믿음대로 된다는 말씀은 진실이다.

성전 미문의 앉은뱅이처럼 한순간에 벌떡 일어나길 기다렸으나, 시간이 지나고 보니 마찬가지의 결과가 나타났다. 류머티스 관절염은 내가 믿고 행동하는 즉시 줄행랑을 놓았지만, 그놈들이 망가뜨린 관절과 뼈들이 회복되는 데 더 많은 시간이 걸렸다. 질병이 떠났기 때문에 회복이 시작되었다. 망가진 관절과 뼈들이 사용할 수 있는 단계까지 회복하는 데 수년이 걸린 것이다. 몸이 서서히 회복되는 걸 보면서 믿음으로 병 고치는 원리를 깨닫게 되었다. 나무가 뽑히면 이파리가 순식간에 말라 버리는 게 아니라, 시간이 지나면서 서서히 시들면서 말라 버리는 이치와 같다고 생각했다. 어쨌거나 결과는 건강해진다는 것이고, 믿은 대로 된다는 것이다.

그래서 말씀과 성령을 따라서 행하면 반드시 불치병을 고칠 수 있다고 장담할 수 있는 이유이다. 사망의 세력인 질병에 점령당하여 꼼짝없이 죽어 가던 육신이, 생명의 주이신 예수를 믿음으로 하나님의 생명으로 다시 살아났다. 몸은 빠르게 회복되어 꼬부라진 다리만 펴 놓으면 당장이라도 걸어서 돌아다닐 것만 같았다. 예수를 구주로 영접하고 이런 단계에 이르기까지 4년에 가까운 세월이 흘렀다. 죽음을 계획하던 내게는 결단코 긴 세월이라고 말할 수 없다. 나한테 가장 좋은 시기에 응답하신다는 하나님의 말씀을 더 믿는다.

"아버지! 이제는 다리만 펴놓으면 걸을 수 있을 것 같아요!"

"그러냐? 다리만 펴지면 걸을 수 있을 것 같으냐?"

"예!"

그때도 아버지는 시퍼렇게 멍이 든 무릎을 만져 보다가 꼬부라져 오금이 붙어 버린 다리를 잡아당겨 보았다. 꿈쩍도 하지 않았다. 과연 오금이 붙은 다리를 쪽 펴고 다시 걸을 수 있게 될까! 두 발로 땅을 딛고 제대로 걸어 보지 못한 세월도 벌써 6년이 훌쩍 넘었다. 예수를 구주로 영접한 날부터 4년 가까이 걷게 되는 날만 기다렸다. 다시 걷게 되는 날이 올 걸 믿고 기다리지 않은 때가 없었다. 다시 걷는다는 믿음을 한순간도 놓쳐 본 적이 없었다.

5부

탈출, 드디어 탈출

준비하시는 하나님

발목 골절을 입었던 동네 아주머니가 한 달 동안 열심히 짚고 다니던 목발을 부러뜨려서 버린다는 소문이 들렸다. 골절된 발목을 열심히 보필해주던 목발을 고맙게 여기지는 못할망정 화풀이 상대로 삼는 아주머니의 성품이 특이하다고 생각하는데, 느닷없이 그 목발을 가져오고 싶다는 감동이 일어났다.

"아버지! 아주머니가 부러뜨려서 버린다는 목발을 가져다주세요!"

워낙 생뚱맞은 말이라고 생각해서 그랬는지 아버지가 되물었다.

"어디다 쓰려고?"

"제가 사용하려고요!"

"네가 목발을 사용한다고?"

"예!"

워낙 터무니없다고 생각한 아버지가 어처구니없는 표정을 짓더니, 말없이 밖으로 나갔다. 그리고 잠시 후에 목발을 창고에 넣으면서 '목발 창고에 넣어 뒀다'라고 큰 소리로 말했다. 그런데 문제는, 목발 주인이었던 아주머니가 급하게 방으로 들어왔다. 그리고 내 정신건강 상태를 찬찬히 살피려는 듯이 나를 유심히 바라보았다. 그러다가 조심스럽게 입을 열었다.

"목발을 짚을 수만 있다면, 무슨 걱정이 있겠어!"
"저 목발을 짚어야지요!"
"……."

분명 내 정신상태가 정상적이지 않다는 걸 증명해 보이는 말이었다. 전신이 다 꼬부라지고 굳어 버려서 누워서 먹고 싸는 세월도 벌써 6년 가까이 되었다. 그런데 감히 목발을 짚겠다는 발상은, 정신병 중세가 아니면 불가능한 말이었다. 무슨 재주로 목발을 짚는다는 건지! 어떤 식으로 생각해 봐도 정상적인 사고력은 아니었다. 예수님의 말씀은 이 세상의 지식이나 상식하곤 전혀 다르다. 내가 처한 환경과 여건과도 전혀 상관없다. 우리가 상상하거나 추측할 수 있는 범위를 완전히 벗어나 있다. 그러므로 동네 사람이나 아주머니가 생각하는 범위를 훨씬 벗어나 있었다. 그런 예수님의 말씀을 따라서 여기까지 왔다. 그렇다면 저 목발을 짚을 수 있을 것인가? 성령께서 아주머니가 버리려는 목발을 가져다 놓으라고 감동하셨다면 반드시 저 목발을 짚게 될 것이고, 그때 비로소 성령께서 행하신 일이라는 것이 증명될 것이다.

"저 목발을 짚을 수 있게 하소서! 저 목발을 사용할 수 있게 하소서!"

아마도 세상천지에 목발을 짚을 수 있게 해 달라고 기도하는 사람은 없을 것이다. 하지만 나는 쉬지 않고 창고에 갖다 놓은 목발을 짚을 수 있을 것을 믿는다고 기도했다.

> 그를 향하여 우리가 가진 바 담대함이 이것이니, 그의 뜻대로 무엇을 구하면 들으심이라. 우리가 무엇이든지 구하는 바를 들으시는 줄을 안즉 우리가 그에게 구한 그것을 얻은 줄을 또한 아느니라 - 요일 5:14~15

주님의 이런 약속을 보면 신나지 않는가? 나는 이런 말씀을 읽을 때마다 새로운 힘이 마구마구 솟구쳤다. 폐기 처분하기 직전까지 내몰린 채로 누워서 사는 사람한테, 치료할 수 있다는 소망을 주신 분은 주님밖에 없다. 주님의 약속은 나를 담대하게 만들었다. 기도하고 구한 것을 받은 줄로 믿었다. 내 마음 깊은 곳에서 날마다 새로운 믿음이 불끈불끈 솟구쳤다.

하루는 꿈에서 보니 내가 자리에서 벌떡 일어났다. 그런데 신기한 건 동기간들과 친척들조차도 내가 벌떡 일어나는 걸 꿈에서 보았다고 전해 주었다. 정말 일어날 때가 된 것일까?

그런데 얼마 지나지 않아서 거짓말처럼 놀라운 소식을 듣게 되었다. 병원에서 정형외과적인 수술로 꼬부라진 다리를 펴 준다는 소식이었다. 나는 급하게 최고의 의술을 자랑하는 대학병원에 근무하는 친구한테 오금이 붙은 다리를 외과적인 수술로 펴 주는지를 알아봐 달라고 부탁했다. 친구는 자기가 근무하는 병원뿐만 아니라 백방으로 알아본 의학 정보에 의하면, '현재 의술로는 할 수 없다'는 답변이었다. 의술이 최고라는 대학병원에서도 나 같은 정도의 환자는 수술한 경험도 없고, 현재도 수술하지 않으며, 앞으로도 수술할 계획이 없다는 병원 측의 답변이었다고 했다.

그동안 내가 경험한 의학(양약)은, 병을 고치기는커녕 탁월하리만치 악화하도록 힘을 보태 주었다. 지금도 여전히 눈부시게 발전한다는 의술과는 아무런 상관이 없이, 오로지 말씀과 성령의 인도하심을 따라서 여기까지 왔다. 이 말은 지금도 의학을 기대하지 않는다는 말이다. 그런데도 '외과적인 수술로 구부러진 다리를 편다'는 말이 마음에서 떠나지 않았다. 그런데 기회가 찾아왔다. 내가 아는 분의 소개로 경희대학병원 정형외과의 배대경 교수님을 만나게 되었다. 배 교수님을 외래진료실에서 처음 만났을 때 이렇게 말했다.

"정인숙 씨하고 병력이나 현재 꼬부라진 몸 상태가 거의 비슷하게 생긴 환자를, 수술로 다리를 펴 준 경험이 단 한 번 있습니다. 꼬부라진 다리를 펴는 수술이 얼마나 어렵던지 머리카락이 하얗게 세어 버릴 정도였어요. 그래서 다짐했어요! 이 정도로 상태가 심한 환자는 다시는 수술하지 않겠다고 작심했어요! 정인숙 씨처럼 관절 상태가 심하게 망가진 환자는, 우리나라에 있는 어떤 병원을 찾아가도 수술해 주지 않습니다!"

그건 이미 확인했던 상황이었고, 단순히 진료의뢰서를 떼러 갔던 읍내에 있는 의료원 정형외과 의사도 똑같은 말을 했다.

"진료의뢰서가 왜 필요하시죠?"

"꼬부라진 다리를 수술로 펴려고요."

"수술하지 마세요! 워낙 답답하니까 수술이라도 해 보려는 심정은 충분히 이해합니다만, 이대로 지내는 것이 훨씬 더 낫습니다. 그동안 저도 꼬부라진 다리를 수술로 펴진 환자들을 많이 보았습니다. 그러나 결과는 수술 이후에도 걸을 수 없었어요. 오히려 다리가 쭉 뻗친 채로 다시 굳어 버려서 활동하기가 훨씬 더 불편해졌어요. 아마도 꼬부라진 다리를 수술로 펴 주는 병원이 없을 겁니다. 의사나 환자나 서로가 고생만 한다는 걸 다 아니까요. 나야 진료의뢰서만 떼어 주면 그만인데, 왜 이렇게까지 수술하는 걸 말리겠습니까! 아주머니가 하도 딱해서 그럽니다. 비싼 수술비만 날리고, 지금보다 상태가 더 힘들고 불편해질 걸 뻔히 알면서, 어떻게 말해 주지 않을 수 있어요? 이대로 지내세요! 제가 의사로서 진심으로 권하는 말입니다!"

의료 정보를 전혀 모르고, 그저 수술하면 걸을 수 있겠다는 기대에 들떠 있을 환자에게, 현명한 선택을 하도록 도우려는 의사의 진심을 모르는 바 아니다. 임상 사례나 수술성공 사례가 하나도 없다는 의학 정보도 진실이라는 걸 이미 확인한 바이다. 그럼에도 불구하고 의사는 내 다리를 수술로 펴 주겠다고 결정했다. 현재도 상황은 크게 달라지지 않았을 것이다. 의사는 꼬부라진 다리를 외과적인 수술로 펴 주는 것 외에, 쭉 펴진 다리로 다시 걷도록 의학적으로 도와줄 수 있는 치료 방법은 없다. 앞으로도 이런 의학적 상황은 크게 달라지지 않을 것이다. 그러므로 더더욱 나를 다시 걷게 하실 분은 하나님밖에 없다.

유일하게 수술을 결정한 분이 계신 것만으로도 황송할 따름이다. 그분조차도 나 같은 병력과 몸 상태를 가진 환자를 수술한 경험이 단 한 번뿐이라고 말했다. 그 환자조차도 아직 병원 침상에 누워 있는 상태였고, 다시 걸을지 말지는 여전히 미래형이었다. 결과는 아무도 예측할 수 없었다. 확실한 것은 외과적인 수술로 다리를 펴준다는 병원을 만났을 뿐이고, 그 이후로 걸을지는 수술한 의사조차도 모른다는 것뿐이다.

의료원에서 의사의 권면을 들었던 어머니는 당연히 수술하는 걸 반대했다. 물론 나도 망설이지 않을 수 없었다. 단 한 번도 의술로 다시 일어나서 걷게 되리라는 걸 생각조차 해 본 적이 없기 때문이다. 더군다나 다시 걸을 수 있다는 결과도 보장되지 않는 의술이, 먼저 유혹하는 건지도 모를 일이었다. 꼬부라진 다리를 수술해서라도 펴 보고 싶은 육신의 욕구와 성령의 인도하심은 전혀 다른 것이다. 의학도 병을 고치려는 선한 목적을 위하여 지금까지 고군분투를 벌인 것만은 분명하다. 그 결과 예전보다 불치병 환자들도 삶의 질이 향상되고 수명연장에도 많은 혜택을 보았다. 그럼에도 불구하고 이런 경우에 내가 병원에 가서 수술하고 싶은 것과 성령께서 병원으로 인도하시는 것과는 하늘과 땅만큼의 차이가 있다. 병원에 가고 싶은 간절함이 자칫 하나님께서 인도하셨다고 속아 넘어가기 쉽다는 말이다.

그래서 기도하는 사람은 자기의 욕구가 죽어야 성령의 감동하심에 민감할 수 있다. 육신의 욕구가 강하면 성령의 세미한 감동에 둔감할 수밖에 없다. 하나님께서 인도하신 길은 반드시 기도대로 선한 열매가 나타난다. 열매를 통해서만 주님이 인도하셨다는 것을 증명할 뿐이다. 성령께서 인도하신 길인지 아닌지는 결과가 증명할 것이다. 아무리 주님이 인도하신 것 같았어도, 기도대로 열매가 나타나지 않고 부정적인 열매가 나타났다면, 영적 상황을 깊이 점검해 보아야 할 것이다. 그래서 무엇이든지 주님께 기도할 수밖에 없었다.

"여기까지 저를 인도하신 주님! 이 문제도 주님께서 인도해 주시길 원합니다! 수술이라는 방법이 주님께서 인도하시는 길이면 형통하게 열어주시고, 주님께서 기뻐하는 길이 아니면 차단해 주소서!"

나는 아무것도 염려하지 않았다. 하나님께서 양단간에 결정을 내려주실 걸 믿었기 때문이다.

"아무튼 꼬부라진 다리를 쫙 펴 보기라도 하자! 쭉 뻗은 다리만 봐도 내가 여한이 없을 것 같다!"

아버지는 다리를 쭉 펴 보기라도 하자면서 수술하는 걸 적극적으로 원했다. 아버지가 수술을 원한다면 주님이 인도하시는 길이라는 의미이기도 했다. 수술 여부를 결정할 결정권은 나한테 있지 않았고, 경제권을 가진 아버지한테 있었기 때문이다. 하나님께서 이 길을 막으려고 아버지의 마음을 완고하게 했다면 죽었다 깨어나도 수술하기는 불가능하다. 내가 가진 권한은 기도밖에 없었다. 그러므로 아버지와 의사의 마음을 열어 수술로 인도하신 분이 하나님이라고 믿지 않을 수 없었다. 성령께선 개개인에게 맞춤처럼 역사하시는 분이었다. 배 교수님은 당시의 심정을 이렇게 회고했다.

"정인숙 씨는 전신 류머티즘 환자로서도 몸의 상태가 최악의 수준이었다. 사실 꼬부라진 다리를 수술로 편다고 해서 활동이 가능할지는 의문이었다. 또한 수술 후에 나타날 수 있는 여러 가지 합병증과 특히 꼬부라진 다리를 펴다가 나타날 수 있는 신경마비나 혈액순환 장애로 인해 다리를 절단할 가능성마저 염려되는 상황이었다. 그래서 수술을 망설이지 않을 수 없었다. 그렇다고 해도 이대로 방치한다면 상태가 더 악화하는 건 물론이지만, 신체기능의 전반적인 건강 상태도 아주 나빠져서 수명에도 영향을 미칠 게 분명했다. 그런데도 희망적이었던 건, 환자가 신앙과 더불어 재기하려는 의지가 강했다는 점이었다. 어쩌면 의사로서 수술에 최선을 다한다면, 본인의 의지와 노력이 재기에 큰 영향을 미칠 수도 있겠다는 기대가 생겼다. 그래서 매우 위험한 수술이었지만 도전하기로 결심했다!"

이렇게 해서 주님이 인도하신 길이라는 것을 다시 한번 확인할 수 있었다. 그래서 꼬부라진 다리를 펴는데, 하나님은 배 교수님을 사용하셨고, 의사의 수술 결정은, 일어나서 다시 걷게 해 달라는 내 기도에 응답하시려는 주님의 인도하심이었다. 아슬아슬하게 결정하고 진행되었던 수술이, 내 운명을 백팔십도로 바꿔 주는 중대한 전환점이 되었다.

그해(1988년) 10월 중순쯤에 입원했다. 의학적으로 긍정적인 기대가 어려운 상황이었지만, 하나님께서 인도하시는 새로운 희망을 향한 기대가 풍선처럼 부풀어 올랐다. 하나님께서 인도하신 길이라고 믿었기 때문이다. 의학이 눈부신 발전을 거듭했음에도 불구하고, 지금까지도 류머티스 관절염은, 그로 인해 망가진 관절이나 뼈들은 치료할 방법이 없다. 지금은 퇴행성 무릎 관절염 환자들이 인공관절 치환 수술로 많은 혜택을 누리고 있지만, 전신 관절들이 모두 다 망가진, 나 같은 환자에겐 여전히 그림의 떡에 불과하다. 발가락과 손가락 마디 하나하나까지 모두 다 망가진 상태에서, 무릎관절 한 군데 수술해서 모든 관절이 멀쩡한 사람들처럼 재기하기란 불가능하다.

수술 전에 의무적으로 받아야 하는 여러 장기 검진을 처음으로 받았다.

"류머티스 관절염은 완전히 떠났군요!"

주치의가 검사 결과를 말해 주었다. 다른 장기들도 별다른 이상소견이 없다고 했다. 문제를 일으키지 않는 장기들이 없었다는 걸 생각하면 놀라운 결과였다. 내 몸에 있던 모든 질병이 한꺼번에 줄행랑을 쳤다는 말이다. 다만 류머티스 관절염이 망가뜨린 관절과 뼈들이 심하게 장애를 입었으나, 내 몸에는 어떤 질병도 깨끗하게 사라졌다는 말이다. 그렇다! 망가진 관절들이 활발하게 활동하는 걸 방해하지만, 지금도 내 몸에는 어떤 질병도 얼씬거리지 않는다. 그토록 전신을 휘젓고 다니면서 극심하게 통증을 일으키던 류머티스 관절염이 떠났다면, 다른 장기들도 회복하는 건 너무나 당연한 결과였다. 내 몸에서 활개를 치고 날뛰던 모든 질병이 깨끗하게 항복하고 퇴거한 것이다. 다시 말하면 완전하게 건강을 회복한 것이다. 그래서 성령께서 믿음은 행동(운동)할 때 역사한다는 말씀으로 인도하신 것이다.

"하지만 망가진 뼈와 관절들이 문제군요! 뼈는 한번 망가지면 회복하는 게 불가능합니다."

모든 관절과 뼈가 망가진 것은 류머티스 관절염이 휘젓고 다니면서 놀아난 후유증이었다. 여전히 수술 결과는 기대하기 어렵다고 말했다. 뼈가 망가지지 않은 관절들은 없었다. 그래서 주님만이 치료하실 수 있는 질병이었다. 수술 부위를 소독하려고 치료실에 갔더니 주치의가 물었다.

"허벅지에 힘을 줘 보세요!"

내가 허벅지에 힘을 주자 주치의가 손으로 꾹꾹 눌러 보았다.

"허벅지 근육이 살아 있는데, 어떻게 된 일이죠?"

"무릎으로 걸어 다녔거든요."

"무릎으로 걸었단 말입니까?"

"예!"

"놀랍군요! 이런 몸인데 무릎으로 걸었다니! 허벅지 근육이 살아 있어서 굉장히 유리합니다!"

신체적으로 도저히 불가능했던 운동을, 성령께서 믿음으로 행하도록 인도하셨다.

수술은 한마디로 지옥을 체험하는 일이었다. 체력 저하가 큰 수술을 감당하기가 더욱 힘들게 만들었다. 수술 이후의 상황은 더욱 심각했다. 길게 뻗쳐 있는 다리가 고통의 발원지였다. 오랫동안 꼬부라져 굳어 버린 다리를 쭉 펴서 반깁스로 고정해 놓았는데, 다리를 형틀에 묶어 놓고 주리를 트는 형벌의 고통이 이 정도가 아닐까 하는 생각을 했을 정도로 고통스러웠다. 일주일 내내 진통제만 의지하면서 힘겹게 버티는 날이 지속되었다.

내 몸은 수년 동안 꼬부라져 있는 상태 그대로 적응하면서 살았다. 이것은 내가 편안하게 지낼 수 있는 최상의 조건이었다는 말이기도 하다. 그렇게 꼬부리고 살았던 몸이 하루아침에 쫙 퍼졌으니, 맨 정신으로 버텨 낼 수 없는 최악의 상태를 맞이했다. 쭉 뻗친 다리를 보면서도, 다시 꼬부리고 싶어서 견딜 수 없는 이율배반적인 상황은, 수술실에서 벌거벗고 나온 그대로 일주일간 보낼 정도였다. 환의를 입히려는 어머니의 시도에도 일절 거부했다. 사지를 형틀에 묶어 놓고 주리를 트는 것 같은 고통인데, 그까짓 환자복 나부랭이가 무엇이란 말인가! 한마디로 눈에 뵈는 게 없었다. 그렇게 일주일을 버티다 보니 숨넘어갈 듯하던 고통도 한숨 정도는 돌릴 만한 상태가 되었다.

"환의를 입으세요!"

비로소 간호사도 환의를 입으라고 독촉했다. 어머니가 환자복 바지를 들고 침대 끝으로 갔다.

"어서 입자! 주사 놓을 때마다 챙기느라고 혼났다!"

어머니가 바지를 입혀 주려고 침대 끝으로 가는 모습이 너무나 생경하다. 내 발은 언제나 무릎 밑에 가지런히 놓여 있었다. 그랬던 두 발이 저 멀리 침대 끝에 놓여 있었다. 주리를 트는 듯한 고통 중에도 확인했지만, 다리는 길게 뻗쳐 있었다. 이게 꿈이 아닐까! 정말 꿈만 같다. 주님을 향한 뜨거운 눈물이 흐른다.

"예수님! 두 다리를 쭉 펴 놓았으니, 이제는 걷게 하소서! 두 다리로 걸어서 주님의 은혜를 전하게 하소서! 세상 사람들에게 주님이 내 병을 고쳐 주시고, 꼬부라진 몸을 일으켜 세우시고, 다시 걷게 하셨다고 전하게 하소서. 그래서 나처럼 병들고 소외되어 고통당하는 이들에게 이 소식을 전하게 하소서!"

앉은뱅이 삶을 얼마나 감사했던가! 어떻게 감사하지 않을 수 있겠는가!

고난이 아무리 길어도 영원과 비교한다면 한순간에 불과하기 때문이다. 자칫 기회를 놓쳤더라면 영원히 만날 수 없었던 주님이 아니던가! 앉은뱅이가 아니라면 영원히 만나지 못했을지도 모르는 예수님이 아니던가! 주님이 아니라면 어찌 이런 날이 가능하겠는가!

"내가 육십 평생 살았지만 꼬부라진 다리를 수술로 쭉 펴 놓은 건 처음 보네! 참으로 신기한 꼴을 다 보네! 꼬부라진 다리를 수술로 편다고 했을 때만 해도 설마설마했더니, 정말 다리가 쭉 펴졌네!"

병실에 있는 환자들과 보호자들도 놀라기는 마찬가지였다.

"이젠 죽어도 원이 없어! 그 원수 같은 놈의 꼬부라진 다리를 쭉 펴 보았으니까, 이젠 죽어도 여한이 없어!"

회복실에서 병실로 돌아왔다는 어머니의 전화를 받은 아버지가 첫 마디로 했다는 말이었다. 그동안 아버지는 꼬부라진 다리를 쳐다보면서 얼마나 절망하고 좌절했던가! 이런 부모님의 보호와 보살핌 속에서 이런 날을 맞이하게 되었다.

그런데 기뻐할 겨를도 없이 문제가 또 터지고 말았다. 태풍처럼 강력한 통증이 몰려왔다. 불에 졸이는 것 같은 통증이 무릎에서 시작하여 아래쪽 다리를 강타했다. 전혀 예측하지 못했던 일이었다. 통증은 한순간도 멈추지 않았다. 단 일 초간의 여유도 주지 않고 불에 달구는 듯한 통증이 계속되었다. 빌어먹을 놈의 지겨운 통증! 아무리 견디고 또 견뎌도 적응되지 않는 죽일 놈의 통증! 죽어라 일주일을 버텨 냈는데, 더 독한 놈의 통증이 다시 시작되었다. 불에 달구는 것 같은 통증이 무릎 아래쪽 다리를 활활 졸여 댔다. 극심한 통증은 한순간도 멈추지 않았다. 고통을 견디기가 어려워서 머리를 벽에다 들이박았다.

수술 과정에서 힘줄과 인대와 신경을 비롯한 여러 기능이 손상을 입었을 것이 예상되었다. 이렇게 손상을 입은 기능들이 아우성치는 것일까? 또다시 밀어닥친 통증을 견디면서, 수면제를 복용해야 겨우 세 시간 정도 잠을 잘 수 있었다. 식욕은 완전히 잃어버렸다. 그러자 몸무게가 하루가 다르게 줄어들었다. 온종일 상체를 일으키라, 눕히라는 요구 때문에 어머니도 밤을 지새웠다.

한순간도 생각이 집중되지 않았다. 사람들과 몇 마디 나누는 대화조차 불가능했다. 물론 습관적으로 '하나님 도와주세요!'라는 기도 외에는 몇 마디 기도내용조차 생각하기 어려웠다. 일 초도 멈추지 않는 통증을 해결해 달라고 호소할 뿐이었다. 의사도 아무런 대책이 없었다.

"이런 수술 경험이 없어서 임상 기록이 없습니다! 이런 통증이 왜 발생하는지 그 원인을 전혀 모르고 있습니다!"

의사도 답답한 심정을 드러냈다. 그동안 독한 진통제와 주사를 맞고 혼수상태에 빠지기도 했고, 아편 주사까지 맞았으나 통증은 전혀 굴복하지 않았고, 오히려 기세만 더 등등해질 뿐이었다.

"그럼, 소방차라도 불러 주세요!"

"소방차라니요?"

"발에서 불이 나는데 병원에서 끄지 못하면, 소방차라도 불러서 꺼 달라는 말이에요!"

소방차라도 불러서 발의 불을 꺼 달라고 울면서 호소했다. 참담한 표정으로 묵묵히 서 있던 배 교수님은 말없이 병실을 나갔다. 아마도 수술한 걸 굉장히 후회했을지도 모른다.

"체중이 하루가 다르게 변하네요!"

주치의도 이런 말만 할 뿐이었다.

"수면제를 복용해야 세 시간 정도 자요!"

"수면제를 복용해서라도 무조건 잠은 자야 해요!"

설상가상으로 어머니의 태도가 확 돌변했다.

"온종일 사람을 들들 볶으니 잠을 잘 수가 있어야지! 에잇!"

이제는 어머니조차 마음이 변해서 휴게실로 나가 버렸다. 심지어 옆 침상의 보호자가 소변을 받아 주어야 할 정도가 되어도 병실로 돌아오지 않았다. 어머니는 수술해도 소용없다는 의사의 말이 맞았다고 생각했기 때문이다.

"어차피 수술해도 걸을 수 없다고 하니 수술은 그만두자. 걷지도 못한다는데 빚까지 내서 수술할 것이 뭐냐? 정 섭섭하면 나중에 여유가 생길 때 한번 생각해 보자. 그래도 늦을 것 없다!"

어머니는 입원하기 직전까지 수술하는 걸 반대했다. 그런데 어머니가 예측한 대로 결과가 너무나 나쁘게 나타나고 말았다. 이것은 수술 전부터 쉽게 예견할 수 있었던 일이었다. 어머니의 입장으로 보자면 혹 떼러 왔다가 혹 하나를 더 붙인 꼴이 되었다. 혹시나 했던 어머니의 희망은 절망으로 바뀌었다. 수술을 더 적극적으로 말리지 못한 것을 깊이 후회하는 눈치였다. 어머니의 수술 반대는 지극히 정상적이었다. 어머니의 생각 속에는 주님의 인도하심은 알지 못했다. 의사가 수술해도 걷지 못한다고 한 말이 훨씬 더 믿겨졌고, 현실적으로 상황이 너무나 나쁘게 나타났다. 악화한 상황을 사용하시는 분도 하나님이셨다. 하나님의 은혜는 절망 중에 더욱 크게 빛을 발하는 법이다.

> 하나님이 이르시되 그가 나를 사랑한즉 내가 그를 건지리라. 그가 내 이름을
> 안즉 내가 그를 높이리라. 그가 내게 간구하리니 내가 그에게 응답하리라. 그
> 들이 환란 당할 때에 내가 그와 함께 하여 그를 건지고 영화롭게 하리라 - 시
> 90:15~16

부모님만큼 내가 걷기를 소망하는 분들이 세상에 또 있을까? 이런 소망 때문에 어머니는 지금까지 짜증 한 번 내지 않고 병시중을 견디셨다. 그런 어머니의 태도가 확 뒤집혀 버렸다. 깁스로 고정해 놓은 다리는 손도 대 보지 못한 채 시간만 흘러갔다. 자칫 다리가 쭉 뻗친 채로 다시 굳어 가는 위기의 상황이었다. 그러나 불에 졸이는 것 같은 통증의 기세는 전혀 꺾일 기미가 보이지 않았다.

그제야 병원에서 이대로 허송세월로 보낼 수 없다는 생각이 들었다. 돌아보면 단 한 번도 병원이거나 의사를 의지해 본 적은 없었다. 그런데 병원에 입원한 이후로 의사를 더 많이 의지했던 것 같았다. 지금까지 그랬던 것처럼, 어떤 결단이 필요하다고 생각했다. 비로소 마음이 조급해졌다. 다리를 이대로 내버려두면 쭉 뻗친 채로 다시 굳어 버릴 것이 분명했다. 지금도 주님의 도움만이 절실한 상황이었다. 기도할 수 없는 이 환경부터 빨리 벗어나서, 마음과 뜻과 정성을 다하여 하나님께 부르짖어 이 위기를 돌파해야 한다는 생각뿐이었다.

> 너희는 내게 부르짖으며, 와서 내게 기도하면 내가 너희를 들을 것이요. 너
> 희가 전심으로 나를 찾고 찾으면 나를 만나리라. 나 여호와가 말하노라 - 렘
> 29:12~13

> 네가 부를 때에는 나 여호와가 응답하겠고 네가 부르짖을 때에는 내가 여기
> 있다 하리라 - 사 58:9

드디어 성경 말씀이 떠올랐다. 그렇다! 지금까지도 그랬던 것처럼, 하나님께 부르짖어야 한다! 지금도 수술한 부위를 포함하여 주님의 손길이 필요하지 않은 관절들은 단 한 군데도 없다. 이 통증조차도 주님이 해결하시도록 넘겨드릴 것이다. 이런 결정을 내리자 마음이 더욱 급해졌다. 내가 면담을 요청했더니 배 교수님이 병실로 찾아왔다.

"저한테 처방되는 병원 약들은 모두 다 중단시켜 주세요! 그리고 퇴원시켜 주세요!"

의사는 한참 동안 말없이 서 있다가 조심스럽게 입을 열었다.

"신경이 끊어진 부분에서 통증이 나타나고 있는지도 모른다는 생각이 듭니다. 경제적인 부담이 없으시다면, 신경 살리는 약을 한번 써 보면 어떻겠습니까?"

"신경 살리는 약이요?"

"네! 확실한 결과는 보장할 수는 없지만, 한번 시도해 보자는 거지요. 발에서 불이 나는 원인이 혹시 끊어진 신경들 때문에 그러는지도 모르니까요. 좀 고가이긴 하지만 그 약을 한번 사용해 보지요."

"그렇게 자신 없는 약이라면 쓰지 않겠어요!"

나는 단번에 거절했다. 더 이상 약 때문에 흔들리고 싶지 않았다. 이런 결단은 주님의 도움이었다. 언제나 내겐 마지막 보루처럼, 든든하게 버티고 계신 주님이 계셨다. 세상에서 이보다 더 큰 축복이 어디 있을까? 그동안 입술로는 주님 도와달라고 했지만, 속으론 통증을 해결해 줄 의사의

처방 약만 기다렸던 게 사실이다. 수술을 받기까지도 주님이 인도하셨다는 걸 철저하게 믿었으면서도, 병원에 와서는 기도할 수 있는 환경이 아니라서 마음이 느슨해졌던 건 사실이다. 그래서 병원 치료에 더 기대를 걸었는지도 모른다. 이런 기대 속에서 대책 없이 무서운 통증을 견디고 있었다.

그러나 이런 결단을 내린 건 주님은 통증을 넉넉히 해결하실 수 있는 분이기 때문이다. 나는 혼자가 아니었다. 여기까지 인도하신 분도 주님이시라고 믿는다. 지금도 내 안에서 역사하시는 분이 성령이심을 믿는다. 세상에서 이보다 더 큰 힘이 어디 있을까? 병원에 온 이후로 입술로는 주님께 도와달라고 했지만, 마음으론 통증을 해결해 줄 의사의 처방만 기다렸다. 수술한 이후로 의사를 의지하는 마음이 더 컸던 게 사실이다.

입원하기 전의 나를 생각해 보지 않을 수 없었다. 사람들과 타협하지 않는 내 믿음 때문에 부모님의 불평도 적지 않았다. 부모님에게 내 믿음은 적당히 타협할 줄 모르는 고집불통이었다. 믿음은 사람들과 적당히 타협하는 게 아니다. 주님은 사람과 적당히 타협하면서 순종하라고 말씀하지 않으셨다.

그래서 믿음의 열매가 나타날 때까지 핍박과 몰이해를 고스란히 혼자 감당하지 않으면 안 된다. 믿음의 열매가 눈앞에 나타날 때만이 고집불통이 아니라는 게 증명된다. 믿음 안에서 타협할 줄 모르던 내가 병원에 와서 안일한 생각에 빠졌던 게 분명했다. 그렇지 않고서야 통증이 시작된 지 20여 일이 지나는 동안에, 주님만이 하실 수 있다는 결단을 내리지 못하고, 병원에서 무슨 대안이 생길 거라는 생각만 할 수 있었단 말인가? 그것은 전폭적으로 기도하지 못한 결과라고 생각된다. 그것은 기도를 제대로 할 수 없었던 병실의 환경 때문이기도 했다. 이제는 결단해야 한다. 성경 말씀이 나를 강력하게 책망했다.

> 오직 믿음으로 구하고 조금도 의심하지 말라. 의심하는 자는 마치 바람에 밀려 요동하는 바다 물결 같으니, 이런 사람은 무엇이든지 주께 얻기를 생각하지 말라. 두 마음을 품어 모든 일에 정함이 없는 자로다 - 약 1:6~8

나는 병실에 누워 있으면서 병원 치료를 거부했다. 이제 불에 달구는 것 같은 통증으로부터 건져 주실 분은 하나님밖에 없었기 때문이다. 다리를 쭉 펴 놓고도 걷지 못하게 된다면, 결단코 하나님께서 이 길로 인도하지 않으셨다. 그러므로 통증은 반드시 사라지지 않을 수 없다. 그렇게 일하시도록 하나님만을 의지하기로 결단했다.

그날 저녁부터 약이 끊어졌다. 다부진 결심에도 불구하고 두려움이 엄습했다. 마귀가 노리는 환경이었다. 병실의 환자와 보호자들도 내 결단에 염려하는 눈치였다. 수많은 종류의 진통제를 한 움큼씩 복용했어도 통증이 전혀 줄어들지 않았는데, 어떻게 맨몸으로 견디려는지 알 수 없다면서 병실의 환자들과 보호자들까지도 걱정이 이만저만이 아니었다. 약국에서 소염진통제를 사다가 한 알 복용했다. 통증에 대한 두려움 때문이었다. 얼마나 긴장했던지 입이 바짝바짝 타들어 갔다. 이젠 하나님밖에 의지할 대상이 없었다. 주님을 부르기 시작했다. 그동안 수면제를 복용하고 겨우 세 시간 정도 잠을 잤다. 불에 달구는 것 같은 고통은 계속되었다. 빨리 퇴원해서 집으로 돌아가고 싶었다. 퇴원하라는 소식만 기다렸다. 그런데 담당 의사와 주치의들까지 일제히 회진을 끊어 버렸다. 심지어 간호사들조차도 퇴원 지시가 없다는 말뿐 어떤 말도 하지 않았다. 어차피 눕기도 어려운 상황에서 침대에서 엎드렸다.

"지금까지 나를 치료하시고 여기까지 인도하신 주님! 종아리와 발에서 불이 나서 견디기 힘듭니다. 병원에 있어도 아무런 도움도 받지 못하고 있습니다. 저는 압니다. 주님은 이 고통을 해결해 주실 수 있다는 걸 압니다. 저를 고쳐 주소서! 이 아픔으로부터 구원해 주소서! 이제는 의사도 약도 완전히 끊어 버렸나이다! 주님이 돕지 않으면 불에 타는 듯한 이 고통에서 벗어날 길이 없습니다! 주님! 저를 도와주소서!"

무서운 통증의 공격 속에서 최대한으로 생각을 집중시키면서, 주님께 눈물로 호소했다. 두서없는 기도는 온종일 지속되었다. 그렇게 하루를 버텨 냈다. 오로지 말씀만 붙잡고 매달렸다.

> 두려워 말라. 내가 너와 함께 함이라. 놀라지 말라. 나는 네 하나님이 됨이니라. 내가 너를 굳세게 하리라. 참으로 너를 도와주리라. 참으로 나의 의로운 오른손으로 붙들리라 - 사 41:10

말씀은 믿음이 약해지지 못하도록 마음을 강하게 붙들어 주었다. 지금까지도 나를 강하게 붙들어 주셨던 하나님께서 이 고통에서 벗어나도록 도와주실 건 너무나 당연하다는 믿음이 회복되었다. 순간 두렵고 떨리던 마음이 사라지면서 평화가 찾아왔다. 그동안 나를 지켜 주었던 그 평안이 다시 찾아왔다. 이 평안은 주님이 가지신 평안이었다. 주님의 역사가 시작되었다는 증거였다. 극심한 고통 중에도 주님 안에 있는 이 평안만 찾아오면 문제가 해결된다는 것을 수없이 경험했다. 그런 평안이 내 안에 깊숙이 들어왔다.

> 평안을 너희에게 끼치노니, 곧 나의 평안을 너희에게 주노라. 내가 너희에게 주는 것은 세상이 주는 것과 같지 아니하니라. 너희는 마음에 근심하지도 말고 두려워하지도 말라 - 요 14:27

그날 밤에도 수면제 주사를 맞고 잠이 들었다. 약효가 사라지는 세 시간 후면 반드시 잠에서 깨어날 것이다. 그러면 새벽 두 시경이 될 것이다. 잠에서 깨어났다. 병실이 환하게 밝은 아침이었다. 나는 어리둥절했다. 무엇이 어떻게 된 것일까? 아침까지 깊은 잠이 든 것은 불에 졸이는 통증이 생긴 이래로 처음이었다. 병원 약을 일절 중단하고 하루가 지났을 뿐이다. 상식적으로는 통증이 벌떼처럼 일어나야 맞는다. 그런데 처음으로 아침까지 깊이 잠이 들었다.

"하나님이 도와주셨네요! 잠에서 깨어나니 환한 아침이네요!"

오랜만에 환하게 웃으면서 아침 인사를 하는 나 때문에 병실에선 환자와 보호자들이 깜짝 놀랐다.

"정말 그러네! 멀쩡하네! 아무튼 대단해! 의사한테 약을 일절 끊어 달라고 말할 때부터, 우리가 혀를 내둘렀다니까? 아무튼 대단한 사람이야!"

"무슨 일이 벌어질 줄 알았어요!"

하나님의 역사였다. 병원 치료를 중단하고 하나님께 매달렸더니 역사하셨다. 하나님의 역사는 그것만으로 그치지 않았다. 그토록 혹독하게 졸여 대던 통증의 기세가 꺾였다는 증거였다. 그래서 아침까지 내쳐 잠을 잘 수 있었다. 이틀째 되는 날은 아예 수면제 없이 잠이 들었다. 그런데도 눈을 떠 보니 환하게 밝은 아침이었다. 깊은 잠을 자는 동안에 불에 졸이는 듯한 통증이 거지반 다 사라져 버렸다.

 할렐루야! 이런데도 하나님께서 역사하지 않았다고 말할 사람이 있겠는가! 나는 알고 있다. 하나님께서 내 믿음을 보시고 역사하셨다는 것을! 병원 약을 단호히 중단하고 이틀 만에 통증이 거의 다 사라진 주님의 이적이었다. 오랜만에 앉아서 환하게 웃는 나 때문에 병실 분위기도 다시 활기를 되찾았다.

 "하나님이 다리의 불을 꺼 주셨어요!"

 "오랜만에 웃는 모습을 보니까, 우리 마음도 환해지네! 그나저나 병원 약을 끊어 버리고 통증이 사라지다니, 이렇게 신기한 경우도 다 있네! 하나님밖에 모르더니만, 아무래도 진짜 하나님이 고쳐 주신 거 같네!"

 "이번에는 정인숙 씨가 믿는 하나님이 통증을 사라지게 했다는 걸 우리도 인정하지 않을 수 없네요!"

 "얼마나 고통스러웠으면 20여 일 만에, 체중이 저렇게나 빠질 수가 있을까?"

 "얼마나 아프면 머리를 벽에다 들이박았겠어!"

 이렇게 시끌벅적 떠들고 있을 때, 발을 뚝 끊어 버렸던 주치의가 병실로 들어왔다. 환하게 웃으면서 얘기하는 나를 보더니 깜짝 놀랐다.

 "오늘은 웃어요?"

 "지난밤에 통증이 거지반 다 사라졌어요! 하나님이 다리에 붙은 불을 꺼 주셨어요!"

 "그거 봐요! 이렇게 좋은 날도 오잖아요! 그동안 고생했어요! 축하해요! 정말 축하해요!"

주치의도 기쁨을 감추지 못했다. 하나님의 역사는 온 병실과 의사까지도 놀라게 했다. 하지만 통증이 사라진 편안함을 누려보는 것도 잠시였다. 병실에 발을 뚝 끊었던 배 교수님이 황급하게 병실로 오더니 운동하자고 했다. 불타는 통증에서 벗어난 지 겨우 반나절도 안 되었다. 내가 난색을 보이면서 하루만 편하게 쉬게 해 달라고 사정했지만, 수술 이후에 운동을 못 한 시간이 너무나 길어서 안 된다고 했다. 물론 그럴 여유가 없다는 것도 잘 안다. 수술 직후부터 매달리는 재활 운동인데, 너무나 많은 시간이 흐르고 말았다.

의사가 다짜고짜 한쪽 다리를 번쩍 치켜들더니 압박붕대를 풀고 반깁스를 떼어 내고 약솜을 제거했다. 드디어 곧게 펴진 다리가 모습을 드러냈다. 다리는 뼈에 가죽만 붙어서 앙상한 나무 목다리 같았다. 다리를 건드릴 때마다 악, 소리가 입에서 터져 나왔다. 다리를 잡고 상하로 구부리고 펴고 할 때마다 삐걱거렸다. 오랫동안 사용하지 못해서 녹슬고 부식된 뼈와 관절들이 매끄럽게 움직일 리가 없었다.

오랫동안 활동하지 못하던 환자들 대개는, 누워서 다리를 올리고 내리는 동작을 못 한다고 했다. 그래서 침대에 운동기구를 장착해 놓고 다리를 끌어 올리고 내리는 동작을 연습했다. 그러나 허벅지 근육이 살아 있는 내 다리는, 가볍게 허공을 차고 올라갔다 내려왔다. 신체는 단순한 기계에 불과했다. 그동안 사용하지 못한 뼈와 관절들이 녹슬고 부식되어서 매끄럽게 움직이는 곳은 단 한 군데도 없었다. 이런 관절들을 사용하기 위해서 날마다 운동에 매달렸다. 이제는 바닥을 딛고 서 있는 동작도 가능할 것 같았다. 내가 믿음으로 바라고 소망하던 실상이 점점 다가오고 있었다. '다시 걸을 테니 두고 보라'고 주장했던 믿음의 말들이 머리를 스치고 지나갔다. 예수님의 약속을 믿었기에 그렇게 주장할 담력이 있었고, 그렇게 받은 줄로 믿고 의심하지 않았기에 실체로 다가오는 것이었다. 잉태한 사람만이 출산을 경험할 것이다.

12월 27일(1988년)은 내 생애를 통틀어 최고의 날이었다. 앉은뱅이로 살아가던 내가 두 발로 당당히 바닥을 디디고 서 있던 날이기 때문이다. 다리가 허공을 차고 오르락내리락하는 동안에 다리가 한껏 고무되었다. 발이 땅에 닿기만 하면 성큼성큼 걸어 다닐 기세처럼 보였다. 오전 회진 시간이었다.

"일어설 수 있을 것 같은데요!"

자신감이 철철 넘치는 내 말에 배 교수님의 얼굴도 자신감으로 환해졌다.

"그럼, 일어나 봅시다!"

의사는 지체하지 않고 양다리를 잡더니 침대 아래로 내렸다. 처음으로 다리를 아래로 내려뜨리고 앉아 있는 자세에도 끄떡없었다. 주치의들이 양쪽 겨드랑이를 부축해 주어서 몸을 일으키자 두 발이 땅에 닿았다. 땅에 닿은 발을 조심스럽게 조준하면서 침대에 붙이고 있던 엉덩이를 뗐다. 몸이 일직선으로 곧게 섰다. 누가 보더라도 몸이 꼬부라진 앉은뱅이는 아니었다.

이제 꼬부라진 앉은뱅이라는 호칭은, 내 역사의 뒤안길로 사라지게 되었다. 실로 6년 5개월여 만에 두 발로 땅바닥을 디디고 섰다. 다시 일어나서 걸을 테니 두고 보라고 장담했던 내 믿음이, 그대로 현실이 되었다. 땅에 발을 디디고 서 있다는 것이 꿈을 꾸는 것만 같다.

얼마나 일어나고 싶었던가? 얼마나 땅을 딛고 두 발로 일어나서 걷고 싶었던가! 주님을 향한 사랑이 가슴을 타고 벅차게 올라왔다.

"하나님께 감사드리고, 배 교수님께 감사드려요!"

아슬아슬하게 서 있는 나를 지켜보던 의사도 벅찬 감동을 감추지 않았다.

"그래요! 모든 이에게 감사하세요! 정말 축하드립니다!"

이처럼 놀라운 광경을 지켜보던 병실의 환자들과 보호자들의 박수가 터져 나오고 환호성을 질렀다.

"와! 앉은뱅이가 일어나는 건 처음 보네! 정말 신기하네!"

"정말 하나님이 도우신 거네요! 이건 기적입니다!"

세상에서 절망적인 현실을 이기는, 가장 강력한 수단은 기도밖에 없다! 처절한 현실을 무시할 수 있는 가장 강력한 힘도 믿음의 기도밖에 없었다. 믿음의 기도 외에 절망적인 현실을 무시할 수 있는 강력한 힘은 이 세상에는 존재하지 않는다. 보이지 않는 하나님을 향한 강한 신뢰의 표현이 믿음과 기도라는 행위 말고 또 무엇이 있을까? 기도하는 사람만이 절망적인 현실을 무시할 수 있다. 앉은뱅이가 된 현실을 무시하고 일어나서 걷게 해 달라고 기도한 세월이 무려 4년 가까이 되었다.

오늘 내 기도의 응답이 눈앞에 나타났다. 오늘 내 믿음은, 실체가 되어 모든 이들이 볼 수 있도록 나타났다. 여기까지 오는 동안에도 성령의 인도하심이 계속되었고, 기도의 응답도 계속되었다. 딱히 이것만이 기도의 응답이라고 말할 필요는 없다. 지금까지 기도의 응답에 속하지 않는 건 하나도 없기 때문이다. 믿음의 기도는 비현실적으로 보이는 문제를, 현실로 바꾸어 주는 능력이다.

하지만 하늘로 치솟던 기쁨도 잠시뿐이었다. 바닥을 딛고 서 있던 발목과 발가락과 다리 전체가 바스러지는 듯한 통증이 시작되었다. 커다란 바위에 짓눌린 것처럼 꼼짝달싹할 수가 없었다. 순간 눈앞이 아뜩해지면서 식은땀이 솟았다. 종아리가 흑색으로 변했다. 하늘로 치솟던 기쁨은 순식간에 근심으로 바뀌었다. 바닥을 딛고 서 있던 시간이, 고작 5분 정도였을 것으로 기억한다. 사색이 되어 쩔쩔매는 나를 부축해서 다시 침대에 다리를 올려놓았다.

아직도 걷는다는 건 믿음이지 현실이 아니었다. 순간 못 걸을지도 모른다는 불안한 마음이 엄습했다. 현실은 여전히 불안했다. 그러나 누가 뭐래도 일어나서 바닥을 딛고 섰다. 어떤 이유가 가로막아도 나는 걸을 것이다. 내가 목적하는 바는 걷는 것이지, 다시 주저앉는 앉은뱅이로 돌아가는 것이 아니다. 어떤 이유로도 내 믿음을 막을 사람은 나 외에 아무도 없다. 누구도 나를 막지 못한다. 이 목적을 향하여 줄기차게 믿음을 향해서 행동할 것이다. 간호사가 들어오더니 서는 연습을 해야 하니까 목발을 주문하라고 말했다.

"목발은 몇 달 전에 준비해 놓았는데요!"

"목발을 준비해 놓았고요?"

"네!"

목발이 필요할 것을 먼저 아신 성령께서 몇 달 전에 동네 아주머니의 목발을 갖다 놓게 하셨다는 게 증명되었다. 그때도 불과 몇 달 후에 내가 목발을 짚게 될 것을 예상한 사람은 아무도 없었다. 누구도 우연이라고 말할 수 없다. 꼬부라진 앉은뱅이로 지내던 수년 동안, 단 한 번도 목발을 준비해야겠다고 생각한 적이 없었다. 목발을 준비한 건 그때가 처음이었다. 나는 믿는다. 내가 꼬부라진 몸을 일으켜서 걷는 일에, 온전히 개입하시고 역사하신 분이 주님이라는 것을!

"시장에 가서 네가 신을 신발을 사 와야겠다!"

어머니가 내 신발을 사려고 가까운 시장에 나갔다. 나는 짐승처럼 신발이 없었다. 사람이라는 증거가 신발만큼 확실한 게 없다. 신발이 없는 건 존재의 부재를 의미한다. 신발이 없는 '존재의 부재자'로, 생존 반응이 없는 죽은 사람처럼 산 세월이 6년 넘게 지속되었다. 살면서 만나는 어떤 굴욕도 신발의 부재만큼 혹독한 것은 없을 것이다. 그래서 가장 심한 욕설이 '평생 신발이나 닳지 말라'는 말이라고 한다. 그러나 이 욕설도 자기의 신발의 존재는 인정했다. 이런 욕설보다도 더 심하게 신발이나 닳지 말라고 욕할 신발조차 없이, 6년이 넘도록 생존 반응이 없는 생존자로 살았다.

어머니는 부어 있는 발이 쑥 들어가도록 남자 슬리퍼를 샀다. 내 몫의 신발을 쳐다보는 순간 마음이 울컥했다. 이제는 남자 슬리퍼가 살아 있는 내 존재를 입증해 줄 것이다. 그리고 새로운 내 역사를 만들어 줄 것이다. 개인의 역사라는 게 결국 신발의 발자국일 터였다!

그러나 7년 가까이 꼬부라지고 누워서만 지내던 다리는 전혀 진척을 보이지 않았다. 그렇게 오랜 기간 사용하지 못한 다리가 단 며칠 만에 걸을 수 있기를 기대한 건 어리석은 일이었다. 오히려 땅을 딛고 설 때마다 아픔이 더욱 심해질 뿐이었다. 단 한 번도 땅을 딛고 서 보지 못한 다리가 하루아침에 몸무게를 지탱하며 서 있기는 불가능할 것이다. 그래서 잠시 서 있는 시간조차 단축해야 할 형편이었다. 아무런 진척이 없이 병원에 머무는 시간이 자꾸만 흘러갔다.

어느새 병원에 머문 시간이 3개월이 되었다. 이런 식의 운동이라면 집에서도 가능하다는 판단을 내리고 퇴원을 결정했다. 내가 병원에 입원해 있는 3개월 동안, 어머니는 말할 것도 없지만, 할머니와 아버지의 고생도 이만저만이 아니었다. 그러나 의사는 퇴원을 허락하지 않았다. 어쩔 수 없이 일주일을 더 병원에 머물다가 직접 배 교수님을 찾아가서 퇴원을 요청했다.

"이런 상태로 퇴원하면 다시 주저앉아요! 현재 상태로는 다시 걸을 수가 없어요!"

의학적으로 막막한 상황을 전혀 모르고, 퇴원을 요청하는 내가 너무나 답답해서 아예 창 쪽으로 의자를 돌려 버렸다. 그리고 잠시 마음을 가다듬고 나를 다시 설득했다.

"조금만 더 지켜봅시다!"
"저는 걸을 수 있어요! 염려하지 말고 퇴원시켜 주세요!"
"집에 가면 연습할 운동기구라도 있어요?"
"없어요!"
"그런데 이대로 퇴원하면 어떻게 하려고 그래요! 집에 가면 통증 때문에 운동을 더 이상 하지 못해요! 그러면 다리가 굳어서 다시 주저앉게 된다는 걸 왜 모르세요?"
"운동해야지요! 운동기구는 없지만 운동해야지요! 저는 반드시 걸어요! 퇴원시켜 주세요! 걱정하지 마세요. 저는 반드시 다시 걸어요!"

퇴원하기로 마음을 굳힌 걸 확인한 의사는 어쩔 수 없이 퇴원을 승낙했다.

"그럼, 할 수 없어요! 혼자서 해 봐요! 운동을 하루라도 거르면 안 돼요! 운동은 하루만 걸러도 그만큼 후퇴한다는 생각을 잊지 마세요! 그럼 퇴원하세요!"

내 생각도 배 교수님의 생각과 전혀 다르지 않았다. 내 눈에도 다리는 희망이 전혀 보이지 않았다. 그런데도 퇴원을 강행할 수 있었던 건, 반드시 다시 걸을 수 있다는 믿음 때문이었다. 수술로 인도하신 분도 주님이셨고, 앞으로 다시 걷게 하실 분도 주님이시다. 내가 의사를 의지하지 않았기에 당당하게 퇴원할 수 있었다. 나는 자신감이 있었다. 이런 자신감의 근원은, 말하나 마나 하나님이 약속하신 말씀이었다. 그래서 병원에 더 머물 필요가 없이 퇴원하도록 감동하신 분도 성령이심을 안다. 어디에서건 나를 다시 걷도록 해 주실 분은, 사람이 아니라 하나님이셨다!

드디어 좁은 방에서 탈출

　내가 병원에서 돌아왔다는 소식을 들은 동네 사람들이 축하하려고 찾아왔다. 그런데 내 모습을 쳐다보던 사람마다 입을 굳게 닫아 버렸다. 꼬부라져 오금이 붙어 버린 다리는, 외과적인 수술로 펴 놓아도 걸을 수 없다는, 그동안 의학이 경험한 임상 사례와 일치된 모습이었기 때문이다. 그러니까 오그라붙은 다리를 쭉 펴 주면, 외과적인 수술로 할 수 있는 모든 걸 다해 준 것이다. 그 후에 걸음을 걸을지 어떨지는 의술로 할 수 있는 부분이 아니다. 그래서 병원마다 수술을 거부했던 것이고, 수술을 만류했던 이유이다. 동네 사람들조차도 앉은뱅이 때 못지않은 걱정으로 술렁거렸다.
　"간신히 화장실 출입이라도 하면 다행이겠더라구! 지금으로 봐선 화장실 출입도 어렵게 생겼어!"
　화장실 출입조차 어렵게 생겼다는 동네 사람들의 판단은 아주 정확했다. 지게 목다리처럼 그냥 매달린 듯한 종아리는, 시간이 흐를수록 상태가 더 어려워졌다. 아버지가 내 몸을 안아 일으켜서 벽에 등을 기대고 서 있는 운동을 도와주었다. 그러면 심하게 망가진 발목과 발가락 관절들이 몸무게를 견디지 못하고 발악했다. 그래서 목발에 체중이 더 많이 실리도록 해서, 발과 다리가 감당하던 몸무게를, 어찌하든지 줄여 주려고 애써 보지만, 골절에 버금가는 극심한 통증은 잠시 잠깐 서 있는 것조차 거부했다. 차라리 다리가 없다면 의족을 착용하고 재활하는 게 훨씬 더 수월할 것 같았다. 잠시도 체중을 지탱하지 못하는 다리와 발은 굉장한 통증이 발악했다. 상황이 이 지경이니, 혹시나 하면서 기다렸던 아버지의 인내심이 다시 한계점에 이르렀다.

시간이 갈수록 다리의 사정은 점점 더 어려워졌다. 두 발로 서 있을 때마다, 전혀 아프지 않던 관절들조차도 부서져 나갈 듯이 아팠다. 그때마다 어차피 재기는 불가능할 터인데, 제발 생고생하지 말고 예전처럼 편하게 누워서 지내자는 유혹이, 날이면 날마다 나를 괴롭혔다. 시간이 갈수록 통증의 강도는 점점 더 강렬해졌다. 참으로 끝날 줄 모르는 통증이었다. 그러나 이런 사정 저런 사정에 따라서 마음이 흔들거릴 여유가 없었다. 죽어도 포기할 수 없었다. 여기서 이대로 포기하더라도 고생스럽게나마 그럭저럭 살아갈 수 있다면야 그렇게 했을 것이다. 적당히 해 보다가 포기해도 된다면 얼마나 좋겠는가? 도대체 얼마나 더 살아보겠다고 뼈가 부서질 듯이 아픈 통증에 시달리면서, 날이면 날마다 주리를 틀어 대는 이 짓거리를 해야 하는 것일까!

차라리 죽어 버리면 간단하게 해결될 일을, 아직도 삶에 대한 미련을 못 버리고, 죽는 것만도 못한 고통을 당하는 것일까? 날마다 이런 유혹과 시험이 마음을 뒤흔들었다. 강한 믿음으로 무장한 나도 이런 갈등에 시달렸다면, 통증의 강도가 얼마나 컸을지 짐작이 될까? 외과적인 수술로 꼬부라진 다리를 펴 놓아도 재기에 성공한 임상 사례가 없다는 의사의 보고는 정확한 현실이었다. 수술받은 당사자인 내가 마주한 현실도 재기는 불가능이었다.

네가 보거니와 믿음이 그의 행함과 함께 일하고, 행함으로 믿음이 온전케 되었느니라 - 약 2:22

그러나 내가 붙잡은 건 불가능한 내 다리가 아니라 이 말씀이었다. 잠시 잠깐 목발을 의지하고 서 있는 것조차 고통스러운 몸을 다시 일으켰다. 그리고 아무것도 생각할 줄 모르는 바보처럼 무조건 말씀을 따르기로 결단했다. 운동의 결과가 상황을 더 악화해도 전혀 상관하지 않았다. 믿음은 행함과 함께 일한다는 말씀만 의지하면서, 오뚝이처럼 날이면 날마다 목발을 의지해서 일어나고 또 일어날 뿐이었다. 그리고 날마다 자유롭게 걸어 다니는 모습만을 상상하면서, 그렇게 걸을 줄 믿고 기도할 뿐이었다.

하지만 목발을 의지하고 서 있을 수 있는 시간은 고작 5~10분 정도였다. 목발을 짚어도 내가 버틸 수 있는 최대치였다. 이 정도로도 발과 다리의 통증은 최악이었다. 운동을 끝내고 부축받아서 간신히 자리에 누우면, 내일 다시 일어나서 운동해야 할 걱정이 태산처럼 몰려들었다. 건강한 사람처럼 걸을 수 있다는 건 상상조차 어려웠다. 다만 발목과 발바닥이 으스러질 듯한 통증만 줄어들어도 황송할 뿐이었다. 하지만 통증은 조금도 줄어들 기미를 보이지 않았다. 이쯤에서 내가 목발을 짚고 서 있는 운동이나 멈추기를 기다리는 것 같았다. 그러나 나는 결단코 포기할 수 없었다. 발바닥이 부서지고 발가락이 깨지고 으스러져도 여기서 멈출 수 없었다. 다시 일어나서 걷는다는 내 믿음을 놓아 버리지 않는 한, 나는 믿음을 따라서 행동할 것이고, 말씀을 붙잡고 있는 한, 고문보다 더한 운동은 포기할 수 없었다.

믿음을 강하게 붙잡으면 붙잡을수록, 말씀을 강하게 붙잡으면 붙잡을

수록, 상황은 더욱더 악화만 될 뿐이었다. 목발에 의지하고 서 있는 연습조차 한계를 드러내고 말았다. 사태가 이 정도였으면 일어나서 걷기를 포기하라는 협박이 다름 아니었다. 뼈가 부서지는 듯한 아픔을 조금이라도 덜어 보려고 어깨의 도움을 기대했으나, 목발을 끼워 주고 힘을 보태던 어깨관절마저 부서질 듯이 아팠다. 이제는 목발조차 의지할 수 없게 되었다. 어쩔 수 없이 목발을 짚고 서 있는 운동은 중단했다.

"목발을 안 짚으면 그나마도 서 있지 못하는데, 이제는 목발조차 못 짚으면 도대체 언제 걸을 거냐? 어떻게든 목발은 짚어 봐라. 서 있는 운동을 해야 한다!"

아버지는 실망감을 크게 드러내면서 운동을 지속하지 않으면 다시 주저앉게 되니 힘들어도 지속해야 한다고 간절히 설명했다.

"안 돼요! 어깨가 뼈개질 듯이 아파서 밤을 꼬박 지새운단 말이에요! 어깨까지도 완전히 망가질 거 같아요!"

"그러면 도로 주저앉겠다는 얘기냐? 그러잖아도 너 같은 사람은 수술해도 걸을 수 없다는 소문이 동네에 파다하게 퍼졌는디, 운동마저 못 하면 다시 주저앉아 있어야지!"

너무나 실망한 아버지는 운동하도록 몸을 일으켜 주던 일을 중단했다. 그때부터 운동하도록 몸을 일으켜 줄 사람이 없었다. 그렇다고 다시 걷는다는 믿음을 포기하지 않는 한 운동(행함)을 중단할 수는 없었다. 어쩔 수 없이 허리가 아파서 무거운 걸 제대로 들지 못하는 어머니한테 도움을 요청해 보았다.

"그려, 어디 한번 해 보자!"

언제라도 내 요청을 거절하지 않는 어머니가 나를 일으켜 벽에 기대 주고는, 방바닥에 털썩 주저앉았다. 내 몸을 일으키려고 애쓴 어머니의 이마에도 내 이마에도 땀방울이 맺혔다.

"동네 사람들 말이 맞는 모양이다. 아버지도 병원비만 날렸다고, 걷기는 다 틀렸다고 말하고 다닌다. 내가 생각해도 다시 걸어 다니기는 어려울 것 같다. 앉은뱅이가 수술하고 걸었다는 얘기는, 이때까지 살면서 들어 본 적이 없다. 그러니 이렇게 힘들여 운동하는 거는, 이제 그만하자!"

결국 어머니도 운동을 포기하자는 얘기였다. 동네 사람들이나 아버지나 어머니의 판단이 너무나 정확하다는 걸 나도 잘 안다. 나도 그런 정도의 판단 능력은 있다. 이 말은 내가 지금까지 몸 상태를 보고, 걸을 수 있다는 생각을 가져 본 적이 단 한 번도 없다는 말이다. 시각장애인이 아니라면 누구라도 내 몸을 보면, 그 정도의 판단은 금방 내릴 수 있다. 그런데도 내가 운동을 지속해야 하는 이유는 '믿음은 내가 행동할 때 함께 일한다'고 말씀했기 때문이다.

이런 내 믿음의 속사정을 아는 사람은 단 한 사람도 없었다. 내가 하루에도 수십 번씩 '믿음은 내가 행동할 때 함께 일한다고 했지요! 내가 이 말씀에 순종하여 행동하고 있으니 역사하소서!'라는 믿음의 고백을 곁에서 듣는 어머니조차도, 날마다 몸의 상태만 쳐다보고 결과를 예단하고 추측할 뿐이었다.

하기야 이렇게 엉망진창으로 망가지고 굳어 버린 몸의 상태를 무시하고, 다시 걸을 테니 두고 보라고 주장할 수 있는 사람은, 솔직히 정신병자밖에 없을 것이다. 그렇다! 나는 지독한 정신병자였다. 예수님한테 지독하게 빠져 버린 정신병자! 지금 생각해도 예수님한테 미치지 않았다면 어떻게 현실을 개무시하면서 말씀만 따를 수 있었을까! 나는 수술로 다리를 펴 놓았기 때문에, 그때부터 비로소 걸을 수 있다고 생각한 사람이 결단코, 결단코 아니다. 다시 말하지만 그런 생각은 단 한 번도 해 본 적이 없다. 이건 주님 앞에서 다시 말하지만 진실이다. 나는 믿음을 억지로 주장하는 게 아니다. 나는 성경에 기록한 하나님의 말씀을 철저하게 의지하는 사람이다. 여기에 기록한 것과는 비교할 수 없을 정도로 말씀을 의지하고 또 입으로 시인(고백)했다. 내 몸이 혹독하게 변하면 변할수록 말씀을 의지하는 믿음이 더 강하게 치고 올라갔다. 조금도 믿음을 후퇴시키지 않았다. 내 눈에는 주님밖에 보이지 않았다. 그분을 놓치면 내 인생은 여기서 이대로 끝장나기 때문이다.

'믿음이 그의 행함과 함께 일하고 행함으로 믿음이 온전하게 된다'는 말씀은 죽어도 놓칠 수 없었다. 내 믿음은 행함과 함께 움직인다. 일어나서 걷는다는 내 믿음이 실체(현실)가 되도록 하려면, 걷는다는 내 믿음대로 '행동해야(걸어야)' 한다. 죽어 나자빠져도 걸을 수 없기 때문에 걸어야 하는 것이다. 죽어도 걸을 수 없는 다리라서 못 걸었다면, 그런데도 언젠가 저절로 걸어질 때가 오리라고 기대한다면, 그건 꿈이고 몽상이고 착각이다.

걷는 게 믿음이라면, 뼈가 으스러지고 부서지고 피멍이 들고 통증이 악랄하게 발악해도, 죽음만도 못한 치욕의 구덩이를 헤집고 기어 나와서, 몸을 비틀고 뒹굴어서라도, 반드시 믿고 있는 그 믿음대로 행동을 시작해야 한다. 믿음은 반드시 믿는 그것을 향해서 행동하도록 이끈다. 그래서 믿음은 감정이나 기분이 아니라 행동하도록 이끄는 처절한 현실이고 할 수 있는 능력이다. 믿음은 느낌이 아니라 행동하도록 이끄는 주체이다. 믿음은 죽음만도 못한 처절한 현실과 맞붙어서 머리통이 깨지고 터지더라도 무섭게 싸워서 이겨 내는 힘이다.

주님을 영접하기 전에, 1년 정도 꼬부라지는 다리를 강제로 잡아끌어 당기는 운동에 매달려 보다가, 엄청난 고통을 견디지 못하고 도끼로 다리를 잘라 버리고 싶었던 때가 기억난다. 어머니는 지금도 그때처럼 운동에 매달려서 걸어 보려고 안간힘을 쓴다고 생각했음이 틀림없다. 나는 그때처럼 운동해서 걸어보려고, 운동에 매달리는 것이 아니다. 운동으로 걸어 보려고 매달렸더라면 간단하게 포기했을 것이다. 다리는 0.1%의 가능성도 보여 주지 않았다. 나는 '믿음이 행함과 함께 일한다'는 말씀에 순종하고 있을 뿐이었다. 이런 내 믿음을 알아주는 분은, 주님 말고는 아무도 없었다. 그러나 주님만 내 믿음을 알아주면 만사가 아멘, 이다. 나를 다시 걷게 하실 분이 주님이시기 때문이다. 그래서 그분의 말씀만 따라서 순종하는 것이다.

"엄마! 나는 반드시 걸어요! 두고 보세요! 지금 멀쩡하게 걸어 다니는 사람들이 나처럼 주저앉는 사람이 생길지는 몰라도, 나는 반드시 다시 걷게 될 거니까 두고 보세요. 왜냐하면 하나님은 살아 계셔서 약속하신 말씀을 반드시 지키시기 때문이지요. 두고 보세요! 사람들이 어떤 말을 해도 나는 상관없어요. 내가 믿는 건 예수님께서 약속하신 말씀이니까요!"

"그래야지!"

낙심천만하던 어머니가 내 말을 듣고 오히려 안심하는 눈치였다. 그러니 어느 한순간인들 가족들에게 아픔을 호소하면서 힘든 내색을 해 볼 엄두조차 낼 수 있었겠는가! 어느 한순간인들 '너무나 힘들어서 포기하고 싶다'고 응석을 부릴 엄두조차 낼 수 있었겠는가! 그런 일은 한 번도 없었다. 아무리 믿음으로 마음을 다잡아도 현실은 절망적이었다. 하지만 나는 어떤 상황이 닥쳐도 좌절하지 않는다. 하나님은 환경도 지배하는 분이시다. 내가 믿음만 놓치지 않고 믿음대로 행동하려고 한다면, 돕는 사람은 얼마든지 보내 주실 수 있는 능력 있는 분이 우리 아버지 하나님이시다. 무엇을 염려하는가! 무엇을 걱정하는가! 우리가 염려할 건 믿음을 놓치지 않으려고 염려하는 것뿐이다. 그러니까 사람한테 섭섭한 감정을 가질 이유가 없었다. 각자 믿음의 분량대로 긍정이나 부정적인 감정을 표출하는 것이니 말이다! 한번은 이런 식으로 만나지 않을 수 없는, 아픈 심정을 주님께 눈물로 호소했던 적이 있었다.

"네가 내 길을 간다고 하면서 이 정도의 아픔도 못 참느냐?"

주님은 나를 위로해 주기는커녕 내가 주님의 화난 감정을 느낄 수 있을 정도로 호되게 역정을 내셨다. 언젠가는 어머니로부터 생긴 섭섭한 감정을 하나님께 기도했던 적도 있었다.

"너 때문에 얼마나 고생하는 줄 아니?"

그때도 주님은 나를 나무라셨다. 주님조차도 내 응석 따위는 한 번도 받아 주지 않으셨다. 그때마다 성령님의 질책은 천부당만부당 옳은 말씀이어서 눈물로 회개할 뿐이었다.

> 그러므로 내일 일을 위하여 염려하지 말라. 내일 일은 내일이 염려할 것이요.
> 한날 괴로움은 그날에 족하니라 - 마 6:34

나는 아무것도 염려하지 않았다. 동네 사람들이 마실 오면 다짜고짜로 도움부터 요청했다. 내일 일은 내일이 염려할 것이라는 말씀대로 하루치 운동량을 채우면 만족했다. 내가 염려해서 할 수 있는 것은 아무것도 없었다. 운동조차도 할 수 있도록 주님이 책임지실 것이다.

하루는 뒷집에 사는 성도가 내 안부가 궁금해서 찾아왔다. 나는 그분이 방에 들어오자마자 몸을 일으켜서 벽에 세워 달라고 부탁했다. 성도는 나를 번쩍 끌어안아서 벽에다 등을 기대어 세워 주었다. 목발을 짚지 않아도 벽에 기대고 서서 운동하는 방법을 성령께서 깨닫게 하셨다. 등을 벽에 붙이고 꽃게가 옆으로 걷듯이 몸을 조금씩 옆으로 이동하면서 운동할 수 있게 되었다.

"참 대단하네! 믿음도 믿음이지만 정신력도 대단하네. 이제 걷기는 틀렸다고 아버지의 실망이 이만저만이 아니던디, 목발을 짚지 않고도 이렇게 운동하면 되네 그려! 아버지가 워낙 실망이 크길래, 이불을 뒤집어쓰고 누워만 있는 줄 알고 찾아왔더니, 세상에, 이렇게 운동을 계속하고 있었구먼! 정말 대단하네 그려!"

"운동은 꼭 목발을 짚어야만 하는 건 아니에요! 신체 부위 중에서 의지할 수 있는 부분을 이용해서 하면 돼요. 보세요! 벽에 등을 붙인 채로 옆으로 이동하니까 목발을 짚지 않아도 되잖아요! 목발을 짚으면 망가진 어깨가 아주 망가져 버려서 팔도 쓰지 못하게 돼요! 이렇게 운동하니까 어깨도 안 아프고 얼마나 좋은지 모르겠어요!"

목발을 짚지 못하게 막으신 건 주님이셨다. 내 생각에도 목발이 겨드랑이를 치받아서 심하게 망가져 있는 어깨관절을 더욱 심하게 망가뜨릴 것이 분명했다. 그런 목발을 계속해서 짚도록 허용하실 리가 없었다. 성령께선 더 좋은 운동 방법으로 인도하셨다.

"글쎄 말여! 목발을 짚지 않고도 운동을 할 수 있는 방법이 있었네! 아직도 벽에서 등을 떼고 서 있는 건 못 하지?"

"곧 할 수 있을 거예요! 두고 보세요!"

"그러면 오죽이나 좋을까!"

이렇게 벽에 등을 기대고 서서 몸을 옆으로 이동하는 동안에도, 발목과 발바닥 통증하고 격렬한 격전이 벌어지는 건 여전했다. 싸움에는 반드시 승패가 갈리기 마련이다. 싸움에서 이기려면 어떤 고통이 가로막더라도, 결단코 뒤로 물러서면 안 된다. 머리통을 들이박고 피가 흐르더라도 오직 앞으로 돌격만이 있을 뿐이다. 내가 독기를 뿜어대는 통증과 맞붙어 그렇게 싸워서 이겼다. 믿음은 뒤로 물러서지 않고 앞으로 돌격하여 행동했더니 함께 일하셨다!

"어머니, 손을 잡아 주세요!"

하루는 벽에서 한 번도 떼어 보지 못한 등짝을 떼고 홀로 서서 걸어 보고 싶은 감동이 생겼다.

"왜?"

"손만 살짝 잡아 주면 벽에서 등을 떼어도 혼자도 걸을 것 같은데요!"

순간 어머니의 눈이 빛을 발했다.

"어서 내 손을 잡아 봐라!"

어머니가 내민 손을 잡았다. 그리고 벽에 붙였던 등짝을 떼면서 몸을 앞쪽으로 당겼다. 순간 다리에 체중이 무겁게 실리면서 몸이 똑바로 서 있는 자세가 되었다. 한쪽 발을 앞쪽으로 내밀었다. 그리고 몸을 앞쪽으로 기울이면서 뒤쪽에 있는 발을 들어 앞쪽으로 내밀었다. 다시 뒤쪽에 있는 발을 들어서 앞쪽으로 내밀었다. 처음으로 걸음마가 시작되었다. 내가 다시 걷기를 시작했다. 다시 걷게 해 달라고 기도하면서 기다린 세월이 얼마나 되었나! 지금 두 발이 번갈아 발작을 떼면서 걸음마를 하고 있다. '믿음은 바라는 것의 실상'이라고 아무리 외쳐도, 그걸 누가 믿었는가? 바라는 것의 실상은 오직 믿고 행동하며 기다린 자만이 쟁취할 수 있는 열매였다! 다시 걷게 되는 실상은, 반드시 다시 걷는다는 믿음을 잉태시키고 성장시킨 자의 열매였다!

그러자 아버지에게도 소망이 생겼다. 그때부터 아버지도 운동에 적극적으로 협조하기 시작했다. 운동할 때마다 손을 잡아 주면서 용기를 북돋아 주었다. 겨우내 방 안에서 아버지 손을 잡고 천천히 걸음 걷는 연습을 했다. 절망에 빠졌던 부모님께 새로운 기쁨과 소망을 선사하게 하신 하나님께 감사와 찬양과 영광을 돌린다!

하루는 문지방을 넘어서 마루로 나가고 싶었다. 내가 걸어서 방문으로 향하자 어머니가 방문을 활짝 열었다. 그리고 한쪽 다리를 번쩍 들어 올리자 기우뚱거리는 몸을 부축해 주었다. 어머니의 부축을 받으면서 다리를 번쩍 들고 문지방을 넘어서 마루에 발을 디뎠다. 순간 내 안에 있는 생명력이 박차고 올라오는 것이 느껴졌다. 그건 주님 안에 있는 생명력이었다. 한순간인들 그분의 생명력을 느끼지 않을 때가 있었던가! 하지만 그 날은 하나님의 생명력이 더욱 강렬하게 박차고 올라왔다. 이렇게 내 발로 문지방을 넘어서 밖으로 나가는 데 걸린 세월이 무려 7년이 걸렸다.

드디어 내 발로 걸어서 좁은 방을 탈출했다. 탈출! 드디어 탈출(구원)했다! 이제는 무엇으로도 나를 가두지 못한다. 질병의 주범인 마귀도 나를 가두지 못한다. 예수께서 그의 권세를 짓밟아 버렸기 때문이다. 마귀는 건강했던 내 몸을 망가뜨리고 꼬부라뜨리고 앉은뱅이로 만들어서 좁은 방에 꽁꽁 가두었지만, 하나님은 망가지고 꼬부라진 몸을 고치시고 회복시켜서 내 발로 걸어서 좁은 방을 탈출하게 하셨다.

> 그러므로 이제 그리스도 예수 안에 있는 자에게는 결코 정죄함이 없나니, 이는 그리스도 예수 안에 있는 생명의 성령의 법이 죄와 사망의 법에서 너를 해방하였음이라 - 롬 8:1~2

이게 꿈인가, 현실인가? 얼마나 보고 싶었던 바깥 풍경이었던가! 마루에 두 발로 서서 푸른 하늘을 올려다보는 현실이 꿈일지도 모른다는 두려움이 확 밀려들었다. 혹시 꿈이면 어쩌나 하고! 어쩌면 꿈일지도 모른다. 어쩌면 인생살이 자체가 허망한 꿈일지도 모른다.

겨우 내내 걸음마를 쉬지 않고 연습했다. 앉은뱅이는 수술로 다리를 펴 놓아도 걸을 수 없다는 의술의 한계를 내가 확실하게 뛰어넘었다. 지금 나는 당당하게 걸음을 걷고 있다. 안방에서 마루로, 마루에서 옆방으로 걸음마를 쉬지 않았다. 굉장한 아픔을 딛고 뒤뚱거리면서 방과 마루를 넘나들었다. 의학이나 동네 사람들의 판단은 완전히 빗나갔다. 하지만 내 믿음은 날마다 빛을 발산했다.

그해 겨울도 그렇게 바쁘게 지나갔다. 어느새 모든 식물이 생명을 과시하는 4월이 되었다. 산과 들녘에는 온갖 식물들이 생명력을 과시하는 축제를 한창 벌이는 중이었다. 방 안에서 걸음마 연습에 열중하던 겨울에도 뒷산에는, 알몸으로 맞서서 북풍한설과 싸우는 나무들의 처절한 울음소리가 들렸다. 그러나 어찌 잊었으랴! 따스한 봄날의 찬란한 햇빛을! 그 생명의 원천을!

나도 살아 있는 생명이었다. 나도 생명력을 과시할 수 있는 생명을 가졌다. 그때 식물들이 벌이는 축제의 현장에 뛰어 들어가서 함께 즐기고 싶은 충동이 거세게 일어났다. 안마당을 내려다보았다. 4월의 햇빛이 무더기로 내려앉은 안마당에서, 어서 내려오라고 유혹의 손길을 보냈다. 내 발이 조심스럽게 내려가서 토방에 발을 디뎠다. 그리고 햇빛이 무더기로 쏟아지는 안마당으로 내려갔다.

아! 아! 얼마 만인가? 눈이 부시게 내리쬐는 햇빛을 흠뻑 맞으면서 안마당에 내 발자국을 만드는 것이! 그동안 억눌려 있던 환희와 기쁨이 분수처럼 뿜어져 올라왔다. 싱그러운 물이 차오르는 것 같은 황홀감이 이런 것일까? 생명의 희열이 이런 것일까?

"당신, 오래전에 죽었던 게 아니었소? 아직도 살아 있었던 거요?"

내가 딛고 선 땅에서 반가운 탄성이 터지는 것 같았다. 지금 내 기억의 저장파일에 빛깔도 화려하게 새로운 역사 하나가 저장되는 순간이었다. 누구라도 '당신 아직도 살아 있었던 거요?'라고 묻는 이가 있다면 나는 당당히 대답할 것이다.

> 내가 그리스도와 함께 십자가에 못 박혔나니, 그런즉 이제는 내가 산 것이 아니요. 오직 내 안에 그리스도께서 사신 것이라. 이제 내가 육체 가운데 사는 것은, 나를 사랑하사 나를 위하여 자기 몸을 버리신 하나님의 아들을 믿는 믿음 안에서 사는 것이라 - 갈 2:20

햇빛을 타고 넘나들던 봄바람이 가슴으로 파고든다. 아직은 찬 공기를 가득 품고 있었다. 그래도 좋다! 정말 좋다! 이런 신선한 바람과의 신체적 교감을 얼마나 그리워했는가! 싸늘한 냉기가 온몸을 움츠러들게 했지만, 내 안의 깊은 곳에선 죽음이 아니라 살아 있으므로, 절망이 아니라 소망으로 향하는 활기가 힘차게 박차고 올라왔다. 정말 꿈만 같다! 그동안 내 몸을 틀어쥐고 꼼짝없이 죽음으로 이끌던 사망의 세력을 그리스도의 생명이 삼켜 버렸다. 죽음의 문턱에 이르러서야 비로소 생명의 빛을 붙잡게 되었다!

> 오, 주님! 하늘을 우러러
> 당신의 거룩한 이름을 불러 봅니다.
> 아직은 너무나 볼품없는 육신이오나,
> 주님의 거룩한 작품이오니,
> 여기 근사한 자태로 우러러 찬양을 드립니다.
> 그리고 내 소원을 아뢰오면,
> 이 육신을 주님의 거룩한 도구로 사용하소서!
> 주님의 능력을 덧입혀 합당하도록 사용하소서.

천천히 밖으로 향한다. 얼마나 만나고 싶었던 너른 공간이며, 거기에 유유히 펼쳐진 산하(山河)인가! 아직은 삭막한 들녘이다. 상큼한 바람이 재회의 기쁨을 감지한 것일까? 자꾸 품으로 파고든다. 여기저기서 지저귀는 청량한 새소리가 나를 환영하는 축가처럼 들린다. 살아 움직이는 은밀한 소리가 생명을 공급해 주는 햇빛을 타고 사방에서 들려온다. 아! 이젠 나도 자유를 누리게 되었다! 넓은 들녘도 마음껏 바라볼 수 있게 되었다. 초연히 서서 관조할 수 있는 자유를 누리게 되었다. 이젠 어떤 곳에도 나를 가두지 못한다. 아무리 튼튼한 담장이라도 나를 묶어서 가두지 못한다. 이제는 나도 두 다리로 걸어서 다닐 수 있기 때문이다.

> 심령이 가난한 자는 복이 있나니, 천국이 그들의 것임이요. 애통하는 자는 복이 있나니, 그들이 위로를 받을 것임이요 - 마 5:3~4

세상에서는 성공하고, 출세하고, 재물이 많고, 명예가 있고, 절망과 애통을 모르는 사람을 복 있는 사람이라고 한다. 그런데 천국에서는 심령이 가난하고, 애통하고, 의에 주리고 목마른 자가 복이 있다는 것이다. 이보다 더 놀라운 반전이 있을까!

하나님께서 베푸시는 복을 받는 사람의 자격에 대해서 수긍할 수 있는가? 이 세상이 마귀가 지배하는 곳이기 때문이다. 마귀가 지배하는 세상에서 눌리고 압제당하여 절망과 고통에 신음하는 우리를 복이 있다고 말씀하시는 게 아닌가! 나는 병들어 죽어 가면서도 세상에서 의지할 아무것도 없었고, 그래서 심령이 파산한 빈털터리 가난뱅이였고, 질병에 짓눌린 채로 좁은 방에 갇혀 애통하던 자였다.

그때 주님의 복을 누릴 수밖에 없는 모든 자격을 갖추게 되었다. 그렇다! 주님을 만날 수밖에 없었던 최적의 기회였다. 그때 주께서 내미는 손을 뿌리치지 않고 잽싸게 붙잡았다. 이 세상에서 이보다 더 큰 복은 존재하지 않을 것이다. 나는 영원한 생명과 천국의 시민권을 획득했다. 그래서 꼬부라진 앉은뱅이 삶을 사랑하지 않을 수 없는 이유이다.

얼마나 그리워했던가! 이웃집 돼지가 새끼를 낳았다는 말만 들어도 보고 싶었고, 뒷동산의 상수리나무에 열매가 달렸다는 소리만 들어도 보고 싶었고, 양지에서 파릇파릇 돋아나오는 쑥이랑 냉이도 손으로 만져 보고 싶었다. 나무에 붙어서 시끄럽게 울어 대던 매미도 보고 싶었고, 장대 끝에 아슬아슬 앉아서 묘기를 부리는 잠자리도 보고 싶었다.

좁아터진 방에 누워서 빛바랜 벽지의 꽃무늬 말고는 아무것도 볼 수 없었던 내가 보고 싶은 것이 어디 한두 가지였으랴! 이제는 보고 싶은 모든 걸 마음대로 볼 수 있게 되었다. 주님의 생명으로 내 영혼만이 아니라 육신까지도 자유를 얻게 되었다. 그러니 어찌 꼬부라진 앉은뱅이로 살았던 삶을 사랑하지 않을 수 있으랴! 너무나 사랑한다. 꼬부라진 앉은뱅이는 환희와 기쁨을 누리는 길로 가는 축복의 통로였다. 주님을 만나지 못한 채로 죽었더라면, 그 후에 나는 어떻게 되었을까?

> 만일 네 손이나 네 발이 너를 범죄하게 하거든 찍어 내버리라. 장애인이나 다리 저는 자로 영생에 들어가는 것이, 두 손과 두 발을 가지고 영원한 불에 던져지는 것보다 나으니라. 만일 네 눈이 너를 범죄하게 하거든 빼어 내버리라. 한 눈으로 영생에 들어가는 것이, 두 눈을 가지고 지옥 불에 던져지는 것보다 나으니라 - 마 18:8~9

이제는 안마당과 바깥마당도 걸음마를 연습하는 장소가 되었다. 그때까지도 부모님의 손을 잡고서 걸었다. 안마당에서 시작한 걸음마는, 바깥마당까지 걸어가려면 의자에 앉아서 두 번 정도는 쉬어야 했다. 땅바닥의 작은 경사면을 디뎌도 발목이 자지러지게 아프다. 작은 돌멩이만 밟아도 쩔쩔맨다. 그러니까 마당에서 걸음마를 연습할 때는 한순간도 발에서 눈을 떼지 못했다. 아직도 발바닥과 다리의 상태가 이러했으니 걸음걸이의 모습이야 오죽했으랴! 그때는 걷는 모양새를 따질 때가 아니었다. 어쨌거나 걸음을 걷고 있다는 게 중요할 뿐이었다. 아직도 보행이라고 말하기에는 이르다. 하루에 딱 한 차례, 그것도 정해진 시간만큼만 걸음마를 연습했다. 이 정도의 걸음 연습으로도 발목과 발가락들은 심한 골절상을 입은 수준의 통증이 떠나지 않았다. 이런 발목과 발가락을 위해서 할 수 있는 건 걸음마를 중단하는 것밖에 없었다. 한마디로 보행은 여전히 불가능한 상황이었다. 뾰족한 대못을 박은 판자를 뒤집어 놓고 그 위를 걸어가는 묘기를 부리는 형국이었다. 이렇게 통증과 격렬하게 싸우면서도 걸음을 연습한 세월이 어느덧 1년이 지나갔다.

그토록 잔혹한 통증 속에서도 하루도 쉬지 않고 운동을 지속하는 동안에 변화가 나타났다. 혼자서도 걸음마 연습이 가능해졌다. 마른 막대기 같던 종아리도 알통이 쪼끔 생겼다. 통증 속에서도 동네 길까지 운동범위를 늘려 보기로 했다. 비포장도로였던 동네 길은 노면이 울퉁불퉁하니 제멋대로 생겼다. 자칫 노면을 잘못 디뎠다가 바스러지게 아픈 발목 때문에 쩔쩔맬 때도 많았다. 썩은 나무토막처럼 벌렁 나자빠지지 않으려고 길바닥만 쳐다보면서 걷고 또 걸었다.

"꼭 자라가 걸어가는 것 같다. 안마당에서만 살살 걸으면 안 되겠냐?"

어머니가 안마당에서만 살살 걸으라고 말했다. 언뜻 듣기에는 나를 염려하는 말처럼 들린다. 그러나 어머니의 속셈은 내 안전보다 앞서 민망스럽게 생긴 내 모습 때문이라는 걸 안다. 그렇다고 어머니가 내 모습에 거부감이 있다는 의미는 아니다. 어머니도 형편없이 망가져 버린 이런 모습을 받아들이기가 쉽지 않았다. 그런 상황에서 뒤뚱뒤뚱 걷는 모습을, 모든 사람에게 공개적으로 구경시킬 마음의 준비가 아직 덜 되었다는 의미이다.

매스컴들마다 신체조건을 우상처럼 떠받들고 자랑하고 과시하는 프로그램들이 넘쳐나고, 멋진 몸매를 만들려고 목숨조차 담보하는 세상에서,

사지가 뒤틀리고 변형되고 굳어 버려서, 정상적인 모습은 간곳없고 쳐다보기가 민망한 몸을, 그것도 무릎을 자유롭게 구부렸다 펴지 못하고 뻣뻣하게 뻗친 다리로, 뒤뚱거리면서 동네 길을 휘젓고 다니는 모습을, 차마 누구에게 보이고 싶지 않은 건 너무나 당연했다. 나조차도 아무한테도 보여 주고 싶지 않고, 꼭꼭 숨기고 싶은 몸이었으니 말이다. 정말이지 부끄러워서 누구에게도 보이고 싶지 않았다. 나도 이러한데 누구에게 친밀감을 줄 수 있겠는가?

우리는 하나님의 형상을 닮아서 아름다운 외모를 꿈꾼다. 아름다운 얼굴이나 몸매나 풍경이나 사물을 그리워하고 사랑한다. 하나님은 아름다움의 최상이시다. 인간들이 생각하는 최고의 아름다움보다 훨씬 더 아름다우실 것이다. 하나님에게는 더럽고 추한 건 없을 것이다. 더럽고 추한 것은 사망에 속한 속성들이다. 하나님의 형상을 닮은 사람들은 본능적으로 더럽고 추한 것을 싫어하고 멀리하려고 한다. 그래서 하나님을 사랑하는 사람들이 성결하고 아름답게 변하려고 힘쓰는 것이리라.

그러나 마귀는 건강한 몸을 꼬부라지게 만들고, 아름다운 것을 추하게 바꾸는 능력이 탁월하다. 마귀의 탁월한 능력에 그저 감탄할 뿐이다. 하지만 하나님의 능력은 사망의 탁월한 능력조차 삼켜 버린다.

> 사망을 삼키고 이기리라고 기록된 말씀이 이루어지리라. 사망아, 너의 승리가 어디 있느냐. 사망아, 네가 쏘는 것이 어디 있느냐. 사망이 쏘는 것은 죄요. 죄의 권능은 율법이라 - 고전 15:55~56

나는 사망과 죄의 권능에서 해방되었다. 믿음을 따라서 행하는 나를 지배하는 건 하나님의 생명이지 마귀의 권능이 아니다. 하나님의 생명이 꼬부라진 몸을 다시 일으켜 세웠다. 그러니 누가 더 강한가! 믿음은 사망의 탁월한 능력을 삼켜 버릴 만큼 탁월한 능력이 따른다. 그래서 사망이 이기지 못하는 것이 믿음이다. 생명의 능력을 막아 낼 상대는 존재하지 않는다. 예수 그리스도는 생명이시다. 생명이신 예수께서 지상에 계실 때, 사망에 눌려 병들고 추하고 손가락질당하고 애통하는 자들을 부르셔서, 고쳐 주시고 회복시키셔서 친구까지 삼으셨다. 참으로 기이하고 기이한 일이 아닌가!

> 예수께서 들으시고 이르시되 건강한 자에게는 의사가 쓸데없고, 병든 자에게라야 쓸 데 있느니라. 너희는 가서 내가 긍휼을 원하고, 제사를 원하지 아니하노라 하신 뜻이 무엇인지 배우라. 나는 의인을 부르러 온 것이 아니요, 죄인을 부르러 왔노라 - 마 9:12~13

내가 사랑하는 예수님이 이런 분이라는 것이 얼마나 좋고 또 좋은가! 덩실덩실 춤을 추고 싶을 만큼 기쁨이 차고 넘치지 않는가! 나는 예수님이 너무나 좋다. 주님은 마귀가 추하게 망가뜨린 모든 것들을 아름답게 고치시는 생명이시고 의사이시다. 이런 분을 어떻게 따르지 않을 수 있으며, 어찌 사랑하지 않을 수 있겠는가! 나는 주님을 사랑하고 너무나 사랑한다.

내 몸을 거울에 비춰 본 적은 단 한 번도 없다. 나에게 실망하고 좌절할 빌미를 제공하지 않으려는 꼼수였다. 쓸데없이 추하게 생긴 모습을 쳐다보면서 좌절할 필요를 느끼지 않는다. 내 몸은 몇십 년 후면 한 줌의 흙으로 돌아갈 것이다. 그토록 애지중지하며 멋을 부리고 뽐내고 과시하던 우리의 몸이 한 줌의 흙에 불과했다. 영원히 변하지 않고 아름다운 나는 육신 속에 숨어 있는 영의 사람이다. 그런데 잠시 후면 흙으로 돌아갈 육신의 생김새 때문에 절망하면서 시간을 허비할 여유가 없다. 그것은 어리석음을 넘어 미련한 짓이라는 걸 이미 깨달았다.

> 만일 그리스도 안에서 우리가 바라는 것이 다만 이 세상의 삶뿐이면, 모든 사람 가운데 우리가 더욱 불쌍한 자이리라 - 고전 15:19

내 생각의 수준이 이쯤 되면, 전체적인 내 몸의 생김새를 가장 모르는 사람이 나일 수밖에 없었다. 별로 알고 싶지도 않았다. 그러나 내 믿음을 품고 있는 내 영혼에 대해선 모든 관심을 집중시킨다. 내 영혼은 찬란하게 빛을 발하고 있다. 하나님의 빛을 닮아서 얼마나 아름다운 모습인지 잘 알고 있다. 하나님은 그림자에 불과한 육체와 교제하시는 분이 아니라, 우리의 영과 교제하시는 분이시다. 나는 영으로부터 믿음을 지원받아서 허무한 육체를 지배하고 다스리는 사람이지, 육체로부터 제공되는 절망과 좌절을 공급받아서 믿음을 낙담시킬 만큼 어리석지 않다. 나는 영의 일을 생각하는 사람이지, 육신의 일을 생각하는 사람이 아니다.

> 그러므로 우리가 낙심하지 아니하노니, 우리의 겉사람은 낡아지나 우리의 속사람은 날로 새로워지도다 - 고후 4:16

그러니 나의 뻔뻔함이 어떠했을지 짐작이 되는가? 동네 사람들의 수군

거림에도 눈썹 하나도 까딱하지 않았다. 동네 길로 나가서 걸음마를 연습하는 동안에는 다른 생각할 겨를이 없었다. 사람들이야 뒤뚱거리면서 이상하게 걷는 모습만 보고 있지만, 내 다리는 통증과 불꽃 튀는 싸움을 벌이는 중이기 때문이다. 나는 딱 한 가지 생각, 그러니까 어젯밤부터 어느 지점까지 걸어갔다가 돌아오겠다고 작정한 목표지점을 향해서 걷는 것 말고는 아무 생각도 하지 못했다.

"어머니! 내 모습은 할 수 있는 대로 많은 사람에게 보여 줘야 해요!"

"그건 또 무슨 해괴한 소리냐?"

"나중엔 자연스럽게 걷는 내 모습으로 돌아올 테니까요! 그때는 지금 형편없이 생긴 내 모습을 보지 못한 사람들은, 당연히 처음부터 그런 모습이라고 생각할 테니까요. 그러나 지금 이렇게 형편없는 내 모습을 본 사람들은, 도무지 가망성이 없었던 몸이라는 걸 알잖아요! 동네 사람들은 저절로 된 게 아니라, 하나님이 도와주시지 않았다면 불가능했다는 걸 인정하지 않을 수 없잖아요. 지금도 나를 본 사람들은, 하나님이 돕지 않았다면 다시 일어나서 걸을 수 없다는 걸 너무나 잘 알듯이 말이에요. 그래서 할 수만 있다면 더 많은 사람에게 내 모습을 보여 주려고요. 어머니도 제 모습을 부끄러워하지 마세요. 모든 사람이 내 모습을 보면서 혀를 차고 머리를 내두를 때, 주님이 고쳐 주셨다는 걸 인정하지 않을 수 없잖아요! 지금도 내 몸을 치료하시고 회복시키시는 분은 주님이세요. 주님은 이런 내 모습을 보고도 너무나 기뻐하세요. 그러니 부끄럽게 생긴 모습이지만 많은 사람에게 보여야 하지 않겠어요?"

"네 말의 뜻이 무언지 알아듣기는 하겠다마는, 그게 네 말대로만 된다면야 누가 걱정하겠냐!"

내가 주님을 사랑하고 나를 고쳐 주셨음을 인정할수록 더 큰 담대함을 주셨고, 끝까지 믿음만을 붙잡도록 강하게 역사하셨다. 언제나 자신감에 넘치는 내 말을 들은 어머니도 덩달아서 커다란 용기와 담대함을 얻었다. 그때부터 어머니도 나를 부끄러워하지 않았고, 오히려 굉장한 자랑거리로 삼아 얘기하기 시작했다. 세상에서 가장 낮고 추잡하게 살아가던 너무나 못난 육체는, 하나님이 하시는 일을 나타내는 도구가 될 것이다.

> 제자들이 물어 이르되 랍비여 이 사람이 맹인으로 난 것이 누구의 죄로 인함이니이까? 자기니이까? 그의 부모니이까? 예수께서 대답하시되 이 사람이나 그의 부모의 죄로 인한 것이 아니라, 그에게서 하나님이 하시는 일을 나타내고자 하심이라 - 요 9:2~3

내가 동네 길로 나가서 어느 지점까지 갔다 오기로 정해 놓은 목적지만 생각하면서 걸음 연습할 때마다, 밭에서 풀을 매던 아주머니들은 아예 호미를 내려놓고 하염없이 쳐다보았다. 논에서 일하던 아저씨들도 허리를 쭉 펴고 일어나서, 자라처럼 기우뚱거리면서 걷는 나를 무한정 바라보았다. 어떤 때는 땅바닥만 쳐다보고 걷는 내 귀에도 이런 말소리가 들렸다.

"저런 몸이 사람 구실을 제대로 할 수 있을까?"

"글쎄, 아무래도 틀린 것 같어?"

나는 아무것도 못 보고, 아무것도 못 듣는 청각장애인처럼, 정해 놓은 목적지 말고는 아무것도 생각하지 않았다. 그리고 내 관심은 오로지 들녘 끝에 있는 예배당 생각뿐이었다. 예배당까지 걸어갈 수 있는 거리만큼 걸음 연습이 되었는지를 확인하는 것이 걸음 연습의 최종목표였다. 어쩌면 이번 주일에는 내 발로 예배당까지 걸어가서 예배할 수 있을 것만 같았다. 걸음 연습을 시작하던 처음부터 최종 목표지점은 예배당까지 내 발로 걸어가는 거리만큼이었다. 그건 내가 꼬부라진 앉은뱅이 때부터 간구해 온 기도이기도 했다. 하나님께 예배하려고 모이는 예배당은, 나를 향한 하나님의 사랑이 얼마나 뜨거웠는지를 가장 먼저 알아보는 성도들이 모인 곳이고, 또한 이런 나를 뜨겁게 환영해 주는 그리스도인들이 모이는 거룩한 장소이기 때문이다. 수년 동안 예배당에서 울리는 실로폰 종소리에 맞춰서 방 안에서 하나님께 찬양하고 예배드렸다. 그때마다 쉬지 않고 주님께 간청했다.

"주님! 저도 주님의 성도들이 모여서 예배하는 예배당으로 걸어가서, 그들과 함께 예배할 수 있게 하소서!"

주님은 간절한 내 기도를 들으시고 응답하셨다. 드디어 예배당까지 내 발로 걸어가서 예배하는 날이 돌아왔다. 이날을 얼마나 간절히 기다렸던가! 거짓말처럼 그날이 내 생애에 찾아왔다.

아침 일찍 일어났다. 홍분이 북받치는 감정은 행복감으로 넘실거렸다. 아침밥을 걸러도 배고프지 않았다. 예배당은 장정이라면 걸어서 대략 5분 정도 걸리는 거리에 있었다. 나는 한 시간 전에 집을 나섰다. 걸음 연습할 때처럼 천천히, 그리고 조심스럽게 걸어서, 물이 흐르는 시내를 지나서 곧바로 들녘이 시작되는 논둑길로 접어들었다. 한여름 태양 빛이 내리쬐는 들녘은 뜨거운 열기로 후끈거렸다. 이마에서 땀이 흐르기 시작하더니 나중에는 겉옷까지 흠뻑 젖었다. 이렇게 땀 흘리는 수고를 몸소 경험하게 될 줄이야! 가슴이 행복감으로 벅차올랐다.

아직도 세상에 드러내놓고 자랑할 몸이 아니지만, 내 안에선 자랑하고 싶은 욕구가 주체할 수 없이 솟구쳤다. 화려한 미사여구를 다 동원해도 예배당을 향하여 걸어가는 승리감을 다 표현할 길이 없었다. 그러니 주님에 대한 사랑이 얼마나 뜨겁겠는가! 주님만을 믿고 따르면서 어떤 상황에도 흔들리지 않고 참고 견디면서 기다린 나한테 멋지게 응답하신 하나님을 생각하면서 하늘을 우러러보았다.

"예수님! 나는 세상에 있는 어떤 것도 부럽지 않아요! 세상에 있는 어떤 것도 그립지 않아요! 내 평생에 주님만 사랑하고 의지하게 하소서! 가진 것은 아무것도 없지만, 주님이 기뻐하는 것이면 무엇이든지 명하소서! 주님께 드려 아까운 게 하나도 없습니다! 이 생명조차도 주님이 요구하시면 드리겠나이다! 이 땅에 사는 동안 나그네로 살게 하소서! 잠시 쉬느라고 앉았던 자리에서 묻은 먼지만 툭툭 털고, 다시 길을 떠나는 나그네처럼 그렇게 살게 하소서! 세상으로부터 어떤 욕심도 갖지 말게 하시고, 필요한 것만 가지고 떠나는 순례자로 살게 하소서! 오직 주님이 저를 통해서 하시고자 하는 일만 하게 하시고, 언제나 주님이 원하시는 그 자리에만 있게 하소서!"

하늘을 보아도 들녘을 보아도 주님의 따스한 손길이 느껴진다. 이젠 주님의 심정을 조금이나마 헤아릴 수 있을 것 같다. 혹독한 고통을 한순간에 걷어 내지 않으시고, 통증과 맞붙어서 치열하게 싸우게 하시되, 조금도 뒤로 물러서지 않고 당당하게 싸우게 하신 주님의 심정을 말이다.

주님은 치열한 세상과 맞서 싸워서 이길 수 있도록 담대하고 강해지길 원하신다. 돌무더기 속을 뚫고 나온 연약한 억새가 자라서 돌무더기를 완전히 뒤덮어 버리듯이, 끈질기고 강하게 성장해서 세상의 어둠에 굴복하지 않고, 오히려 덮어 버리길 원하신다. 그렇게 성장한 억새풀만이 강한 태풍에도 끄떡없이 견디면서 왕성하게 자랄 수 있기 때문이다.

주님은 그렇게 역사하셨다. 너무나 연약해서 작은 상처만 받아도 폭삭 거꾸러지는 내 성품을 아셨기에, 아픔과 마주 싸워서 강하게 다시 일어나게 하셨다. 더하여 세상을 아름답게 보는 눈을 주셨고, 주님의 사랑 안에서 차고 넘치는 부드러운 마음과 싱그러움을 주셨다. 주님이 주신 사랑을 자랑할 것이며, 아무리 거칠고 사나운 돌무더기도 두려워하지 않고 진격할 것이다.

저기 논둑에서 자라는 들풀처럼, 아무도 관심하지 않아도 생명을 주신 주님께 기쁨을 드릴 것이다. 내가 살아가는 삶의 전부가 예수로 풍요를 이루고, 나처럼 절망하는 모든 이에게 예수의 사랑과 생명을 나누어 줄 것이다. 예수가 내 생명의 진액이 된 것처럼!

주일예배 시작을 알리는 실로폰 종소리가 가까이서 들린다. 어느새 한 시간이 지나서 교회 마당에 도착한 것이다. 방에서만 들었던 실로폰 음악 종소리를 교회 마당까지 내 발로 직접 걸어와서 들으니, 천국에서 나를 환영하는 축하 송처럼 아름답게 들렸다.

> 하늘 가는 밝은 길이 내 앞에 있으니, 슬픈 일을 많이 보고 늘 고생하여도, 하늘 영광 밝음이 어둔 그늘 헤치니, 영광 나라 계신 임금 우리 구주 예수라

무슨 말이 더 필요하랴! 내가 무슨 말이 더 필요하랴! 천하를 얻은 것이 이보다 더 기쁠 수가 있을까! 예수가 내 안에 계시는데 천하가 무슨 소용이랴! 영광 나라에 계신 임금이 내 안에 주인으로 계시는데 부러울 것이 더 무엇이 있으랴! 나는 아무것도 부럽지 않았다. 완전히 폐기물이 되어

공동묘지에 묻혀버릴 뻔했던 꼬부라진 몸을 일으켜서 다시 걷게 하시고, 교회까지 두 발로 걸어서 오게 하신 하나님 한 분이면 부족한 것이 하나도 없다!

예배당 출구에서 주보를 나누어 주면서 성도들을 영접하던 장로님들이 나를 보더니 급하게 달려왔다.

"세상에! 교회까지 직접 걸어왔네요! 이런 정인숙 씨를 보니까, 두려운 생각마저 생기네유! 나는 하나님이 살아 계신 확신도 없이, 그저 교회만 왔다 갔다 했는디, 정인숙 씨를 보니께, 하나님이 살아 계신 걸 부인할 재간이 없네유! 정말 하나님께 모든 영광을 돌려유!"

이렇게 하나님의 은혜의 영광을 알아보고 기뻐하고 환영하는 교회를, 내가 두 발로 걸어서 왔다. 주님이 살아 있지 않다면, 내가 교회 마당을 무슨 재간으로 밟아 볼 수 있었겠는가! 주님이 아니라면 어떻게 이런 이적을 경험할 수 있었겠는가! 가슴으로부터 뜨거운 감동이 북받쳐 올라왔다. 이런 기쁨과 환희의 벅찬 감정을 누가 감히 헤아려 볼 수 있었겠는가! 이렇게 뜨거운 감격과 희열을 누가 빼앗을 수 있겠는가! 주님의 사랑으로 행복감이 차고 넘쳤다.

예배당 안으로 들어서는데 벅찬 감정을 이기지 못한 다리가 휘청거렸다. 얼마나 그리워했던 곳이었나! 얼마나 오고 싶었던 곳이었나! 시골의 작은 예배당이지만 눈물로 그리워했던 곳이었다. 주님 앞에 엎드려서 울어도 기쁜 마음을 다 표현할 수 없었다. 벅찬 감동을 다 표현할 길이 없었다. 무릎으로 기어서라도 오고 싶었던 예배당! 엉덩이로 뭉그적거려서라도 오고 싶었던 예배당! 그러나 내 발로 당당하게 걸어서 왔다. 할렐루야!

글을 마치면서

장애인들을 위로하는 초교파적인 행사장에서 간증자로 초청받았을 때의 일이다. 하나님의 사랑과 은혜를 얼마나 열정적으로 전했던지, 나를 강단에서 끌어내리라는 비신자들과 불교 신자들의 항의가 빗발쳤다. 주최자가 전도사여서 차마 나를 강단에서 끌어내리지는 못했지만, 결국 그들이 강당을 나가 버리는, 매우 죄송하고 미안한 소동까지 벌어졌다. 그들의 행사를 재미있게 개그처럼 도와주지 못한 부담이 없었던 건 아니다. 하지만 그렇게 소란스럽고 시끄러운 와중에도, 나는 조금도 위축되지 않고 주어진 30분의 시간을 다 채우고 강단에서 내려왔다. 그때 많은 사람이 나한테로 몰려들었다. 그들은 내 손을 부여잡고 눈물까지 흘리면서, 너무나 많은 은혜를 받았다고 말했다. 그렇게 혼란스럽고 시끄러운 속에서도 더 많은 이에게 내가 전한 간증이 생명으로 전달되었음을 보여 주셨다.

"이 행사에 오지 않았더라면 어찌했을지, 생각하면 아찔합니다! 오늘 여기에 오지 않으려고 했어요! 그런데 어쩔 수 없이 오게 되었는데, 하나님께서 이 간증을 듣게 하려고 그러셨네요! 저의 남편이 교통사고로 많이 다쳐서 힘겹게 투병 생활하는 중이었어요! 그동안 열심이던 신앙생활도 중단한 채 절망에 빠져서 날마다 고통 속에서 지내고 있었어요. 그런데 오늘 정인숙 씨의 간증을 듣고 나더니 남편의 마음이 확 달라졌어요! 이제부터는 방황하지 않을 거래요! 다시 신앙생활을 열심히 하면서 말씀과 기도와 찬양에 힘쓰겠대요. 얼마나 감사한지, 무슨 말로 감사한 마음을 표현할지 알 수 없을 정도예요!"

 행사가 늦게 끝났으므로, 주최 측에서 배정해 준 숙소에 들어가서 하룻밤을 지내게 되었다. 숙소에 들어가서 잠시 쉬려고 하는데, 어떤 중년 남자가 찾아와서 면담을 요청했다. 그리고 자기의 신분이 의사라고 밝혔다.

 "제 눈으로 직접 확인해 볼 게 있어서, 실례를 무릅쓰고 물어서 숙소까지 찾아왔습니다!"

 "잘 오셨어요! 무엇이든지 확인하고 싶은 것이 있으면 확인해 보세요."

 "저도 이 행사와 관련이 있어서 참석하게 되었습니다. 그런데 간증을 듣다가 너무 깜짝 놀라서 직접 확인하고 싶은 것이 있어서 찾아왔습니다. 정인숙 씨는 사지가 다 꼬부라지고 굳어 버리는 바람에 8년 가까이 새우처럼 꼬부라져서 앉은뱅이로 누워서 살았다고 했지요?"

 "예!"

 "그게 사실입니까?"

 "네, 사실입니다!"

 "정말이지, 거짓말 같은 얘기군요! 그게 사실이라면 정말로 놀라운 일이 아닐 수 없어요! 그렇게 꼬부라지고 굳어 버린 채로 10년 가까이 전혀 활동하지 못하고 누워서 지낸 사람이, 다시 일어나서 걸을 수 있는 게 불가능하다는 걸 의사인 저는 너무나 잘 압니다. 정인숙 씨가 말한 정도로 망가지고 오그라들고 굳어 버린 관절 상태로는 수술이 아니라, 별짓을 다 해서 오금에 붙어 버린 다리를 펴 놓아도, 다시 걸을 수 없는 게 현대의학에선 상식입니다! 도저히 믿을 수가 없는 일입니다!"

 "저는 거짓말하지 않습니다! 오히려 내가 설명한 상황보다 훨씬 더 절망적이었고 불가능한 상태였습니다!"

"그래서 하는 말입니다! 의사인 저로서는 정인숙 씨의 상태가 얼마나 비참하고 불가능했는지를 충분히 짐작하고도 남습니다. 다만 그렇게 다 망가지고 굳어 버린 관절들을 다시 일으켜 세워서, 이렇게 걷는다는 것을 믿을 수가 없다는 것입니다. 정인숙 씨의 말을 얼마나 믿기가 어려웠으면 숙소까지 찾아와서 직접 확인해 보려고 했겠습니까?"

"꼬부라진 제 다리를 수술해 준 의사조차도 다시 걸을 수 있다는 보장을 할 수 없다고 말했어요!"

"당연하죠! 정인숙 씨 정도의 류머티스 관절염 환자들을 수술해 본 수많은 임상 결과가 그랬으니까요! 정말 기적이군요! 10년 가까이 걷지 못했고, 6년 가까이 오금이 붙어 버린 채로 몸을 완전히 꼬부리고 누워서 지내던 사람이, 다시 일어나서 걷는다는 건 정말 기적 중에 기적입니다!"

"그러니까 제가 예수님을 자랑하잖아요! 예수께서 제 병을 고쳐 주시고 꼬부라진 몸을 다시 일으켜 주지 않았다면 다시 걸을 수 없었다고 사실대로 고백하잖아요!"

"나는 예수를 믿지 않지만, 이건 정말 하나님이 돕지 않았다면 불가능한 일입니다! 정말 하나님이 도왔다는 걸 인정하지 않을 수 없네요! 이건 신만이 하실 수 있는 기적입니다!"

"그럼요! 하나님은 정말 살아 계시니까요!"

"실례지만 제가 종아리를 좀 만져 봐도 되겠습니까?"

"아직은 막대기를 매달아 놓은 것같이 생겼지만, 그래도 주님의 작품인데 당연히 보여드려야죠!"

의사는 마른 막대기처럼 근육이 전혀 붙어 있지 않은 종아리와 다리를 유심히 살펴보고 만져 보면서 기적이라고밖에 달리 할 수 있는 말이 없다고 거듭거듭 말했다. 이 의사를 보면서도 나한테 베푸신 하나님의 사랑과 은혜가 얼마나 컸는지를 다시 생각하지 않을 수 없었다.

그분이 돌아가자마자 행사의 책임자였던 전도사와 함께 중년 여자 두 사람이 찾아왔다. 그들의 표정이 심상치 않았다. 방에 들어와서도 그들은 고개를 옆으로 돌리고 앉아서 내 얼굴을 쳐다보지 않았다.

"내가 비록 전도사이긴 해도, 이 단체는 모든 종교인을 다 수용하는 단체란 말입니다! 기독교인들만 모이는 단체가 아니라는 말입니다! 예수를 전해도 그렇게 강력하게 전하면, 다른 종교인들이 반발하는 건 당연하지 않겠어요! 오늘 행사를 완전히 예수의 초대전같이 마지막을 장식해 버리면 어떡하냐고요! 분위기 파악 좀 해가면서 간증을 전하더라도 수수하게 전해야지, 그렇게 강력하게 전하면 어떡하냐고요!"

그러자 함께 있던 여자들이 전도사의 말을 받아 강력하게 항의했다.

"그동안 우리가 이 행사를 하려고 얼마나 고생고생하면서 준비했는지 아세요! 우리가 수고한 건 다 사라져 버리고, 오로지 예수만 남았단 말이에요!"

"지금도 내 귀에 쟁쟁하게 남아 있는 건 예수라는 이름밖에 없다고요!"

결론적으로 이들이 하려는 말은, 나 때문에 오늘 행사는 완전히 망쳤다는 것이다. 뒤쪽에서 벌어진 소란도, 비신자들과 불교 신자들이 기독교 간증을 중지시키라는 항의였다고 했다. 나는 이런 행사에 참석한 경험도 없었지만, 이런 위로 행사가 장애인들에게 어떤 위로가 되는 건지도 전혀 알지 못했다. 나는 10년 가까이 작은 방에 갇혀서 홀로 지내던 사람이다. 그때까지 장애인단체나 장애인이 나를 방문한 적이 한 번도 없었다. 땅에

발을 딛고 걸어서 세상에 나온 것이 불과 얼마가 되지 않았고, 너무나 많이 달라진 세상에 대하여, 아직도 낯가림조차 제대로 다 거두지 못한 상태였다. 하물며 장애인을 위로한다는 행사이랴!

그들의 말처럼, 오늘 행사를 예수 초대전으로 마지막을 치장해 버린 장본인으로서, 그로 인해 곤혹 당하는 전도사의 얼굴을 바라보기가 민망한 것도 사실이었다. 모든 종교인에게 사랑받는 모임을 만들려는 전도사의 헌신적인 노력에 전혀 도움을 주지 못했기 때문이다. 그때까지 그들이 항의하는 말을 다 듣고만 있다가 입을 열었다.

"저는 모든 종교인이 예수께로 돌아오길 원해요. 이곳에서 특별히 강력하게 예수를 전한 것이 아닙니다! 혹시 절에서 저를 초청했어도, 오늘과 똑같이 이렇게 예수를 전했을 겁니다. 저는 어떤 곳에서 초청한다 해도 내가 가진 것은 생명이신 예수밖에 나누어 줄 것이 없는 사람이거든요! 내가 가진 재산이라곤 능력 있는 예수, 강력한 예수밖에 없어요! 제가 강력하게 전하는 예수가 싫으면 저를 초청하지 않으시면 됩니다!"

전도사의 얼굴이 더욱 굳어지면서 고개를 옆으로 돌렸다. 적어도 미안하다는 사과 한마디쯤은 기대했을 전도사가 즉시 입을 다물었다. 나는 전도사의 마음을 이해하지 못해서가 아니었다. 그보다 먼저 주님의 심정을 알기 때문에, 그렇게 전하지 않을 수 없었다. 오늘 만난 장애인들에게도 필요한 건 오직 우리를 위로하시고 고쳐 주시고 회복하시는 예수라는 걸 너무나 잘 알기 때문이다. 이렇게 조금도 뒤로 물러서지 않는 나한테, 조금의 위로도 받지 못한 전도사와 일행들이 찬바람을 쌩쌩 일으키면서 방을 나갔다.

그리고 다음 날 오전이었다. 집으로 돌아가려고 타고 왔던 승합차에 몸을 실었다. 차가 막 출발하려는 즈음에 전도사가 황급하게 달려오더니 내 옆으로 올라와서 의자에 앉았다. 그리고 조용조용 말했다.

"저, 어젯밤에 한숨도 못 자고 꼬박 새웠어요!"

"……."

보나 마나 예수로 행사장을 망쳐 놓고도, 앞으로는 그렇게 하지 않도록 조심하겠다는 말 한마디 없는 나 때문에, 분하고 속상해서 잠을 이루지 못한 게 분명했다.

"어젯밤에 정인숙 씨한테 내가 했던 말이, 머릿속에서 맴돌면서 밤새 괴롭히는 바람에 전혀 잠을 자지 못했어요. 예수를 전하더라도 수수하게 전하라고 했던 말은 제가 잘못했어요! 용서하세요! 정말 제가 잘못했어요! 어디를 가더라도 그렇게 강력하게 예수를 전하세요! 그 말을 하려고 떠나기 전에 오려고 급하게 달려왔습니다. 편히 돌아가세요!"

나는 긴장했던 마음을 쓸어내렸다. 지난밤에 전도사가 했던 말로, 전도사를 책망하신 분이 주님이심을 너무나 잘 알았기 때문이다. 더군다나 내 간증을 강력하게 이끄신 분이 다름 아닌 주님이셨기 때문이다. 그러니까 전도사가 나한테 항의한 건 결국 주님에 대한 항의였다.

행사장의 분위기를 맞추거나 사람의 비위를 맞추라고 나를 세운 것이 아니었다. 어느 곳에서 나를 불러도 내 병을 치료하시고 앉은뱅이를 일으켜 주신 예수님의 사랑과 은혜만을 전하라고 세우는 것이다. 나는 세상에서 가장 추하게 꼬부라져서 죽어 가다가 예수님을 만나서, 꼬부라진 몸을 일으키고 다시 일어나서 걷게 되었다. 지금도 여전히 자랑하고 내세울 만한 나의 이력은 아무것도 없다. 그래서 더욱 하나님의 사랑과 은혜만을 자랑할 것이며, 어디를 가든지 주님의 이름만 높이고 찬양할 수밖에 없다. 내가 가진 전 재산이 이것밖에 없기 때문이다. 지금도 모든 감사와 찬양과 영광을 아버지 하나님께 돌리는 이유이다.

이 글은 첫 번째 간증집이다. 이어지는 두 번째 간증집은 『네가 벌거벗은 몸으로 올래?』이다. 그동안 아쉬워하는 분들이 많아서, 이번에는 첫 번째 간증집 『다시 일어나 걷게 하소서』와 두 번째 간증집 『네가 벌거벗은 몸으로 올래?』를 이어서 같이 출판함으로, 한 권처럼 읽을 수 있도록 도왔다.

이 두 권의 간증집은, 내가 경험한 간증을 통하여, 지금도 살아서 역사하시는 하나님의 사랑과 은혜를 증언하는 책이다. 지금도 불치병에 시달리거나 갖가지 문제로 절망하는 이들에게, 희망의 서신서가 될 것이다. 하나님은 살아 계신다! 그래서 이 간증서를 읽는 모든 이들이, 나처럼 주님의 사랑과 은혜를 친히 경험하기를 간절히 기도하면서 이 글을 마친다.

끝

다시 일어나 걷게 하소서

ⓒ 정인숙, 2025

초판 1쇄 발행 2025년 9월 1일

지은이　정인숙
펴낸이　이기봉
편집　좋은땅 편집팀
펴낸곳　도서출판 좋은땅
주소　서울특별시 마포구 양화로12길 26 지월드빌딩 (서교동 395-7)
전화　02)374-8616~7
팩스　02)374-8614
이메일　gworldbook@naver.com
홈페이지　www.g-world.co.kr

ISBN　979-11-388-4680-6 (03230)

- 가격은 뒤표지에 있습니다.
- 이 책은 저작권법에 의하여 보호를 받는 저작물이므로 무단 전재와 복제를 금합니다.
- 파본은 구입하신 서점에서 교환해 드립니다.